CORPS IN/VISIBLES
GENRE, RELIGION ET POLITIQUE

IN/VISIBLE BODIES
GENDER, RELIGION AND POLITICS

Collection Religion et politique
Sous la direction de Jean-François Laniel

La collection **Religion et politique** rassemble des ouvrages de nature empirique ou théorique destinés à approfondir nos connaissances des rapports complexes, variés et mouvants entre la religion et le politique. Ouverte aux diverses perspectives disciplinaires, **Religion et politique** s'intéresse à l'ensemble des lieux (régions, nations, civilisations), périodes (historiques ou contemporaines), unités sociales (individus, groupes, institutions) et thématiques (valeurs et pratiques, Églises et État, guerre et paix) où se disent les dynamiques politico-religieuses au cœur des sociétés.

Aussi paru dans cette collection:

La laïcité du Québec au miroir de sa religiosité, sous la direction de Jean-François Laniel et Jean-Philippe Perreault (2022).

Le paradoxe évangélique: sécularisation et laïcisation face aux protestantismes évangéliques, sous la direction de David Koussens, Guy Bucumi et Brigitte Basdevant-Gaudemet (2022).

Sous la direction de
FLORENCE PASCHE GUIGNARD
CATHERINE LAROUCHE

CORPS IN/VISIBLES
GENRE, RELIGION ET POLITIQUE

IN/VISIBLE BODIES
GENDER, RELIGION AND POLITICS

Presses de
l'Université Laval

Financé par le gouvernement du Canada
Funded by the Government of Canada

Canadä

Nous remercions le Conseil des arts du Canada de son soutien.
We acknowledge the support of the Canada Council for the Arts.

Conseil des arts   Canada Council
du Canada   for the Arts

Les Presses de l'Université Laval reçoivent chaque année de la Société de développement des entreprises culturelles du Québec une aide financière pour l'ensemble de leur programme de publication.

SODEC
Québec

Catalogage avant publication de Bibliothèque et Archives nationales du Québec et Bibliothèque et Archives Canada

Titre: Corps in/visibles : genre, religion et politique = In/visible bodies : gender, religion and politics / sous la direction de Florence Pasche Guignard, Catherine Larouche.

Autres titres: Corps invisibles | In/visible bodies | Invisible bodies

Noms: Pasche Guignard, Florence, 1981- éditeur intellectuel. | Larouche, Catherine, 1984- éditeur intellectuel.

Collections: Religion et politique.

Description: Mention de collection: Religion et politique | Comprend des références bibliographiques. | Textes en français et en anglais.

Identifiants: Canadiana (livre imprimé) 20230053300F | Canadiana (livre numérique) 20230053319F | ISBN 9782766300709 | ISBN 9782766300716 (PDF)

Vedettes-matière: RVM: Corps humain—Aspect religieux—Études de cas. | RVM: Religion et État—Études de cas. | RVM: Identité sexuelle—Aspect religieux—Études de cas. | RVM: Expression religieuse dans l'espace public—Études de cas. | RVM: Religion et politique—Études de cas. | RVMGF: Études de cas.

Classification: LCC BL65.B63 C67 2023 | CDD 202/.2—dc23

Bibliothèque et Archives nationales du Québec and Library and Archives Canada cataloguing in publication

Title: Corps in/visibles : genre, religion et politique = In/visible bodies : gender, religion and politics / sous la direction de Florence Pasche Guignard, Catherine Larouche.

Other titles: Corps invisibles | In/visible bodies | Invisible bodies

Names: Pasche Guignard, Florence, 1981- editor. | Larouche, Catherine, editor.

Description: Series statement: Religion et politique | Includes bibliographical references. | Texts in French and English.

Identifiers: Canadiana (print) 20230053300E | Canadiana (ebook) 20230053319E | ISBN 9782766300709 | ISBN 9782766300716 (PDF)

Subjects: LCSH: Human body—Religious aspects—Case studies. | LCSH: Religion and state—Case studies. | LCSH: Gender identity—Religious aspects—Case studies. | LCSH: Religious observances on public property—Case studies. | LCSH: Religion and politics—Case studies. | LCGFT: Case studies.

Classification: LCC BL65.B63 C67 2023 | DDC 202/.2—dc23

Révision linguistique: Sandra Guimont et Linda Arui
Mise en pages: Diane Trottier
Maquette de couverture: Laurie Patry

© Les Presses de l'Université Laval 2023
Tous droits réservés.
Imprimé au Canada

Dépôt légal 2ᵉ trimestre 2023
ISBN: 978-2-7663-0070-9
ISBN PDF: 9782766300716

Les Presses de l'Université Laval
www.pulaval.com

Toute reproduction ou diffusion en tout ou en partie de ce livre par quelque moyen que ce soit est interdite sans l'autorisation écrite des Presses de l'Université Laval.

Remerciements

Nous exprimons notre gratitude, tout d'abord, envers les participants et participantes à l'atelier «Corps invisibles: genre, religion et politique», tenu les 26 et 27 mars 2021 à l'Université Laval et en ligne, à la suite duquel s'inscrit cette publication. Pour leur patience avec la production de cet ouvrage, nous les remercions.

Pour l'octroi d'une subvention Connexion qui a rendu possible la tenue de cet atelier et la préparation de cet ouvrage, nous remercions le Conseil de recherches en sciences humaines du Canada (CRSH). À l'Université Laval, nous avons bénéficié de l'appui du Département d'anthropologie de la Faculté des sciences sociales, de la Faculté de théologie et de sciences religieuses et en particulier de sa Chaire Religion, spiritualité et santé, de l'Institut EDI² (Équité, Diversité, Inclusion, Intersectionnalité), ainsi que du Vice-rectorat à la recherche, à la création et à l'innovation. Leur soutien financier et logistique et leur flexibilité ont été très appréciés dans les circonstances de la pandémie de COVID-19 qui ont amené bien des défis dans l'organisation d'événements universitaires et dans la préparation de publications.

Nous sommes aussi reconnaissantes envers nos étudiants et étudiantes de l'Université Laval qui nous ont épaulées efficacement en tant qu'auxiliaires lors de l'atelier et tout au long de la préparation de cet ouvrage. Enfin, mentionnons Jean-François Laniel, directeur de la collection Religion et politique aux Presses de l'Université Laval, dont les conseils avisés ont été très appréciés.

Table des matières

Remerciements VII

Introduction 1
Florence Pasche Guignard et Catherine Larouche

Corps et religion. 5

    Le corps dans le tournant matériel des études sur les religions. 5

    Corps et religions au prisme du genre et de la sexualité 7

Religion et politique 9

Religion et sécularité : au-delà de la dichotomie 10

Perspectives transversales 12

Présentation des chapitres. 15

CHAPITRE 1
**Gender and Religion Playing Hide and Seek at the United Nations? A Reflection
on the Place of the Secular and the Post-secular at the Human Rights Council. . .** 27
Amélie Barras

Background 30

    Human Rights Council (HRC) 30

    Religious NGOs at the UN : Dominance of Christian organizations 31

Secular tropes. 32

Case studies 36

    Case study 1 : What to wear or not to wear? Walking the delicate line
    between the religious and nonreligious 36

    Case study 2 : Questions around human rights programs : what can
    silences tell us about how post-secular spaces are regulated? 39

Concluding thoughts. 44

CHAPITRE 2
**«*This is a Catholic country*» ou comment la mort évitable de Savita Halappanavar
est devenue l'emblème du mouvement pro-choix en République d'Irlande** 51
Audrey Rousseau

Contextualiser le refus du libre arbitre des femmes en matière de santé
reproductive 54

    Église et État dans l'édification de la nation irlandaise. 54

    Qu'est-ce qui a mené au décès tragique de Savita Halappanavar ? 56

Mobilisations liées à la légalisation de l'avortement et à la poursuite
de l'égalité de genre... 60

L'indignation populaire liée à la mort de Savita 60

La campagne *Repeal the 8th*... 62

Penser les rapports d'exclusion à travers la pragmatique du langage 65

La force illocutoire de l'énoncé «*This is a Catholic country*» 65

Logiques d'exclusion et de domination au sein de la nation irlandaise 68

Conclusion 71

CHAPITRE 3
Les *hijras*: une identité genrée indissociable des rituels qui la façonnent 79
Mathieu Boisvert

Le *rīt* 82

La cérémonie du *dūdhpilānā* 88

Le *nirvān* 90

CHAPITRE 4
**At Face Value? The Politics of Belief: The Refashioning of the Body in Law and
Public Policy and on the Virtual Public Square in the Twenty-first Century** 103
Zaheeda P. Alibhai

Context, religion and misrepresentation: The ban against face coverings 104

Zunera Ishaq *v.* The Minister of Citizenship and Immigration 2015 FC 156.... 109

The politics of space and belief... 110

Counterpublics and acts of citizenship on the virtual public square 113

Contested spaces: Transformative places 116

CHAPITRE 5
**Un point Godwin islamique? Expériences subjectives de femmes bruxelloises
de confession musulmane**... 125
Emilie El Khoury

Méthode de recherche.. 127

Les origines de la laïcité 128

La Belgique, neutre ou laïque?.. 133

Point Godwin, laïcité et neutralité 138

Un point Godwin islamique?.. 139

Ethnographie bruxelloise: quelques données de terrain de recherche 142

Conclusion 146

TABLE DES MATIÈRES

CHAPITRE 6
Quaint and Curious: Dress Codes as Signifiers of Cultural and Political Representation for Mennonite Women 151
Marlene Epp

Who are the Mennonites? 154

Mennonites, dress and meaning 156

Dress conflicts in early twentieth-century Ontario 157

Agency and resistance 163

Dress codes in the recent past 166

Conclusion 168

CHAPITRE 7
Sexual Regulation and Liberation in Quebec: Gender Relationships as a Driving Force for Social Change 171
Géraldine Mossière

Social change in Quebec and the deregulation of sexual and family models ... 175

Two ethnographic studies, three generations of Québécois 177

Baby-boomers' sexual liberation and the resistance to Catholic norms and to the clergy's authority 179

Young converts to Islam: How to make gender relationships innocuous 182

Generation X converts to Islam: Reacting to the baby-boomers' sexual revolution 183

Generation X and the claim for morality 185

Young new Muslims among Millennials: Islam as a remedy to mend intersectional injustices 185

Conclusion 189

POSTFACE
Lorsque les corps féminins, la sexualité et la visibilité du religieux défient le sentiment commun. 193
Solange Lefebvre

Notices biographiques 199

Introduction

Florence Pasche Guignard
et Catherine Larouche

Cet ouvrage s'intéresse à la place centrale qu'occupe le corps, notamment dans ses aspects genrés, dans l'expression et la gestion du religieux. Il vise à éclairer, d'une part, comment différentes pratiques corporelles religieuses sont disciplinées, régulées, transformées, visibilisées ou invisibilisées, en particulier dans les systèmes politiques séculiers[1] et, d'autre part, comment la religion reconfigure celles-ci et garde une influence plus ou moins importante sur certaines politiques touchant au corps même dans des contextes sécularisés. Au-delà des effets des politiques décidées par l'État sur une ou plusieurs religions, on peut également retourner la question et s'interroger sur l'influence religieuse – ou ce qu'il en reste – sur les politiques d'un État.

---

1. Dans ce texte, nous avons choisi d'utiliser les concepts de sécularisme/sécularité plutôt que celui de laïcité pour rendre compte des multiples formes de sécularité au-delà du modèle de la laïcité française. Il est toutefois important de signaler que le concept de laïcité n'est pas réductible au modèle actuel de la laïcité française et peut également être utilisé pour désigner une multiplicité de rapports entre religion et politique, comme le défendent bien Baubérot, Milot et Portier (2015). Dans ce chapitre, nous établissons la distinction entre sécularisme et sécularité à l'instar de ce que propose Mahmood (2015: 3): «*The former [political secularism] pertains to the state's relationship to, and regulation of, religion, while the latter [secularity] refers to the set of concepts, norms, sensibilities, and dispositions that characterize secular subjectivities*» (voir aussi Burchardt, Wohlrab-Sahr et Middell, 2015, pour une conceptualisation similaire de ces termes).

Les chapitres présentés ici s'inscrivent à la suite de réflexions partagées lors de l'atelier « Corps in / visibles : genre, religion et politique », tenu les 26 et 27 mars 2021 à l'Université Laval[2]. Ce projet trouve son origine dans nos interrogations par rapport à certains angles d'approche pris dans les débats publics entourant la Loi sur la laïcité de l'État au Québec, adoptée en 2019, puis ses contestations à différents niveaux. Le port de signes religieux dans l'espace public a occupé une place importante dans les débats publics et médiatiques entourant cette loi, au Québec et ailleurs. Le fait que de nombreux discours semblaient se concentrer sur la question des femmes musulmanes portant le hijab nous intriguait en tant que chercheuses travaillant sur des questions de genre et de religion non pas au Québec, mais dans des contextes sud-asiatiques, et en particulier celui de l'Inde. En effet, les questions posées par ces débats dépassent de loin ce seul cas qui semble monopoliser l'attention. En Inde aussi, des enjeux liés au pluralisme religieux, aux rapports entre religions et État ou à la réglementation des pratiques corporelles religieuses font l'objet de plusieurs débats publics controversés depuis des années. Ceux-ci prennent diverses formes, allant du droit des communautés religieuses à gérer leurs propres établissements d'enseignement au maintien de systèmes de droit de la famille distincts.

Loin d'affirmer que l'Inde ou d'autres pays auraient résolu les tensions autour du genre, de la religion et de la politique (ou de ces mêmes termes, mais au pluriel), plus modestement, il nous a semblé que mettre en regard des cas variés pourrait amener quelques pistes de réflexion dégagées des passions locales et des présupposés attachés à une tradition particulière pour mieux cerner ce qui est en jeu. Cette mise en regard a pour objectif de développer une meilleure compréhension de l'éventail des formes possibles de gestion des rapports entre religion et politique centrés sur la question du corps. Que nous apprend un examen de situations certes très différentes, mais où ces mêmes éléments sont aussi centraux quand ils s'articulent autour de la question de la visibilité et de l'invisibilité des corps humains dans certains espaces, privés ou publics ? À la suite de l'atelier et des discussions qui s'y sont tenues, cet

---

2. Cet atelier et cette publication ont bénéficié d'une subvention Connexion du Conseil de recherches en sciences humaines du Canada (CRSH). Les organisatrices remercient également pour leur soutien, à l'Université Laval, le Département d'anthropologie de la Faculté des sciences sociales, la Faculté de théologie et de sciences religieuses et sa Chaire Religion, spiritualité et santé, l'Institut EDI[2] (Équité, Diversité, Inclusion, Intersectionnalité), ainsi que le Vice-rectorat à la recherche, à la création et à l'innovation.

ouvrage fait le pari d'un éclairage qui juxtapose à la fois des exemples liés à la perception, la régulation et l'expression de pratiques religieuses musulmanes et non chrétiennes dans des contextes séculiers nord-américains et européens, mais aussi liés à la perception et à l'expression de pratiques chrétiennes dans ces mêmes contextes (mennonites au Canada, organisations chrétiennes aux Nations Unies). L'ouvrage inclut également d'autres perspectives comparatives en examinant notamment la place accordée à, et occupée par les *hijras*, une communauté asiatique «transgenre» se réclamant à la fois de l'islam et de l'hindouisme, au sein de l'État séculier indien, pays à majorité hindoue.

Deux objectifs découlent de ce projet et alimentent cet ouvrage collectif. Premièrement, l'ouvrage vise à porter une attention particulière aux dimensions matérielles et sensorielles qui sous-tendent les dynamiques de visibilisation et d'invisibilisation de la religion dans ces différents contextes. En effet, des recherches récentes, tant en sciences des religions qu'en anthropologie, ont souligné l'importance des dimensions matérielles du religieux – telles que les pratiques corporelles – au-delà des seules croyances. Dans cette optique, le corps genré est également une catégorie clé d'analyse et s'avère être une composante centrale des pratiques et des discours religieux. Les intersections entre corps, religions et politique méritent une attention particulière, car elles ne dépendent pas que du domaine de l'intime, même si certains thèmes souvent mis en avant (comme ceux de l'avortement ou la contraception) le suggèrent : ce qui relève de ce qu'on qualifie parfois de la «sphère privée» recouvre bien souvent aussi la «sphère publique» de par la visibilité des corps, encore plus exacerbée en ces temps où le numérique joue un rôle clé, par exemple par l'entremise des médias sociaux. De plus, dans plusieurs États séculiers, les manifestations visibles et publiques de la religion par et avec les corps sont nombreuses : on peut penser aux pratiques de pèlerinage, aux processions et plus généralement aux rassemblements massifs de personnes dans l'espace public avec des signes visibles de participation et d'affirmation d'appartenance. Comme certains chapitres le montreront, les symboles et pratiques religieuses qui s'expriment par ou marquent directement le corps, en particulier genré, sont donc particulièrement scrutées et débattues, tant à l'intérieur qu'à l'extérieur des sphères religieuses. Compte tenu des différentes interprétations de la place du corps dans la religion, des perspectives divergentes et potentiellement conflictuelles émergent autour des usages du corps dans les pratiques religieuses, tant publiques que privées. C'est le cas surtout dans les sociétés plurielles, où ce ne sont pas seulement ou d'abord les religions qui dictent les croyances, mais aussi d'autres acteurs, à commencer par l'État et les médias. Les chapitres de cet ouvrage s'intéressent donc à ces formes visibles et matérielles de différentes religions, à l'importance qu'on leur accorde, ainsi qu'aux différents acteurs qui les (re)façonnent.

Deuxièmement, cet ouvrage vise à dépasser la dichotomie religieux-séculier en explorant comment la matérialité et la sensorialité n'occupent pas juste une place centrale dans le domaine religieux, mais aussi dans le séculier. Le domaine séculier est souvent perçu comme neutre et rationnel, en opposition à la religion, mais plusieurs démontrent qu'il se construit aussi à partir de certaines sensibilités corporelles, émotions, préférences, etc. À la suite d'autres travaux, certains chapitres de notre ouvrage montrent aussi qu'au-delà du religieux, le séculier impose également tout un travail sur le corps, tant dans les espaces publics que privés.

Le corps est donc un point de départ particulièrement fertile pour mieux saisir les rapports entre religion et politique, tant dans des cas très précis qu'en théorisant de façon plus générale. C'est à l'aide d'un éclairage comparatiste et contrastif que nous nous proposons d'explorer ce thème, en réunissant une diversité de cas dans ce même ouvrage.

Avant d'exposer les thématiques centrales abordées par les chapitres réunis dans cet ouvrage, il convient de situer le cadre dans lequel s'inscrivent les contributions proposées en reprenant plusieurs des mots-clés du titre et en se focalisant sur leurs intersections. Les sections suivantes de cette introduction indiquent aussi comment le présent ouvrage vient compléter la littérature existante sur ces carrefours. Une petite note s'impose au préalable sur notre utilisation des notions de religion et politique. Définir ce qu'est la « religion » est un exercice périlleux. Pour notre propos, nous tenons simplement à préciser que nous considérons cette notion dans un sens très large. Les chapitres de cet ouvrage ne sauraient s'en tenir à des définitions qui entrevoient la religion comme plus « institutionnelle » et la spiritualité comme plus personnelle ou intime. Adoptant plutôt une perspective axée sur le *vécu*, la religion est envisagée comme une catégorie variable, façonnée par des contextes culturels, sociaux, économiques, politiques et personnels particuliers. Quant au terme « politique », il est aussi utilisé ici de façon générale pour souligner que les perspectives déployées dans les chapitres dépassent les seules interventions de l'État et s'attardent à une variété de rapports de force.

CORPS ET RELIGION

Tel qu'il a été mentionné précédemment, cet ouvrage vise à alimenter les débats existants sur les rapports entre religion et politique en y apportant une perspective axée sur les corps. La littérature a depuis longtemps démontré que le corps occupe une place centrale dans le religieux[3], que ce soit à travers les rituels du cycle de vie (naissance, puberté, mort), la gestion de la sexualité et de la reproduction[4], les pratiques alimentaires[5], la santé et la guérison[6], les pratiques vestimentaires, les marques et les altérations corporelles réversibles ou irréversibles (tatouages[7], circoncision, scarifications) ou encore les pratiques de dévotion et de communication avec le divin (prière, méditation, chants, extase)[8]. Les effets et les influences des religions sur le corps soulèvent de nombreux enjeux quant à leurs répercussions et à leur encadrement dans différents États séculiers à travers le monde. Ainsi, les prescriptions religieuses qui régulent la présentation et les usages des corps des personnes, et bien souvent de façon plus stricte encore les corps des femmes, ont une incidence sur certaines lois. En insistant sur la tension entre le visible et l'invisible, plusieurs chapitres de cet ouvrage montrent que le corps n'est pas seulement une question de l'intime, même si ces cas dans lesquels «les deux intimités, que sont le spirituel et le corporel, se mêlent[9]» restent tout particulièrement pertinents.

LE CORPS DANS LE TOURNANT MATÉRIEL DES ÉTUDES SUR LES RELIGIONS

Cette attention accordée au corps s'inscrit dans un tournant récent dans l'étude du religieux, axé sur la matérialité et la sensorialité[10] et venant remettre en question l'importance donnée aux croyances plutôt qu'aux pratiques. La notion de croyance suscite en effet plusieurs débats parmi les

---

3. Y. K. Greenberg, *The Body in Religion* […]; M. Douglas, *Purity and Danger* […].
4. C. Fortier, «Procréations médicalement assistées, sexuellement et religions […]».
5. C. Rouse et J. Hoskins, «Purity, soul food, and Sunni Islam […]».
6. D. Meintel et G. Mossière, «Tendances actuelles des rituels, pratiques et discours de guérison au sein des groupes religieux contemporains […]»; C. Rouse, «Pious Muslim bodies and alternative medicine».
7. A. Barras et A. Saris, «Gazing into the world of tattoos […]».
8. S. Mervin, «Les larmes et le sang des chiites […]»; M. Axel et C. Wulf, *Image of the Body in India* […].
9. B. Feuillet-Liger et A. Rissel (dir.), *Corps et religions* […], p. 8.
10. D. Chidester, *Religion: Material Dynamics*; S. M. Promey, *Sensational Religion* […].

chercheurs s'intéressant à la religion. Pouillon (1993)[11], dans son ouvrage *Le cru et le su*, faisait déjà remarquer que si le credo occupe une place centrale dans le catholicisme, la notion de croyance était, en revanche, absente des traditions religieuses qu'il observait dans ses terrains ethnographiques au Tchad et en Éthiopie. Ce sont plutôt les pratiques concrètes et les expériences vécues qui y occupaient une place prépondérante, ce qui l'a amené à remettre en question la tendance à définir toutes les religions à l'aune des conceptions chrétiennes du religieux, centrées sur le croire.

Sans dire que les pratiques religieuses qui mobilisent le corps précèdent nécessairement la croyance, plusieurs études visent néanmoins à souligner leur rôle et la façon dont elles contribuent à forger la croyance[12]. S'intéressant à la relation intime que les chrétiens évangéliques aux États-Unis entretiennent avec Dieu, Luhrmann démontre par exemple que la foi n'est pas un a priori, et que c'est à travers une série de stratégies langagières, sensorielles et corporelles (telles que des prières, des chants et des mouvements corporels permettant d'atteindre un état modifié de conscience) que les individus en viennent à ressentir et expérimenter la présence de Dieu dans leur vie[13]. Dans cette même tendance en recherche sur le corps et la religion, d'autres cas d'études récents (réunis par van den Berg, Schrijvers, Wiering et Korte en 2020[14] pour des contextes européens) insistent sur la dimension transformative des pratiques sur les corps.

Cette approche montre ainsi que les pratiques corporelles ne sont pas accessoires aux croyances religieuses, mais plutôt constitutives de celles-ci[15]. Il est d'ailleurs intéressant de noter le tournant expérientiel de plusieurs traditions maintenant, où les gens veulent sentir, vivre et non plus simplement « croire ». Ce tournant vers la matérialité de la religion ou, dans le cas qui nous concerne, la corporéité, nous semble central pour faire sens des rapports entre religion et politique. Il explique notamment en partie pourquoi, relativement aux exigences de certains gouvernements d'effacer les signes religieux visibles de la sphère privée, certains groupes résistent autant à invisibiliser leurs pratiques religieuses. Bien sûr, il ne

---

11. J. Pouillon, *Le cru et le su.*
12. A. Cohen et D. Mottier, « Pour une anthropologie des matérialités religieuses »; D. Houtman et B. Meyers (dir.), *Things: Religion and the Question* [...]; T. Luhrmann, *When God Talks Back* [...]; M. Engelke, « The problem of belief [...] ».
13. T. Luhrmann, *op. cit.*
14. M. van den Berg, L. Schrijvers, J. Wiering et A.-M. Korte (dir.), *Transforming Bodies and Religions* [...].
15. S. Mahmood, *Politics of Piety* [...].

s'agit pas là de la seule explication, les demandes d'effacement peuvent aussi heurter une affirmation identitaire. Mais il s'agit tout de même d'une raison importante. Il est donc d'autant plus central de comprendre comment la religion se reconfigure lorsque les pratiques religieuses corporelles sont disciplinées, transformées, visibilisées ou invisibilisées.

CORPS ET RELIGIONS AU PRISME DU GENRE ET DE LA SEXUALITÉ

Ce tournant vers la matérialité et la sensorialité permet également d'observer que la thématique du corps touche de très près celle du genre. De nombreux travaux examinent comment les identités de genre ainsi que les orientations, préférences et pratiques sexuelles sont perçues par les traditions religieuses et spirituelles, d'une part, et comment les discours religieux influencent celles-ci, d'autre part[16]. Des sujets comme les parures et la sexualité ont été abordés, notamment dans le contexte de l'Asie du Sud[17]. Plusieurs ouvrages récents traitant du corps à l'intersection avec la religion consacrent ainsi au moins une section au genre et à la sexualité[18], ou se centrent sur ces thèmes étroitement liés[19]. Ces thématiques du corps, du genre et de la sexualité en lien avec la religion peuvent donc être considérées séparément, mais leurs intersections fréquentes nécessitent une perspective qui tienne compte de leurs enchevêtrements complexes.

Cités en référence par plusieurs des contributions à cet ouvrage, et bien que la religion y soit peu abordée de façon directe, les quatre tomes de l'*Histoire de la sexualité* de Michel Foucault[20], ses autres travaux et ceux de Judith Butler (1990)[21] restent des références dans l'appréhension des

---

16. Exemples: A. Yip et S. Hunt, *The Ashgate Research Companion to Contemporary Religion and Sexuality*; D. Boisvert et C. Daniel-Hughes (dir.), *The Bloomsbury Reader in Religion, Sexuality, and Gender*; P. Nynäs et A. Yip, *Religion, Gender, and Sexuality in Everyday Life*; G. Ménard, *Religion et sexualité à travers les âges*; P. Snyder et M. Pelletier, *Extases et interdits* […]; S.-J. Page et K. Pilcher, *Embodying Religion, Gender and Sexuality*; S.-J. Page et H. Shipley, *Religion and Sexualities* […].
17. S. Joshi, « Sortilèges et parures du corps féminin: […] », dans V. Bouillier et G. Tarabout (dir.); C. Brosius, « The multiple bodies of the bride […] », dans A. Micheals et C. Wulfs (dir).
18. Y. K. Greenberg, *op. cit.*, p. 141-159.
19. A. Cuffel, A. Echevarria et G. Halkias (dir.), *Religious Boundaries for Sex, Gender, and Corporeality*.
20. M. Foucault, *Histoire de la sexualité I. La volonté de savoir*; M. Foucault, *Histoire de la sexualité II. L'usage des plaisirs*; M. Foucault, *Histoire de la sexualité III. Le souci de soi*; M. Foucault et F. Gros, *Histoire de la sexualité IV. Les aveux de la chair*.
21. J. Butler, *Gender Trouble* […].

discours sur le corps, le genre et la sexualité. Ceux-ci ont souligné, d'une part, que le corps était une catégorie culturellement et socialement construite plutôt qu'une donnée biologique et, d'autre part, qu'il était un lieu d'enjeux de pouvoir. Or, de tels enjeux concernent aussi les religions et s'articulent de façon différente suivant que l'individu s'identifie à un genre particulier. Ainsi, le vécu et la perception de ce qui, en termes religieux, s'ajoute au corps (vêtements ou objets avec une signification particulière), ou le modifie temporairement ou à long terme (tatouages, scarifications, circoncision, etc.) pourront être différents pour un homme ou une femme, puisque les prescriptions religieuses et leurs interprétations ne s'appliquent pas toujours de la même façon aux hommes et aux femmes. De même, certaines prescriptions religieuses régulent la présentation et les usages des corps des femmes de façon plus stricte que celui des hommes, tout en ayant une incidence sur certaines lois qui concernent en premier lieu les femmes, comme celles qui régissent les conditions d'accès à l'avortement.

Ainsi, on observe dans des contextes variés que la question du genre touche souvent aussi directement à celle du sexe et de la sexualité, en tant que sont impliquées des identités, des discours et des pratiques, dont certaines sont façonnées par le champ du religieux ou prennent place dans celui-ci ou dans son pendant séculariste formé par la laïcité (par exemple au Québec, voir l'article de Benhadjoudja[22]).

L'examen de la littérature des vingt dernières années montre que la procréation[23] et les droits à la santé reproductive, avec toute la question de l'agentivité et du libre choix, et celle du droit des femmes à disposer de leur corps, sont demeurés des enjeux majeurs qui impliquent les religions, le corps, le genre et la sexualité. Ainsi, dans cet ouvrage, le chapitre de Mossière aborde différents discours sur la religion et la sexualité (y compris récréative) parmi différentes générations de Québécoises et Québécois. La sexualité dans ses aspects de reproduction est un enjeu dans les contributions de Boisvert, qui présente la communauté « transgenre » *hijra* comme ayant renoncé à la procréation, valorisée dans la société hindoue traditionnelle, et dans celle de Rousseau, qui examine

---

22. L. Benhadjoudja, «Laïcité narrative et sécularonationalisme au Québec à l'épreuve de la race, du genre et de la sexualité».
23. M. Inhorn, *Local Babies, Global Science* […] ; M. Inhorn, «Masturbation, semen collection and men's IVF experiences: Anxieties in the Muslim world » ; C. Fortier, *op. cit.*

INTRODUCTION

des discours récents sur la mort d'une immigrée hindoue en Irlande à laquelle un avortement thérapeutique à été refusé.

Le présent volume s'inspire également de publications récentes réunissant des études sur le corps et la religion en contextes non européens et qui revisitent aussi la question du genre et de la sexualité et plusieurs des enjeux évoqués ci-dessus. Ainsi, des contributions pour «repenser le corps dans les traditions de l'Asie du Sud[24]» offrent une relecture de certains enjeux. Les contributions réunies par Feuillet-Liger et Rissel[25] proposent un «panorama international» et celles de Damus *et al.* sur «la fabrication des corps dans le monde[26]», y compris avec des composantes religieuses, touchent aussi à des contextes divers. Notre ambition ici est plus modeste, malgré la variété des contextes examinés.

RELIGION ET POLITIQUE

Les enchevêtrements complexes de la religion et de la politique sont des thèmes déjà très étudiés dans les sciences humaines et sociales, par l'entremise d'approches sociologiques et anthropologiques[27], de même qu'avec des approches plus historiques[28]. Ce sont dans les États séculiers que ces rapports ont été particulièrement examinés, à travers des angles divers, comme la place des symboles religieux dans l'espace public, le pluralisme légal et ses répercussions pour les droits des femmes ou le droit de dispenser une éducation religieuse. Depuis un certain temps, les travaux sur les femmes et l'islam dans les sociétés occidentales séculières ont reçu une attention particulière dans ce champ académique. Extrêmement visibilisé, le port du voile a été au cœur de nombreuses recherches, tant dans le contexte de la laïcité nord-américaine[29] qu'européenne[30]. Au Québec, l'attention portée à l'islam et au genre s'est arrimée plus récemment aux travaux sur la régulation des symboles religieux

---

24. D. Dimitrova (dir.), *Rethinking the Body in South Asian Traditions.*
25. B. Feuillet-Liger et A. Rissel, *op. cit.*
26. O. Damus *et al. La fabrication des corps dans le monde.*
27. A.-L. Zwilling (dir.), *Corps, religion et diversité*; B. Feuillet-Liger et A. Rissel, *op. cit.*
28. S. Margel, *L'invention du corps de chair.*
29. J.-W. Scott, *Sex and Secularism*; S. Lefebvre et L. Beaman, *Religion in the Public Sphere* [...].
30. J. Selby, *Questioning French Secularism*; Y. Moll, «Beyond beards, scarves and halal meat [...]»; N. Göle, *Musulmans au quotidien*; M. Fernando, «Intimacy surveilled [...]»; C. Laborde, «Secular philosophy and Muslim headscarves in schools»; V. Amiraux, «Les musulmans dans l'espace politique européen [...]».

ostentatoires de façon plus générale[31]. Les travaux récents sur le contexte canadien insistent aussi sur l'expression de l'identité religieuse musulmane en lien avec la production de connaissance, les positionalités et diverses épistémologies et la politique[32]. S'il s'inscrit en bonne partie dans cette tradition de recherche, cet ouvrage vise toutefois aussi à favoriser la comparaison avec d'autres contextes géopolitiques et traditions religieuses[33] pour examiner les rôles du religieux et du séculier dans «la fabrication des corps dans le monde»[34], et illustrer des points de convergence dans la dynamique de la gestion des corps et de leur in/visibilité.

RELIGION ET SÉCULARITÉ : AU-DELÀ DE LA DICHOTOMIE

Cherchant à remettre en question l'idée d'une distinction nette et évidente entre religieux et séculier, cet ouvrage s'attarde aussi au rôle central du corps, des sens et des émotions dans l'élaboration de politiques séculières. À l'instar des travaux d'Asad[35] et de plusieurs autres dans sa lignée[36], l'ouvrage entrevoit la sécularité non pas comme une doctrine juridico-politique fondée sur une séparation stricte et uniforme entre État et religion et sphère publique et privée, mais plutôt comme une redéfinition de ce qui compte comme étant proprement «religieux» et «séculier» en fonction des valeurs et des sensibilités d'une dite société. Les politiques séculières, en ce sens, orientent les façons par lesquelles le religieux peut légitimement se manifester, ainsi que les limites de cette manifestation. Comme plusieurs l'ont démontré, la sécularité dans plusieurs pays occidentaux émerge de sensibilités libérales occidentales, où les pratiques corporelles ont tendance à être considérées comme une dimension secondaire ou facultative de la religion comparée aux croyances religieuses, et où la religion est généralement perçue comme un choix personnel et une

---

31. J.-M. Landry, «Niqab, sunglasses, and the sincerity of belief»; V. Amiraux et J.-F. Gaudreault-Desbiens, «Libertés fondamentales et visibilité des signes religieux en France et au Québec [...]».
32. A. Barras, J. Selby et M. Adrian, *Producing Islam(s) in Canada* [...].
33. A. Bilgrami, *Beyond the Secular West*; K. Dean et P. Van der Veer, *The Secular in the South, East and Southeast Asia*.
34. Comme proposé par O. Damus *et al., op. cit.*
35. T. Asad, *Formations of the Secular*; T. Asad, «Religion, nation-state, secularism».
36. S. Mahmood, *op. cit.*; M. Fernando, *op. cit.*

INTRODUCTION

11

affaire privée, qui ne devrait avoir aucune incidence dans la vie publique[37]. Dans cette logique, les pratiques corporelles visibles qui ne correspondent pas à cette conception du religieux peuvent être recadrées ou invisibilisées. Un tel exemple de recadrage, en France notamment, pourrait être celui des municipalités et des établissements privés qui, sur le plan local, ont réglementé qu'il était interdit de se baigner en piscine avec des vêtements de bain couvrant entièrement le corps[38], en réaction aux pratiques religieuses jugées excessives de certaines femmes ayant des perspectives précises sur ce qu'il est permissible ou non de laisser voir au regard d'autrui, notamment dans un contexte mixte. À l'inverse, les règlements en question ne permettent pas non plus la baignade en exposant son corps dans la nudité la plus totale et certains suivent un double standard selon le genre, hérité de conceptions religieuses, quand il s'agit de poitrines d'hommes ou de femmes qui sont visibles : les unes, celles des hommes, sont acceptables dans ces espaces récréatifs (piscine, plage), tandis que les autres ne le sont jamais, ce que les controverses récurrentes autour de l'allaitement en public dans certains pays nous rappellent. Plus qu'un encadrement législatif neutre, rationnel et objectif de la religion, les sociétés séculières sanctionnent ainsi des manières précises de se comporter, de se présenter ou d'exposer ses émotions[39]. Ces visions des pratiques corporelles ou sensorielles légitimes sont par ailleurs influencées par des conceptions particulières du genre ou de l'ethnicité qui créent alors une hiérarchisation des pratiques considérées comme légitimes pour un groupe ou un autre. Par exemple, comme l'explique le chapitre de Epp, alors que le voile des musulmanes fait l'objet de débats houleux au Canada, celui des mennonites canadiennes est plutôt perçu comme une tradition inoffensive et pittoresque, propre aux Prairies canadiennes.

À titre comparatif, le contexte indien démontre aussi comment différentes valeurs, conceptions du corps, des sens et du religieux vont contribuer à façonner des politiques séculières différentes et intervenir dans la gestion des pratiques religieuses. En Inde, par exemple, plusieurs affirment que si les principes séculiers ont pour objectif la neutralité de l'État envers

---

37. M. Fernando, *op. cit.* ; S. Mahmood, *op. cit.* ; S. Mahmood, *Is Critique Secular ? Blasphemy, Injury, and Free Speech* ; T. Asad, 2003 et 2006, *op. cit.* ; D. Scott et C. Hirschkind, *Powers of the Secular Modern Talal Asad and his Interlocutors.*

38. Voir par exemple les analyses sur les controverses du « burkini » en 2016 par Godin (2016) et Almeida (2018). C. Godin, « De quoi le burkini est-il le signe ? » ; D. Almeida, « Marianne at the beach [...] ».

39. M. Scheer, N. Fadil et B. Schepelern Johansen, *Secular Bodies, Affects and Emotions : European Configurations.*

toutes les dénominations religieuses, ils n'ont pas pour effet de séculariser l'espace public et de reléguer le religieux au domaine du privé[40]. Au contraire, la religion et ses institutions, groupes et associations, demeurent très visibles dans l'espace public indien[41]. Dans d'autres contextes très pluralistes et multiculturels, les pratiques corporelles religieuses visibles peuvent aussi être traitées avec une certaine indifférence. En effet, quand les signes et marques de diverses religions sont nombreuses et omniprésentes, l'habitude de les avoir sous les yeux peut amener à ne plus y prêter trop d'attention.

Ces exemples invitent à porter attention à la multiplicité des pratiques d'encadrement et de recomposition du religieux en mettant l'accent sur la variabilité des conceptions de ce que constituent la sphère privée, la sphère publique et même la religion, d'un État séculier à l'autre. Ils remettent également en question le contraste souvent imaginé entre, d'une part, séculier, raison et objectivité, et d'autre part, religion, émotion et subjectivité. Les efforts pour visibiliser ou invisibiliser différentes pratiques corporelles dans une variété d'États séculiers dépendent largement des conceptions dominantes de ce que devrait être une pratique religieuse appropriée, des craintes que suscite l'altérité, de l'attachement à certaines manières d'être et de se présenter, etc. Ce sont ainsi souvent les populations minoritaires et leurs pratiques religieuses qui font le plus l'objet de contrôle et de suspicion.

PERSPECTIVES TRANSVERSALES

La recherche en sciences humaines et sociales continue à amener plus d'exemples de processus de confrontation et de négociation entre les discours politiques et religieux sur le corps, et en particulier sur les corps des femmes. Cet ouvrage contribue ainsi à un décloisonnement disciplinaire en mettant de l'avant un thème transversal plutôt qu'une approche ou une méthode d'analyse particulière.

Parce que nous pensons qu'il reste de la place pour ce type de perspectives transversales, la démarche proposée dans cet ouvrage ne consiste donc pas à réduire la complexité et la particularité de chaque

---

40. R. Bhargava, «The distinctiveness of Indian secularism»; T.-N. Madan, *Images of the World* […].
41. P. Van der Veer, *Religious Nationalism Hindus and Muslims in India.*

cas, mais plutôt à réfléchir à une multiplicité d'articulations en réunissant dans un même volume des chapitres traitant d'expressions variées de l'islam, du christianisme et de l'hindouisme. L'originalité de ce recueil est donc de présenter une variété d'études de cas qui ne se limitent ni aux contextes séculiers nord-américains et européens, ni à une tradition religieuse particulière.

Les chapitres seront présentés plus en détail dans la prochaine section de cette introduction, mais mentionnons déjà ici que trois contributions traitent de façon originale de la visibilité du corps des femmes musulmanes et de la sexualité dans des contextes contemporains québécois, canadien et belge. L'ouvrage propose un chapitre traitant d'une confrontation entre une immigrée indienne et hindoue et un système médical irlandais encore marqué par des politiques de santé influencées par le catholicisme, un autre sur les codes vestimentaires des femmes mennonites et d'autres communautés protestantes anabaptistes au Canada, un autre sur les *hijras* (une communauté dite « transgenre ») en Inde, et un autre encore sur les stratégies vestimentaires de membres d'organisations non gouvernementales chrétiennes aux Nations Unies[42]. Nous invitons donc le lectorat à entrer dans une perspective contrastive dont cette introduction ne fait que souligner certains axes.

L'analyse de tels exemples permet aussi d'examiner le dynamisme des rapports entre religion et politique, leur constante construction et renégociation dans l'ensemble des contextes. On peut ensuite établir des parallèles entre les cas d'exposition ou de dissimulation – volontaires ou contraints – des marqueurs corporels religieux (vêtements, accessoires, marques, pilosité, etc.). Sans se restreindre au corps féminin, les chapitres montrent également que d'autres identités genrées sont concernées par la question de la régulation des corps et de leur place dans les espaces religieux et politiques. Les résultats obtenus apportent ainsi de nouvelles perspectives pour réfléchir à la diversité religieuse dans des sociétés séculières plurielles, aux similitudes et différences dans le rapport aux pratiques

---

42. En plus de réunir des chercheuses et chercheurs du milieu universitaire, l'atelier duquel découle cet ouvrage laissait aussi la place à des membres de certaines communautés pour exprimer des perspectives variées, y compris à l'interne. Les présentations relevaient des perspectives du point de vue de ou sur les traditions hindoues, musulmanes, sikhes et chrétiennes. Le choix de rédiger un chapitre pour cet ouvrage revenant aux contributeurs et contributrices, il n'a malheureusement pas été possible d'inclure plus de perspectives émiques dans celui-ci.

corporelles de traditions religieuses diverses, aux confrontations entre régimes de valeurs et rapports de force entre différents groupes sociaux et instances étatiques, ainsi qu'aux processus de négociation et de construction individuels et collectifs à l'œuvre dans les rapports entre corps, religion et politique.

Cet ouvrage entend donc explorer des processus qui se déclinent le plus souvent selon des axes récurrents comme l'adhésion personnelle ou communautaire à des normes de genre construites, les conceptions d'espaces publics et privés, et les différents degrés de sécularisation dans un contexte national ou régional. L'approche qui consiste à mettre en regard des cas divers permet de souligner comment différents standards, concernant tant le genre que la tradition religieuse concernée, sont à l'œuvre dans les débats publics et dans la régulation plus ou moins prononcée de certaines pratiques religieuses plutôt que d'autres. Une autre interrogation qui, abordée de façon transversale, trouve des réponses est celle des rôles que jouent les groupes religieux, l'État et les individus dans la légitimation de pratiques particulières qui impliquent le corps. On peut ainsi demander non pas comment l'État exerce une forme de régulation, mais comment les groupes religieux eux-mêmes s'ajustent et changent leurs pratiques du corps dans des environnements sociaux et politiques particuliers. Enfin, on pourra constater à nouveau – et de façon plus flagrante qu'avec un seul exemple ou plusieurs en lien avec une seule religion – que les perspectives religieuses et séculières définissent différemment ce que sont des espaces ou des parties du corps «publiques» ou «privées», et quelle visibilité il est acceptable ou non de donner au corps. Maintenant que différentes formes de surveillance débordent de l'espace public vers le privé, et même vers l'intime pour ce qui est du domaine de la santé, par exemple, on est aussi conduit à se demander si de telles sphères peuvent encore être délimitées aussi clairement, surtout à l'ère des médias sociaux omniprésents et des identités en ligne, y compris religieuses. Les chapitres de cet ouvrage amènent donc quelques réponses possibles à de telles questions, en prenant une perspective le plus souvent externe à la communauté ou au contexte étudié, mais informée par une lecture ou une écoute attentive des discours internes et par un travail de terrain, suivant les approches adoptées.

PRÉSENTATION DES CHAPITRES

Cette section de l'introduction présente de façon succincte le contenu des chapitres sélectionnés. Comme il a été expliqué ci-dessus, en raison du but contrastif de l'ouvrage, nous avons voulu éviter de présenter de façon groupée les trois chapitres dans lesquels les rapports au corps dans l'islam sont centraux. Au contraire, l'ordre des chapitres vise à amener le lectorat à considérer de façon transversale les diverses thématiques récurrentes dans plusieurs des contributions.

Dans le premier chapitre, Amélie Barras examine le jeu de cache-cache qui se joue dans les couloirs et les salles des Nations Unies autour des expressions visibles ou non des religions et du genre. À partir d'une analyse du travail d'un certain nombre d'organisations non gouvernementales (ONG) chrétiennes au Conseil des droits de l'homme à l'Organisation des Nations Unies (ONU), Barras explore l'(in)visibilité des questions qui touchent à l'intersection des identités de genre et de religion dans ce forum. Ce chapitre réfléchit donc à la façon dont ces identités sont régulées par certaines ONG religieuses, et à la manière dont cette régulation est influencée par la (re)production de la dichotomie sécularité/religion. Barras apporte des réponses à ces questions inédites sur la visibilité des corps marqués par la religion ou des enjeux qui leur sont liés (comme ce qui a trait à la sexualité et à la santé) en se focalisant sur deux études de cas qui illustrent comment ces ONG et leurs activistes se présentent dans ce forum. Le premier cas examine comment ces activistes, qui appartiennent souvent à des ordres religieux, décident de marquer (ou non) leur corps afin que leur religion ou leur genre soient identifiables dans cet espace onusien. Le deuxième cas analyse le type de travail dans lequel ces ONG s'impliquent. L'auteure souligne, en particulier, la réticence de certaines d'entre elles à travailler ouvertement sur des questions de genre qui feraient ressortir leur identité religieuse (par exemple, des questions autour de la famille, du mariage et, par extension, à la santé sexuelle, comme l'accès à la contraception ou à l'avortement). À travers ces études de cas, Amélie Barras démontre que bien que ces acteurs et actrices, dans certains cas, brouillent la ligne entre la religion et la sécularité, ils participent aussi néanmoins à reproduire l'idée que le Conseil des droits de l'homme est un espace séculier. Selon l'analyse de ce premier chapitre de notre ouvrage, la religion, en particulier quand elle est entrecroisée avec le genre, reste cachée – volontairement invisibilisée et pourtant bien présente – dans les recoins du Palais des Nations.

Le second chapitre s'articule autour de la connotation raciale et genrée d'un refus (en tant qu'acte de langage) qui semble avoir servi de catalyseur aux luttes pour les droits reproductifs en République d'Irlande. Partant de l'expression « *This is a Catholic country* », Audrey Rousseau examine comment la mort évitable de Savita Hallapanavar, une femme enceinte de confession hindoue décédée d'une septicémie à l'hôpital universitaire de Galway en 2012, est devenue l'emblème du mouvement pro-choix dans ce pays. Le chapitre contextualise le sixième référendum populaire irlandais, de 2018, portant sur l'avortement, qui a mené au retrait du 8e amendement constitutionnel qui criminalisait l'interruption volontaire de grossesse depuis 1983. Au-delà d'une contextualisation de ce changement législatif, qui s'explique en partie par des décennies de mobilisation féministe, ce chapitre approfondit le postulat voulant que l'histoire de Savita Hallapanavar soit devenue emblématique du mouvement pro-choix. Rousseau passe au crible de l'analyse discursive le motif du refus de procéder à une interruption volontaire de grossesse alors que la situation était devenue dangereuse pour la vie de la mère. Elle se questionne sur deux présupposés implicites de l'expression « *This is a Catholic country* », prononcée par une sage-femme et révélatrice d'attitudes sociétales. La soignante a utilisé cette phrase en marge de son explication que tant que les battements du cœur fœtal continuaient, l'intervention demandée par la mère et le père ne pouvait être faite. Rousseau montre que, d'une part, ces paroles prononcées à l'égard d'un couple d'origine indienne, dans une société où l'immense majorité de la population s'identifie comme « *White Irish* », réifie la division entre le « eux » et le « nous » et que, d'autre part, ces paroles affirment une supériorité morale. Enfin, l'auteure souligne le contraste entre l'affirmation de cette supériorité, adjugeant un droit égal à la vie de la mère et du fœtus, et le résultat, par la suite largement mobilisé pour rendre hypervisible le corps de Savita Hallapanavar. Le résultat immédiat est le décès, par suite de la perte de grossesse qui, avec d'autres politiques de santé dans un contexte différemment influencé par la religion, aurait reçu une réponse médicale différente qui aurait pu éviter la mort de cette femme. Sur le plan de la mobilisation politique de ce cas, le résultat à plus long terme est le changement législatif autour de l'avortement en Irlande.

Mathieu Boisvert, dans son chapitre sur les *hijras*, une communauté sud-asiatique généralement décrite comme « transgenre », examine comment une identité particulière est rendue visible sur le corps par le port d'accessoires culturellement construits comme ceux des femmes. L'auteur examine donc cette communauté constituée par des personnes

INTRODUCTION 17

assignées «masculines» à la naissance et arborant en permanence une identité féminine dont il montre les diverses étapes de construction et de consolidation, en particulier par des rites religieux. Boisvert se demande comment les membres de cette communauté parviennent à justifier et à légitimer leurs identités – collectives et individuelles –, qui restent grandement marginalisées dans un contexte indien contemporain où l'homosexualité vient d'être décriminalisée (en 2013), et où les normes sociales liées au genre restent très contraignantes. Son chapitre s'appuie sur des recherches de terrain menées entre 2016 et 2018 auprès d'une trentaine de participantes *hijras* de la grande région de Mumbai. L'analyse permet d'avancer deux éléments précis qui concernent la visibilité du corps, tant au sein de la communauté religieuse qu'à l'extérieur: d'une part, certains rites de passage particuliers à cette communauté permettent de légitimer le statut de la candidate à une période particulière de sa vie. Le corps est central, et Boisvert montre comment se font les interventions rituelles pour marquer le genre, d'abord sur le corps avec la prise de vêtements et d'accessoires féminins lors du *rīt* (l'initiation qui marque l'acceptation dans la communauté), puis par une modification irrévocable du corps par le *nirvāṇ* (la castration), effectué dans un cadre aux références religieuses particulières et seulement par certaines des membres. Mathieu Boivert montre ainsi comment l'identité visible par le corps se construit à l'intersection du genre, de la religion et de la politique dans le contexte de l'Inde contemporaine, d'où proviennent ces données de terrain.

Zaheeda P. Alibhai, dans le chapitre suivant, examine plusieurs enjeux politiques du croire et de sa manifestation visible à partir d'un cas emblématique dans lequel sont centraux les politiques migratoires, le genre et la visibilité du corps et, en particulier, du visage. Il s'agit des suites juridiques et des débats médiatiques au sujet de Zunera Ishaq, une musulmane d'origine pakistanaise qui a refusé d'enlever le voile couvrant son visage lors de la dernière étape menant à l'acquisition de sa citoyenneté canadienne, soit la cérémonie de prestation d'un serment prononcé en public. Partant du constat que les discours «orientalistes» et les positions du gouvernement ne se sont jamais autant entrecroisés dans les débats publics et les politiques gouvernementales visant à réglementer ou interdire certaines pratiques touchant le corps des femmes musulmanes (voile couvrant le visage ou les cheveux) dans l'espace public, Alibhai analyse le choc des systèmes de pouvoir et les mesures disciplinaires de l'État qui, de pair avec les interprétations dominantes du concept de «religion», se rejoignent pour contrôler les frontières des formes d'expression religieuse «acceptables» dans la sphère publique. L'auteure examine la formation d'idées précises et parfois normatives au sujet du «corps religieux» au détriment de la diversité et de la liberté religieuse, ainsi que de la neutralité attendue de l'État. Elle montre que l'État peut parfois se donner la tâche juridique de modeler les croyances des croyants pour les rendre plus compatibles avec son caractère séculier. En considérant ces contextes sociaux, culturels et politiques et en utilisant le concept de Nancy Fraser[43] (1992) de «contre-publics subalternes», Alibhai conclut sur une conception de la «place publique virtuelle» comme un espace de discussions, où certaines femmes musulmanes construisent leur propre contre-discours et leurs histoires, y compris avec les objets qui s'ajoutent à leurs corps. Dans le cas discuté, le fameux niqab a été exposé dans un musée de Mississauga, municipalité où la nouvelle citoyenne a finalement pu prononcer son serment.

Le chapitre d'Emilie El Khoury présente une sélection des résultats de sa recherche doctorale en anthropologie. L'auteure interroge particulièrement les expériences subjectives, soit le vécu et la perspective, de femmes musulmanes issues de plusieurs tendances de l'islam et provenant de Bruxelles, par rapport au concept de laïcité. Ce chapitre reprend des éléments d'une recherche plus large qui exploite la pratique de l'ethnobiographie, priorisant les récits de vie comme technique principale pour recueillir et interpréter les données de terrain. Sur fond de discours variés au sujet de la radicalisation et des mouvements de luttes armées (et plus particulièrement Daesh ou ledit «État islamique»), El Khoury constate que l'islam est souvent dépeint comme incompatible avec les valeurs de laïcité et de démocratie dans certains cercles académiques, politiques et civils. Elle illustre ce point en introduisant la notion de «Point Godwin islamique», soit la tendance à percevoir une connivence entre des personnes ne se montrant pas nécessairement critiques de l'islam et une forme d'islam «radical» ou même «terroriste». El Khoury explique comment certains auteurs, en écho à la notion de «laïcité falsifiée[44]», estiment que le concept de laïcité a été trahi depuis quelques années sous l'impulsion de la montée de l'extrême droite qui, en France entre autres, s'est approprié le concept tout en le réinterprétant pour stigmatiser les personnes appartenant à des minorités religieuses. Le chapitre discute de cette tendance à l'aide d'un exemple concret, soit les marches commémorant les victimes de l'attentat contre la revue *Charlie Hebdo*.

---

43. N. Fraser, «Rethinking the public sphere [...]».
44. J. Baubérot, *La laïcité falsifiée*.

Dans ce contexte, El Khoury rapporte les dilemmes et les malaises éprouvés par les Bruxelloises musulmanes rencontrées lors de sa recherche qui, tout en voulant participer aux marches visant à dénoncer les attentats, se sentent exclues de celles-ci en raison de leur tenue vestimentaire religieuse ou simplement de leur inconfort à adopter le slogan «Je suis Charlie». Cet exemple démontre, selon elle, les tendances exclusives de la laïcité contemporaine et les incidences de la présentation corporelle des femmes musulmanes sur leur place dans la société bruxelloise.

Avec une perspective historique, et revenant à un contexte canadien, Marlene Epp consacre son chapitre à une analyse des codes vestimentaires des femmes mennonites et de leur évolution en tant que symbole culturel et religieux. Elle convoque dans l'analyse de différents codes vestimentaires et pratiques des mennonites et de communautés religieuses conservatrices apparentées les notions de racisme et de corporalité, et des représentations de groupes religieux particuliers, en contraste les uns avec les autres et avec la société canadienne en général. Tout comme dans d'autres communautés religieuses culturellement distinctes, les femmes des communautés mennonites et apparentées, d'origine anabaptiste, sont facilement identifiables par leur tenue vestimentaire. Plusieurs groupes conservateurs, incluant les communautés amish et huttérites, maintiennent des codes vestimentaires qui s'appliquent surtout aux femmes. Souvent désignés par le terme «*plain dress*», de tels codes existaient déjà depuis des siècles. Certains de leurs éléments trouvaient leur justification dans des interprétations de la Bible, alors que d'autres étaient utilisés pour maintenir une séparation visible avec la société moderne. Alors que les groupes anabaptistes ont souvent cherché à être invisibles devant l'État canadien et que les normes patriarcales appliquées à la maison et à l'église renforçaient le silence des femmes, et donc leur invisibilité, les codes vestimentaires ont toutefois rendu les femmes plus visibles dans la sphère publique. Cependant, puisque ces femmes sont blanches et chrétiennes, leurs vêtements gardent un caractère apolitique et sont souvent perçus sous l'angle de la curiosité ou du charme un peu désuet. Contrairement à la situation des femmes musulmanes au XXIe siècle au Canada, le corps des femmes issues de communautés anabaptistes n'est ni réglementé par l'État, ni l'objet de critiques d'un public xénophobe. Plutôt qu'une menace, les femmes mennonites, amish et huttérites, dans leur façon de vivre et leurs particularités, sont plutôt perçues comme une curiosité et un symbole de la mosaïque multiculturelle. L'absence de débat public et de critiques de l'État sur leur tenue vestimentaire rend évidente la racialisation de cette mosaïque. Marlene Epp remarque toutefois que dans le contexte pandémique de 2020, ces codes vestimentaires particuliers permettant l'identification de certains groupes religieux ont servi à les stigmatiser en les associant à des éclosions de cas de COVID-19.

Le dernier chapitre, rédigé par Géraldine Mossière, porte sur la régulation et ladite « libération sexuelle » au Québec, et considère la sexualité comme moteur de changements sociaux. L'auteure y explique que la Révolution tranquille des années 1960, au Québec, est généralement associée au mouvement de modernisation et de libéralisation de la province amorcé par la génération des baby-boomers. Parmi les discours véhiculés par cette génération, celui de la mémoire de l'oppression de la sexualité, du contrôle du corps des femmes et de la coercition à la procréation exercé par le clergé catholique a joué un rôle central dans l'évolution sociale et politique et dans l'identité particulière du Québec. Mossière explique comment l'arrivée de populations migrantes porteuses de leur propre bagage culturel et religieux a récemment introduit de nouvelles normes et pratiques en matière de gestion de la sexualité et des corps. Elle explique comment celles-ci sont perçues comme une atteinte à cette libération collective récemment acquise. Les débats collectifs, parfois très vifs, qui entourent l'insertion de ces populations dans le paysage local attestent de ces tensions et du rôle central qu'y joue le statut de la femme et la régulation de la sexualité. Toutefois, avec les témoignages qu'elle a recueillis auprès de jeunes Québécois qui se sont convertis à l'islam, Mossière montre qu'ils et elles associent leur choix à la discipline et à l'encadrement du corps et de la sexualité que l'islam promeut. Son chapitre compare donc les données collectées auprès de Québécois d'origine franco-catholique issus de la génération du baby-boom, d'une part, et auprès de jeunes nouveaux musulmans, d'autre part. En mettant en lien ces récits sur le corps et sur la gestion de la sexualité avec l'évolution sociale et politique récente de la province, elle montre en quoi ces discours ainsi que leur expression et leur encadrement dans l'espace public constituent des moteurs de changement social et politique.

L'ouvrage se termine avec une postface que Solange Lefebvre, spécialiste de ces questions depuis des décennies, a généreusement accepté d'écrire en réaction générale au thème et aux chapitres proposés. Nous souhaitions en effet confronter notre travail et notre assemblage de ces cas récents et contextes divers, focalisés sur la question des corps visibles et invisibles, avec une perspective universitaire québécoise qui amènerait plus de recul sur l'évolution de ces questions et thèmes autour du corps, du genre, de la religion et de la politique. Sans se vouloir une conclusion, le texte de Lefebvre permet de souligner l'évolution de l'appréhension de ces questions et de confirmer la pertinence des travaux en dialogue multidisciplinaire sur ces sujets.

Ainsi, cet ouvrage à la thématique transversale partagée, celle des corps et de leur visibilité en lien avec la religion, le genre et la politique, souhaite encourager une multiplicité d'approches disciplinaires et méthodologiques pour de futures recherches sur ces thèmes. Réunir les travaux de spécialistes en anthropologie, sociologie, histoire et sciences des religions, ou combiner ces diverses approches de façon créative et pertinente permettrait d'obtenir une meilleure appréhension de cette intersection complexe. Les chapitres présentés dans ce livre emploient de ce fait des approches méthodologiques variées, allant de la recherche d'archives au terrain ethnographique, en passant par l'analyse de médias. La plupart des contributions privilégient cependant une approche «*bottom-up*», en se centrant sur les expériences et les perspectives vécues des différents groupes religieux à l'étude. Nous espérons que les riches conversations suscitées par des approches et des méthodologies diverses lors de l'atelier «Corps in/visibles: genre, religion et politique» se reflètent également dans les versions retravaillées proposées dans ce volume intégré à la nouvelle collection Religion et politique des Presses de l'Université Laval. Nous souhaitons aussi que cet ouvrage permette d'inspirer d'autres occasions de mise en commun et de dialogues interdisciplinaires sur ces questions qui restent très pertinentes.

BIBLIOGRAPHIE

Almeida, Dimitri, «Marianne at the beach: The French burkini controversy and the shifting meanings of republican secularism», *Journal of Intercultural Studies*, vol. 39, n° 1, 2018, p. 20-34.

Amiraux, Valérie, «Les musulmans dans l'espace politique européen. La délicate expérience du pluralisme confessionnel», *Vingtième Siècle. Revue d'histoire*, vol. 2, n° 82, 2004, p. 119-130.

Amiraux, Valérie et Jean-François Gaudreault-Desbiens, «Libertés fondamentales et visibilité des signes religieux en France et au Québec: Entre logiques nationales et non nationales du droit?», *Recherches sociographiques*, vol. 57, n°s 2-3, 2016, p. 351-378.

Asad, Talal, *Formations of the Secular: Christianity, Islam, Modernity*, Redwood City, Stanford University Press, 2003.

Asad, Talal, «Religion, nation-state, secularism», dans Peter van der Veer and Hartmut Lehmann (dir.), *Nation and Religion: Perspectives on Europe and Asia*, Princeton, Princeton University Press, 1999, p. 178-196.

Axel, Michaels et Christoph Wulf (dir.), *Image of the Body in India: South Asian and European Perspectives on Rituals and Performativity*, Abingdon et New Delhi, Routledge, 2011, p. 84-96.

Barras, Amélie et Anne Saris, «Gazing into the world of tattoos: An invitation to reconsider how we conceptualize religious practices», *Studies in Religion*, vol. 50, n° 2, 2020, p. 167-188.

Barras, Amélie, Jennifer A. Selby et Melanie Adrian, *Producing Islam(s) in Canada: On Knowledge, Positionality, and Politics*, Toronto, University of Toronto Press, 2022.

Baubérot, Jean, *La laïcité falsifiée*, Paris, La Découverte, 2014.

Baubérot, Jean et Micheline Milot, «Introduction. Laïcité, laïcités: pistes de réflexion et d'analyse», dans Jean Baubérot, Micheline Milot et P. Portier. (dir.), *Laïcité, laïcités: Reconfigurations et nouveaux défis (Afrique, Amériques, Europe, Japon, Pays arabes)*, Paris, Éditions de la Maison des sciences de l'homme, 2015, p. 261-278.

Benhadjoudja, Leila, «Laïcité narrative et sécularonationalisme au Québec à l'épreuve de la race, du genre et de la sexualité», *Studies in Religion / Sciences religieuses*, vol. 46, n° 2, 2017, p. 272-291.

Bhargava, Rajeev, «The distinctiveness of Indian secularism», *Critique internationale*, vol. 35, n° 2, 2007, p. 121-147.

Bilgrami, Akeel, *Beyond the Secular West*, New York, Columbia University Press, 2016.

Boisvert, Donald et Carly Daniel-Hughes (dir.), *The Bloomsbury Reader in Religion, Sexuality, and Gender*, New York, Bloomsbury Academic, 2016.

Brosius, Christiane, «The multiple bodies of the bride: Ritualising "world class" at elite weddings in urban India», dans Axel Michaels et Christoph Wulf (dir.), *Image of the Body in India: South Asian and European Perspectives on Rituals and Performativity*, Abingdon et New Delhi, Routledge, 2011, p. 261-278.

Burchardt, Marian, Monika Wohlrab-Sahr et M. Middell (dir.), *Multiple Secularities beyond the West: Religion and Modernity in the Global Age*, vol. 1, Walter de Gruyter GmbH & Co. KG, 2015.

Butler, Judith, *Gender Trouble: Feminism and the Subversion of Identity*, New York, Routledge, 1990.

Chidester, David, *Religion: Material Dynamics*, Berkeley, University of California Press, 2018.

Cohen, Anouk et Damien Mottier, «Pour une anthropologie des matérialités religieuses», *Archives des sciences sociales des religions*, vol. 174, n° 2, 2016, p. 349-368.

Cuffel, Alexandra, Ana Echevarria et Georgios T. Halkias (dir.), *Religious Boundaries for Sex, Gender, and Corporeality*, Londres et New York, Routledge, 2019.

Damus, Obrillant *et al.*, *La fabrication des corps dans le monde*, Paris, Academia, L'Harmattan, 2020.

Dean, Kenneth et Peter van der Veer, *The Secular in South, East, and Southeast Asia*, Cham, Palgrave Macmillan, 2018.

Dimitrova, Diana (dir.), *Rethinking the body in South Asian traditions*, 1ère édition, Londres et New York, Routledge, 2020.

Douglas, Mary, *Purity and Danger: An Analysis of Concepts of Pollution and Taboo*, Londres et New York, Routledge, 1966.

Engelke, Matthew, «The problem of belief: Evans-Pritchard and Victor Turner on "the inner life"», *Anthropology Today*, n° 18 (décembre), 2002, p. 3-8.

Fernando, Mayanthi L., «Intimacy surveilled: Religion, sex, and secular cunning», *Signs: Journal of Women in Culture and Society*, vol. 39, n° 3, 2014, p. 685-708.

Feuillet-Liger, Brigitte et Aurélien Rissel (dir.), *Corps et religions: panorama international*, Rennes, Presses de l'Université de Rennes, 2021.

Fortier, Corinne, «Procréations médicalement assistées, sexualité et religions. Circulation sexuelle des gamètes en islam et dans les autres monothéismes», *Ateliers d'anthropologie*, revue éditée par le Laboratoire d'ethnologie et de sociologie comparative, n° 46 (juillet), 2019.

Foucault, Michel, *Histoire de la sexualité, vol. I. La Volonté de savoir*, Paris, Gallimard, 1976.

Foucault, Michel, *Histoire de la sexualité, vol. II. L'usage des plaisirs*, Paris, Gallimard, 1984.

Foucault, Michel, *Histoire de la sexualité, vol. III. Le souci de soi*, Paris, Gallimard, 1984.

Foucault, Michel et Frédéric Gros, *Histoire de la sexualité, vol. IV. Les aveux de la chair*, Paris, Gallimard, 2018.

Fraser, Nancy, «Rethinking the public sphere: A contribution to the critique of actually existing democracy», dans C. Calhoun (dir.), *Habermas and the Public Sphere*, Cambridge, MIT Press, 1992, p. 109-142.

Godin, Christian, «De quoi le burkini est-il le signe?», *Cités*, vol. 4, n° 68, 2016, p. 111-122.

Göle, Nilüfer, *Musulmans au quotidien*, Paris, La Découverte, 2015.

Greenberg, Yudit Kornberg, *The Body in Religion: Cross-cultural Perspectives*, New York, Bloomsbury Academic, 2017.

Houtman, Dick et Birgit Meyer (dir.), *Things: Religion and the Question of Materiality*, New York, Fordham University Press, 2012.

Inhorn, Marcia C., *Local Babies, Global Science: Gender, Religion and In Vitro Fertilization in Egypt*, New York, Routledge, 2003.

Inhorn, Marcia C., «Masturbation, semen collection and men's IVF experiences: Anxieties in the Muslim world», *Body and Society*, vol. 13, n° 3, 2007, p. 37-53.

Joshi, Sarasvati, «Sortilèges et parures du corps féminin. Le bonheur conjugal dans les chants des femmes rajasthanies», dans Véronique Bouillier et Gilles Tarabout (dir.), *Images du corps dans le monde hindou*, Paris, CNRS, 2002, p. 315-340.

Laborde, Cécile, «Secular philosophy and Muslim headscarves in schools», *The Journal of Political Philosophy*, n° 13, 2005, p. 305-329.

Landry, Jean-Michel, «Niqab, sunglasses, and the sincerity of belief», *The Immanent Frame*, 2018, consulté le 18 janvier 2021, https://tif.ssrc.org/2018/10/02/niqab-sunglasses-and-the-sincerity-of-belief.

Lefebvre, Solange et Lori G. Beaman, *Religion in the Public Sphere: Canadian Case Studies*, Toronto, University of Toronto Press, 2014.

Luhrmann, Tanya M., *When God Talks Back: Understanding the American Evangelical Relationship with God*, New York, Alfred A. Knopf, 2012.

Madan, T. N., *Images of the World: Essays on Religion, Secularism, and Culture*, Oxford, Oxford University Press, 2006.

Mahmood, Saba, *Politics of Piety: The Islamic Revival and the Feminist Subject*, Princeton, Princeton University Press, 2005.

Mahmood, Saba, *Religious Difference in a Secular Age*, Princeton, Princeton University Press, 2015.

Mahmood, Saba *et al.*, *Is Critique Secular? Blasphemy, Injury, and Free Speech*, Berkeley, University of California Press, 2009.

Margel, Serge, *L'invention du corps de chair. Étude d'anthropologie religieuse du premier christianisme*, Paris, Le Cerf, 2016.

Meintel, Deirdre et Géraldine Mossière, «Tendances actuelles des rituels, pratiques et discours de guérison au sein des groupes religieux contemporains: quelques réflexions / Reflections on healing rituals, practices and discourse in contemporary religious groups», *Ethnologies*, vol. 33, n° 1, 2011, p. 5-31.

Ménard, Guy, *Religion et sexualité à travers les âges*, Québec, Presses de l'Université Laval, 2017.

Mervin, Sabrina, «Les larmes et le sang des chiites: corps et pratiques rituelles lors des célébrations de "Âshûrâ" (Liban, Syrie)», *Revue des mondes musulmans et de la Méditerranée*, vol. 113-114, 2006, p. 153-166.

Moll, Yasmin, «"Beyond beards, scarves and halal meat": Mediated constructions of British Muslim identity», *The Journal of Religion and Popular Culture*, vol. 15, n° 1, 2007, p. 1.

Nynäs, Peter et Andrew K. T. Yip, *Religion, Gender, and Sexuality in Everyday Life*, New York, Routledge, 2016.

Page, Sarah-Jane et Heather Shipley, *Religion and Sexualities Theories, Themes, and Methodologies*, Londres et New York, Routledge, 2020.

Page, Sarah-Jane et Katy Pilcher, *Embodying Religion, Gender and Sexuality*, Londres et New York, Routledge, 2020.

Pouillon, Jean, *Le cru et le su*, Paris, Seuil, 1993.

Promey, Sally M., *Sensational Religion: Sensory Cultures in Material Practice*, New Haven et Londres, Yale University Press, 2014.

Rouse, Caroline Moxley, «Pious Muslim bodies and alternative medicine», *Transforming Anthropology*, vol. 15, n° 2, 2007, p. 111-124.

Rouse, Carolyn et Janet Hoskins, «Purity, soul food, and Sunni Islam: Explorations at the intersection of consumption and resistance», *Cultural Anthropology*, vol. 19, n° 2, 2004, p. 226-249.

Scheer, Monique, Nadia Fadil et Birgitte Schepelern Johansen, *Secular Bodies, Affects and Emotions: European Configurations*, New York, Bloomsbury Academic, 2019.

Scott, David et Charles Hirschkind, *Powers of the Secular Modern Talal Asad and his Interlocutors*, Redwood City, Stanford University Press, 2016.

Scott, Joan Wallace, *Sex and Secularism*, Princeton, Princeton University Press, 2017.

Selby, Jennifer, *Questioning French Secularism: Gender politics and Islam in a Parisian Suburb*, New York, Palgrave Macmillan, 2016.

Snyder, Patrick et Martine Pelletier, *Extases et interdits: Quand les religions s'intéressent à la sexualité*, [s. l.], Novalis, 2020.

van den Berg, Mariecke, Lieke L. Schrijvers, Jelle O. Wiering et Anne-Marie Korte, *Transforming Bodies and Religions: Powers and Agencies in Europe*, Londres et New York, Routledge, 2020.

van der Veer, Peter, *Religious Nationalism Hindus and Muslims in India*, Berkeley, University of California Press, 1994.

Yip, Andrew K. T. et Stephen J. Hunt, *The Ashgate Research Companion to Contemporary Religion and Sexuality*, Londres et New York, Routledge, 2012.

Zwilling, Anne-Laure (dir.), *Corps, religion et diversité*, Louvain-la-Neuve, Belgique, Academia, L'Harmattan, 2019.

CHAPITRE 1

Gender and Religion Playing Hide and Seek at the United Nations? A Reflection on the Place of the Secular and the Post-secular at the Human Rights Council

Amélie Barras

During a visit to Kazakhstan in 2015, UN Secretary General Ban Ki-moon stressed that religious leaders and organizations had an essential role to play in current times of turmoil "by fostering dialogue; by using spiritual authority to encourage individuals to act humanely."[1] Ban Ki-moon's speech is to be understood within the context of recent efforts by policymakers and academics to understand and engage with religion in general, and religious actors in particular. These efforts represent a break with past approaches that considered religion to be an inessential ingredient in national and international affairs. Scholars across a range of disciplines have begun to incorporate religious actors in their studies, including of the UN. Yet, they tend to document the work of these actors only when it is directly related to their moral positioning on questions around gender and sexuality, or when it addresses policies on religious issues, in so doing marginalizing the breadth and range of their activities.

This position transpires in scholarly studies on faith-based non-governmental organizations (FBNs) in international human rights. While FBNs have been playing an important role in that field, the areas of their

---

1. UN News, "Religious Leaders at Forefront of Fight Against Intolerance, Says UN Chief."

work getting the most attention from policymakers and scholars alike are those that are associated explicitly with their religious identity; commentators typically focus their evaluations on FBNs' degree of religiosity, located on a "moderate" to "fundamentalist" spectrum. Indeed, researchers are increasingly attentive to the position of these actors on debates around the right to religious freedom, reproductive rights, protection of the "family," and defamation of religion and the right to life, among others. However, the majority of Catholic-inspired NGOs present in Geneva work on a range of other rights, such as business and human rights, rights to education, the right to peace and development, and environmental rights. Perhaps because they work "outside" of areas scholars imagined them to focus on, there has been little research on their work on these other questions.[2]

In other words, this scholarly knowledge production has been influenced by the trope that considers religious actors as *necessarily* working on questions around sexuality and gender, overlooking in so doing the fact that their religious outlook might motivate them to work in a range of other areas. Associating religion with sexuality and gender is not new and, in fact, can be understood as the result of the secular distinction between the private/familial and the public/political realms. In that framing, religion is imagined as being principally if not solely interested in questions related to morality in the familial realm. As a result of the dominance of this trope, research has neglected to some degree to see that many of these actors actually choose *not* to work on gender at the HRC.[3] The focus of this particular chapter is not to provide an in-depth exploration of their work on these neglected questions and how it is related to their faith.[4] Rather, it seeks to offer a reflection on *why* these groups are silent on subjects of gender/sexuality in this human rights transnational space, despite the fact that, for some, these questions might be important in their work at the grassroots level, or for their relationship with the

---

2.   A few noteworthy exceptions include J. Carrette and H. Miall, *Religion, NGOs and the United Nations* ...; C. Baumgart-Osche and K. D. Wolf (eds.), *Religious NGOs at the United Nations*: ...; K. Lehmann, *Religious NGOs in International Relations*: ...

3.   Some scholars have recently started to discuss the limits of this approach, see for instance C. Baumgart-Ochse, "Introduction: ..."; G. Clarke, "Faith-Based Organizations ..."; C. Baumgart-Ochse and K. D. Wolf, *op. cit.*; A. K. Beinlich and C. Braungart, "Religious NGOs at the UN: ..."

4.   I do that in the book I am working on, *Faith in Rights*.

Catholic hierarchy.[5] The discussion below suggests that the same secular tropes that influence academia, including those rendering religion hyper-visible when it interacts with sexuality, can at least partly explain these silences and, more generally, how NGOs choose to present themselves at the HRC. According to my research, many actors do not overemphasize their religious identity in the hope of being able to build strong support for their human rights work.[6] When they choose to draw on their identity, it is most generally in areas where so doing might benefit or at least not nega-tively impact their advocacy work.[7] I posit that this choice of mobilizing one's religious identity or not, and potentially engaging in post-secular advocacy remains deeply influenced by the power of secular tropes.[8]

While this chapter comes out of larger research that looks at the work of Christian-inspired NGOs active at the HRC,[9] the focus here is on Catholic-inspired NGOs, which represent the majority of Christian-inspired NGOs at the UN (this is discussed at greater length below). Methodologically, the broader research was based on 1) a mapping exer-cise of the work of FBNs at the HRC from 2016 to 2019; 2) participant observation at HRC's sessions and at events organized by FBNs in June of 2016, 2017, 2018 and 2019; and 3) semi-structured interviews with Christian-inspired NGO representatives in Geneva (approx. 40). This chapter draws on this multi-pronged methodology.

---

5. It is important to note that the relationship between Catholic-inspired NGOs and the Holy See is a complex one. A number of Catholic-inspired NGOs have strong ties with the Vatican. For instance, Caritas Internationalis headquarters are based in the Vatican City State and "Holy See appoints three of the seven members of CI's representative Council" (see M. Coni-Zimmer and O. Perov, "Religious NGOs and the Quest ... ," p. 116). Others, like Franciscan International, are independent from the Catholic Church and "do ... not have to follow official positions of the church" (*ibid.*, p. 114). Beittenger-Lee effectively summarizes the diversity of relationships that Catholic NGOs have with the Holy See: "some of them [Catholic-inspired NGOs] have a quite complicated relationship with the Church and take controversial positions towards the hierarchy... . Because they are undeniably part of the official Church hierarchy, many of them shy away from openly discussing their relationship with the Vatican, others, however are quite frank about the points on which they differ from the Church's official teachings" (see V. Beittenger-Lee, "Catholicism at the United Nations in New York," p. 186).
6. See also C. Baumgart-Ochse and K. D. Wolf, *op. cit.*
7. See J. Carrette, "The Paradox of Globalisation ..."; "Introduction: ... ".
8. These secular tropes are explained below.
9. The larger research project, funded by the Canadian Social Science and Humanities Research Council (SSHRC), is based on fieldwork and interviews at the HRC conducted between 2016 and 2020. Its overall objective is to better shed light on the ways in which NGOs that self-identify as Christian participate in the crafting of human rights, and the extent to which their methods of work are influenced by their faith.

BACKGROUND

HUMAN RIGHTS COUNCIL (HRC)

This chapter reflects on the work of self-identified Catholic NGOs that are principally active at the HRC in Geneva, Switzerland.[10] The HRC, composed of 47 United Nations (UN) member states elected by the General Assembly (GA), is the central UN body responsible for addressing human rights concerns, which includes making recommendations to the GA to further the development of international law in the field of human rights. To do so, the Council meets in Geneva, at least three times a year to review reports by UN experts on human rights issues, as well as to discuss and adopt resolutions in an effort to address concerns raised by experts or member states. The HRC is also the UN body with the most developed framework for NGO participation to date. NGOs can receive consultative status, which allows them to attend and observe all HRC proceedings, to make oral and written interventions to the HRC, to organize events in parallel to meetings of the Council, and to lobby member states. The development of this framework is located within broader efforts by international organizations (IOs) since the end of the Cold War to develop formalized policies for collaboration with NGOs.[11] In fact, since the 1990s, there has been a growing effort to develop policies to enhance collaboration with NGOs in multilateral settings like the UN.[12]

For the NGO representatives I interviewed, their lobbying at the HRC was of high importance in order to advance issues dear to them. Even if UN resolutions, recommendations and expert reports are not legally binding, these documents are understood as still exercising

---

10. There are very few studies that focus only on the work of faith-based NGOs at the HRC. One noteworthy exception is S.-H. Trigeaud, "On and Behind the Scene: ... ".
11. J. Berger, "Religious Nongovernmental Organisations: ... ."
12. Scholars have stressed that it is also important to note that sessions of the HRC take place in the *Palais des Nations* (the *Palais des Nations* is a very large building built between 1929 and 1936 that houses UN activities; for more information see: https://www.ungeneva. org/en/about/palais-des-nations). This *Palais* is a space that facilitates lobbying. In fact, NGOs have access to coffee shops, cafeterias, conference rooms and the 45-hectare park on which the *Palais des Nations* is built, where much informal lobbying takes place. This shapes the experience of NGOs in very different ways from the experiences of those navigating the UN scene in New York for instance, where "NGO access is tightly regulated and less open than in Geneva. The café is small and windowless, and the constrained layout of the building physically restricts informal opportunities to mingle with the diplomats." See H. Miall, "Realism and Idealism: ... ," p. 28.

soft power on states and the international community. They also, my informants stress, impact the ways international norms are imagined and ultimately crafted.[13]

RELIGIOUS NGOs AT THE UN: DOMINANCE OF CHRISTIAN ORGANIZATIONS

Several researchers have tried to quantify the number of religious NGOs at the UN. In 2003, Berger notes that 263 out of 2,000 NGOs identified as religious.[14] Some of the most updated research on NGOs and religion at the UN was done by Trigeaud.[15] This research is important because it provides us with updated numbers of religious NGOs active at the UN. It notes that 239 out of 3,275 NGOs registered with consultative status were identified as using religious language on their website.[16] Of these NGOs, 70% were Christian, with a majority being Catholic (47.62%, or 26.7% of all accredited NGOs).[17] The dominance of Christian NGOs is visible not only in terms of quantity (number of NGOs), but also in terms of quality, in that many of these NGOs, in particular the Catholic ones, have a permanent presence in Geneva and/or in New York. It is possible in fact that the UN's structure, and the ways in which it creates space for NGOs, benefits the presence of Christian and, in particular, Catholic groups versus other FBNs. Indeed, to be able to do effective lobbying work at the UN, being present is very important. The hierarchical structure of Catholicism seems to facilitate this presence. This transpires in the push by a number of leaders of congregations, in recent years, to dedicate resources to open offices in Geneva and/or New York,[18] and to lobbying activities at the UN. It is easier to do so if you have a hierarchical figure behind the decision to allocate resources to a particular project, than when the structure of your religion does not follow that model. This comes out quite clearly in the interview with Fr. Michael: "The head of our order, he is a French guy, he is convinced of this need as well [presence in Geneva] and so he has agreed to strengthen our presence here, and that's how we are getting a friar who will come here" (interview, 2017). This presence

---

13. See also R. Brett, "The Role and Limits ... ."
14. J. Berger, *op. cit.*
15. S.-H. Trigeaud, "Religious NGOs, ..."
16. *Ibid.*, p. 83.
17. A. K. Beinlich and C. Braungart, "Religious NGOs at the UN: ... ," p. 31.
18. *Ibid.*, p. 33.

and lobbying efforts are not insignificant, since they have direct consequences on how rights are constructed and shaped, and on which issues get protected.

SECULAR TROPES

Over the past decades, scholars have explored the power of secular tropes on constricting the ways societies approach, construct and imagine religion,[19] while at the same time criticizing and deconstructing those tropes. These scholars are keen to document the importance of how boundaries between the religious and the secular are "constructed, negotiated and policed" in particular contexts.[20] Therefore, they ask questions about the power dynamics around the definition of "religion," as well as the implications and effects of this definition.

Despite this critical engagement with these tropes, they continue to exercise a strong hold on how societies imagine the place and shape of religion, and the human rights world is not immune to this phenomenon. One trope that permeates this world is the idea that the UN is a secular institution,[21] and that human rights are a secular discourse different in form and content to a religious one.[22] The legacy of the Treaty of Westphalia[23] certainly plays a role here, where religion is described as located outside politics, including international politics.[24] The presence of religion

---

19. For example, E. S. Hurd, "International Politics After Secularism"; A. Barras and A. Saris, "Gazing into the World of Tattoos: ..."; A. Barras et al., "In/visible Religion in Public Institutions: ..."; K. Knott, *The Location of Religion*: ... .
20. K. Knott, *op. cit.*, p. 217.
21. See A. K. Beinlich and C. Braungart, *op. cit.*, p. 28; J. Carrette and H. Miall, *op. cit.*; J. Haynes, *Faith-Based Organizations* ... , p. 24.
22. For example, Haynes, *op. cit.*, p. 171.
23. The Treaty of Westphalia, signed in 1648, ended the conflict between Protestants and Catholics that divided Europe at the time. The common narrative around this Treaty is that it is at the root of "the imperative to divorce powers of the state from the duty to uphold any particular faith... . The Peace of Westphalia seemed to have successfully expelled religion as a source, ostensibly, of violent strife from the interactions between states" (see S. May et al., "The Religious as Political ...," p. 333). It is understood to mark the beginning of the separation between state and religion, locating religion in the private realm so that it would cease to be a source of societal "conflict." This narrative has been subject to criticism: see, for instance, S. May et al., *op. cit.*; W. Cavanaugh, "'A Fire Strong Enough to Consume the House': ..."; J. Casanova, "The Secular, Secularizations, Secularisms."
24. J. Carrette and H. Miall, *op. cit.*, p. 22; J. Haynes, *op. cit.*, p. 38-39.

in international affairs and discourse is thus frequently perceived as problematic. These understandings of the place of religion have influenced academia, which explains why there was little research on religious actors and human rights until the 2000s. Religion was understood, especially by international relations scholars, as something private that did not have a role in fashioning international norms.[25] This has been challenged by recent research specifically underlining the role played by religion, and in particular Christianity, in human rights crafting[26] and in international forums.[27] Nonetheless, this trope, as will be discussed, continues to circumscribe the practices of Catholic-inspired NGOs in different ways.

The other trope, related to the first one, is the idea that human rights are necessarily a liberal discourse promoting and protecting gender equality as well as sexual and reproductive rights, and that, on the other hand, religion tends to take a conservative stance on these rights. Again, research and policymakers have recently brought some nuances to this trope, arguing for instance that FBNs are a complex group and classifying them on a liberal/conservative spectrum based on their position on gender-related questions.[28] Nevertheless, this trope can carry real consequences for FBNs, since it can lead to the evaluation of their human rights position in general based on their position on gender questions in particular. As mentioned, it also leads to a second bias, which is partly the result of the association of religion with private and familial life, which has affected scholarly knowledge production, in which researchers tend to focus on analyzing FBNs' work on questions around gender (or questions directly related to religion, i.e. religious freedom), but rarely look at their work in other areas.[29] To put it differently, it is through gender that the impact of their religious values and practices on human rights is analyzed. Policymakers are influenced by the same trend, since reports on how to engage with FBNs regularly concentrate on questions around

---

25. E. S. Hurd, *op. cit.*; J. Haynes, *op. cit.*
26. For example, S. Moyn, *Christian Human Rights*; J. Haynes, *op. cit.*; Berger, *op. cit.*
27. For example, J. Haynes, *op. cit.*; J. Carrette et al., 2016; K. Lehmann, *Religious NGOs in International Relations:* ...; C. Baumgart-Ochse and K.D. Wolf, *op. cit.*
28. Norad, "Lobbying for Faith and Family: ..."; J. Samuel, *Adapting the Norms at the United Nations:* ...; C. Bob, "Globalizing the Culture Wars: ... ."
29. Interestingly, Miall and Carrette, in their reflection on the place of religion at the UN, sensibly underline the importance of this private/public binary at the UN. They note: "the UN upholds the distinction between the secular public sphere of international relations and a private sphere in which people have rights as individuals to practice religion alongside other fundamental freedoms" (*op. cit.*, p. 220).

gender[30] or interreligious dialogue.[31] It is almost as if this association between FBNs and work on questions related to gender renders invisible the work of FBNs on other human rights at the UN and, more specifically, the HRC. And yet, as will be discussed, many FBNs, in particular Catholic-inspired organizations, choose precisely to work on other human rights issues, and to not tackle gender-related questions at all in that forum. I suggest below that this choice of being silent on gender questions might be partly influenced by this second trope, since, for some, their stand would make their religion hypervisible and risk compromising their work on other human rights.[32]

To put it differently, this chapter is interested in exploring how the engagement or lack of engagement of Catholic-inspired NGOs with gender and sexuality questions is indicative of the power of secular tropes at the HRC, and in particular how these tropes construct the religious. This exploration also has the potential, I argue, to shed light on the moments where post-secular postures can emerge. Dillon elegantly notes that the post-secular is the ability of the secular and the religious to speak *with* one another, rather than *about* each other;[33] that is, to engage with one another and to initiate paths to move beyond this dichotomy. In many ways, it is an encouragement to think about how secular and religious binaries can be deeply related, and to locate spaces and moments where the distinction between those binaries becomes irrelevant.[34] One could argue that

---

30. For example, UNFPA and Norad, 2016; UN Women, 2016.
31. For example, GA, A/63/262; GA, A/70/373; OHCHR, 2016; UNESCO, A/71/407.
32. When discussing the post-secular and the Catholic Church, Dillon notes that, when it comes to questions related to morality (e.g. questions related to sexuality and gender), the Church "retreats from the communicative openness that the postsecular requires" (see M. Dillon, *Postsecular Catholicism*: ...). While she is speaking about the formal position of the Catholic Church, I suggest that similar tensions are visible in the work of Catholic-inspired NGOs. This is not surprising, since a number of them adhere to this formal position (see footnote 5).
33. While this chapter builds on Dillon's definition, I am specifically interested in thinking about the conditions that make the emergence of post-secular moments (im)possible at the HRC. For more on my approach to the post-secular, see also footnotes 34 and 35.
34. Dillon's definition of the post-secular is not the only definition of the term, but it does convey the idea that the secular and religious are related, which is central to a number of definitions. In fact, the post-secular remains a concept subject to much debate, and comes with its own share of conundrums. Some scholars refer to it to describe an empirical reality where categories between the secular and the religious are muddied (see for example C. Baumgart-Oschse and K. D. Wolf, *op. cit.*); others use it more as a theoretical concept to interrogate the power of the secular matrix (see for example U. Parmaksiz, "Making Sense of the Postsecular"). For Wilson, the term carries with it the implication of a "progression beyond the secular, yet somehow also remaining connected to such

FBNs' active engagement with human rights and their adoption of a human rights discourse is in and of itself a post-secular posture.[35] Yet, I suggest that looking at the silences and presences in the areas of work of Catholic-inspired NGOs has the potential to tell us more about the spaces where post-secular advocacy is actually possible, and where it might not be. In many ways, this chapter is a reflection on the extent to which secular tropes circumscribe the spaces for the post-secular at the HRC.

In what follows, I trace the presence of these secular tropes through two examples. The first focuses on the ways some Catholic-inspired NGOs choose to present themselves at the HRC, including through the

---

ways of thinking" (E. K. Wilson, "Theorizing Religion as Politics ... ," p. 348; see also J. C. Agensky, "Dr Livingstone, I Presume? ..."). In so doing, Wilson continues, it fails to: "escape the normative frameworks of the secular" (*ibid.*). In other words, while the post-secular does provide a good starting point to critique the secular framework and its boundaries, it remains somewhat defined by secular normative binaries.

35. To be clear, my usage of the "post-secular" differs from Habermassian usage. While Habermas is, in his approach, cognizant of the role of religious actors in the public sphere, he also notes that they have to translate their arguments into a universal language which is understood by all citizens. He explains: "[We] have to accept that the potential truth contents of religious utterances must be translated into a generally accessible language" (J. Habermas, "'The Political' ... ," p. 25-26). While this "general" language is not necessarily identified as a secular one, this approach is still driven by an impulse to identify the religious as different from "generally accessible language." In other words, in my opinion, this distinction continues very much to do the work of secularism, in that it delimits and distinguishes the "religious" from other fields. While Catholic-inspired NGOs stress, in a number of cases, how they need to translate religious principles into human rights principles to render some of their concerns understandable to UN audiences, it remains quite unclear how rights-based language used at the UN could be understood as "generally accessible language" given its technicalities. In fact, as others have argued, this language is often characterized by its lack of accessibility beyond experts and human rights advocates (S. E. Merry, *Human Rights and Gender Violence*: ...). In other cases, Catholic-inspired NGOs explain how for them the usage of human rights discourse has become part and parcel of their religious outlook. Here, human rights are not identified as a "secular" or "other" language, but rather as a language that is imbued with religious meaning. Framing human rights, as Schwarz puts it, "as an inherently secular matter neglects [and I would argue renders invisible] the ways that religious organizations and communities often conceptualize and approach human rights issues" (T. B. Schwarz, *Faith-Based Organizations in Transnational Peacebuilding*, p. 45). In short, the "post-secular" is a helpful concept in this chapter, inasmuch as it is a framework that invites us to be attentive to how some areas of the human rights advocacy of Catholic NGOs are spaces conducive to capturing how the secular and religious are interlocked with one another, and become hard to differentiate. It is also at the same time a reminder of the power of secular tropes (see Wilson, *op. cit.*, and footnote 34), since it seems that these tropes continue to regulate where "post-secular" spaces can emerge and where they simply cannot.

importance of dress code. The other looks more closely at the presences and silences in the work programs of some of these organizations.

CASE STUDIES

CASE STUDY 1: WHAT TO WEAR OR NOT TO WEAR? WALKING THE DELICATE LINE BETWEEN THE RELIGIOUS AND NONRELIGIOUS

For a number of Catholic-inspired NGO representatives, questions around representation, including what to wear or not to wear, are important ones. Dress has the potential of explicitly indicating their religious commitment. If they decide to wear or keep their religious gear (e.g. veil and habit), they are explicitly identified by other participants at the UN (e.g. diplomats, NGO representatives) as Catholics. They are defined by their religious identity and the ideas associated with that identity. On the other hand, if they decide not to wear conspicuous gear, then their religious identity is less visible, and this, according to some, facilitates navigation in UN circles, where religion (or at least conspicuous religion) is not always well perceived. This becomes a personal, strategic and/or organizational choice.[36]

Some representatives argue that it is actually easier to engage with actors at the UN when you are not overtly religious. Sister Carmela, one of the sisters I met who works for a Catholic-inspired NGO in Geneva, explained that she chose not to wear her veil at the UN even if she wore it in her community. This was because her community thought that she would be better received if she did not appear to be "too religious" in UN circles. Her community saw this as important to initiate and facilitate engagement and dialogue. In fact, when I first met this sister in her congregation home on the outskirts of Geneva, she had just returned from a meeting at the UN, and the first thing she did when she entered her

---

36. It is important to note here that, with the changes triggered by Vatican II (1962-1965), members of the Catholic Church were encouraged to modify the way they dressed in society in order to be less ostentatious. See also C. Montpetit, "L'habit ne fait plus le moine." Today, many sisters and priests do not wear the habit in society, but others still do. The decision behind this choice can be the result of rules established by particular religious communities (see for instance K. Langewiesche, "Émancipation et obéissance: ..." and R. Murphy, "Promises Unfulfilled: ..."). Regardless of the different rules, most orders require their members to dress modestly (see H. Farrag, "The Habit and the Hijab: ...").

home was to put her veil back on. The importance of not emphasizing the religious dimension of one's identity is also sometimes conveyed to staff and interns by Catholic-inspired representatives. For instance, while one organization's involvement at the UN is deeply influenced by its educative philosophy that seeks to form "good Christians and honest citizens," it encourages its interns to stress the "good citizen" aspect of their identity at the HRC. This is well explained by Alicia, a former intern:

> So we were familiar with it [the motto: good Christian, good citizen]. [...]The good citizen part was the important part to stress at the UN because that's what's going to help us get our message to the UN [...] . That's what resonates at the UN. Good Christians is like okay, you know that's fine but not everyone is Christian [...] . So we make sure to stress that we are good citizens to actually make a difference. (Alicia, former intern, 2017)

In many ways, these examples illustrate the continued influence of the secular trope that relegates religion, and in particular "conspicuous" religion, to the private realm. This trope remains one that shapes and circumscribes the ways some NGOs choose to present themselves, even if they see their human rights work as part and parcel of their religious practice. Thus, through their physical appearance and the way they act, they maintain and reproduce the idea that the UN is a "secular" space, with secular codes and rules of engagement. For them, following these codes is essential to establish their credibility in that forum. Carrette[37] sensibly invites us to approach religion as a strategic category that "will appear and disappear according to its effectiveness to bring about exchanges."[38] These representatives make the deliberate choice not to overemphasize their religious identity, seeing this as a way to facilitate exchanges on the questions they are working on.

Interestingly, this is not a unanimous choice. Some representatives, like Fr. Michael, make a very different choice, but not without prior thorough internal navigation.[39] Fr. Michael explains that his decision to wear his religious gear was "a big issue." Today, it is essential to how he presents himself and helps him establish a dialogue between religion and non-religion. It is a way of indicating that human rights violations and human rights protection are actually "a fundamental religious question." He explains that the choice of wearing his habit was the result of a long

---

37. J. Carrette, "The Paradox of Globalisation: ... ."
38. See also A. Paras, "Between Missions and Development: ... ."
39. See J. Selby et al., *Rethinking Reasonable Accommodation: ...* , on navigation and negotiation.

thought process. In fact, his predecessor wore "a suit and tie." Fr. Michael "started off like that," following in his predecessor's footsteps. It was only when, after being at the UN for about a year, someone asked him: "Who are you? Are you a friar? Does that mean you are religious? Are you a priest? What do you know?" that he felt he had to make his religious identity more explicit by wearing a collar, even though he *"hate[s]* collars" [original emphasis]. He explains that it is not just about him, it is about his community and the people he interacts with: *"When people see me, they will know who I am. By wearing the collar I'm already making a statement about who I am, and I get reactions accordingly."*

Before making this decision, he seriously considered how it would affect his ability to build relationships. He knew that, if he wore the collar, some people would react negatively, since they would associate him with their "stereotypes of someone wearing a collar," that is, it makes him conspicuously religious. It challenges the secular trope that religion ought to remain a private or inconsequential affair and not meddle in UN affairs. Yet, he also knew that it would allow him to build relationships with people *"who are interested to know who I am."* He notes that wearing the collar has led to reactions from all fronts: *"Now people know who I am. Some people do feel freer to talk to me about things, and some people feel free to express their prejudices to me* [laughs]. *Assuming I am on the same line as them* [laughs] *but also there are others who you know were surprised: 'What are you doing here?' When I go to a side event about gays and lesbians and I make comments about their rights, they are surprised!"* In a sense, it is almost as if Fr. Michael sees his collar, his embodied religiousness, as a way to build bridges between identities, as a tool that encourages his interlocutors to revisit their preconceived ideas on the values he is imagined to represent. His collar, one could argue, takes on a post-secular dimension, becoming a way to initiate discussions with others, and to question binaries that inform secular tropes. He explicitly shows how religion, and his community's understanding of Catholicism more precisely in this case, are linked to a human rights perspective. His physical presence in meetings on LGBTQI issues makes this a very tangible reality, and he uses this as a method to make people examine their discomfort and the reasons they consider his presence dissonant with their world-view. To put it differently, his presence seeks to question at their core the secular and religious narratives that tend to assume that secular and religious views, especially Catholic views, are at opposite ends of the spectrum on questions around LGBTQI rights. Thus, he uses his physical body as an educational tool that requires people to "engage with what it means to be religious," which in turn requires them to complexify their understanding of religion. He explains:

> Because I think religion is so fundamental. Which is at the point of departure, even in the UN project [...]. So religious [individuals] have an important role to play, in terms of offering a positive understanding about what religion is, that religion is not necessarily the enemy. In fact, we can help deepen what's going on [...]. In that sense I think that as religious [people] we add something.

In many ways, Fr. Michael's position challenges aspects of the secular tropes discussed above. It challenges the idea that the UN is solely a secular space, and, by attending events on LGBTQI issues, he also challenges the idea that religion and gender rights are incompatible. He does not claim that his organization fully embraces sexual reproductive and gender rights, but he does indicate that a way forward, a dialogue, is possible, the starting point being the non-negotiable protection of the rights of individuals who are discriminated against, including on the basis of their sexual identity. While we could argue that Fr. Michael adopts a post-secular posture which initiates a reconfiguration of secular tropes, including ones around gender and religion, on the latter point, this post-secular positionality does not seem to translate in the programs of work of Catholic-inspired NGOs in Geneva. In fact, the majority of these organizations do not make lobbying on questions around gender and sexuality one of their human rights priorities.[40]

CASE STUDY 2: QUESTIONS AROUND HUMAN RIGHTS PROGRAMS: WHAT CAN SILENCES TELL US ABOUT HOW POST-SECULAR SPACES ARE REGULATED?

The vast majority of Catholic-inspired NGOs based in Geneva and working with the HRC centre their lobbying efforts on social justice questions. For example, Franciscans International has three areas of focus: 1) development and human rights; 2) environmental justice; and 3) human

---

40. There are noteworthy exceptions. For instance, the Catholic NGO *Catholic for Choice* is an NGO that openly presents itself as pro-choice, and structures its program of work partly around those questions. This NGO, based in Washington D.C., is more active at UN New York than it is in Geneva. For more information, see Beinleich, "'And You, Be Ye Fruitful, and Multiply' ... ," as well as https://www.catholicsforchoice.org/resource-library/?_issue=social-justice.

rights versus security.[41] The Dominicans for Justice and Peace prioritizes environmental justice and business and human rights.[42] APG23, also known as Associazione Comunità Papa Giovanni XXIII, works principally on the right to solidarity and development.[43] IIMA, Instituto International Maria Ausiliatrice,[44] dedicates its work to the right of youth to education. The choice of these areas is motivated by different factors, including the tradition of their communities or orders. IIMA, for instance, represents the Salesian movement of Saint Don Bosco, which has traditionally worked on educating youth, which explains their area of priority. A number of these organizations are also deeply engaged at the grassroots level with vulnerable communities, and this is translated in the importance they put on giving these communities a voice at the UN. Their priorities are shaped in many ways by their encounters and the concerns of those they work with at the local level. This is well explained in the following quote featured in a publication by Franciscans International celebrating 30 years of presence at the UN: "Franciscans International provides a way for Franciscans and their friends at grassroots levels to take what they see and hear and help it become a voice at the United Nations."[45] Another factor that seems to motivate the choice of human rights areas of some actors is the evolution of the social doctrine of the Church. For instance, since the release of Pope Francis' encyclical *Laudato Si* (*LS*) in 2015, there has been an increased emphasis on lobbying for environmental justice among Catholic-inspired NGOs, including those working in Geneva. Finally, choices of areas are driven by more mundane and structural concerns, which can include the need for advocacy on certain questions, whether a particular organization has expertise on these questions, and the restrictions of UN politics.

It is this last point that partly explains, in my opinion, why most of these groups tend to choose a strategy of avoidance around gender and sexuality questions, which have become extremely divisive at the UN.[46] For instance, questions around whether the right to a family (ICCPR, article 17) protects different types of families have been contentious and

---

41. https://franciscansinternational.org/thematic-priorities/introduction/.
42. https://un.op.org.
43. https://www.apg23.org/en/.
44. http://iimageneva.org.
45. John in Franciscans International, *30 Years at the United Nations*, p. 29.
46. For more on this, see G. Dondoli, *Transnational Advocacy Networks* ... and A. K. Beinlich, *op. cit.*

subject to a number of diverging resolutions at the HRC.[47] While some of these Catholic-inspired NGOs do promote a certain idea of family (e.g. heterosexual married couple bringing up children) in their work at the grassroots level, in accordance with the doctrine of the Church, this does not transpire explicitly in their UN work. One representative's comment on the passing of a resolution on the "family" (and not "families") gives us insights on the positions of some of these organizations: *"We work on the right of the family in our communities, of course, but not here* [UN]. *We applaud when there is a resolution like this one* [resolution on the family – and not families]. *We are very happy but we do not work on it* [...]. *You know, here at the UN, the risk is that arguments are very emotional"* (interview, 2018). In other words, it is possible that they choose to remain silent on particular gender-related questions at the UN so as not to be pulled in the divisive tug of war surrounding these issues, and perhaps as well to avoid rendering their religious identity hypervisible, which would carry the risk of compromising advocacy in other areas. This avoidance, like Dillon suggests in her work on the Catholic Church,[48] begs the question of the (im)possibility in our contemporary moment of finding spaces to initiate successful post-secular moments on questions concerning gender and sexuality, especially between Catholic actors and human rights experts.

In fact, in the same vein as Dillon's observations of where post-secular engagement is possible, advocacy around social justice questions seems to be a more fruitful area where actors are able to initiate a move beyond an either/or framework. Dillon argues in her work that Pope Francis' pontificate has facilitated opportunities for the emergence of such moments. This is visible in the work of Catholic-inspired NGOs, which, since the release of the encyclical *LS,* have started to combine more openly human rights language and religious references in some of their events and statements, in particular around questions related to the environment. These efforts might reflect their way of seriously engaging with Pope Francis' call in *LS* for dialogue around the ecological crisis:

> Given the complexity of the ecological crisis and its multiple causes, we need to realize that the solutions will not emerge from just one way of interpreting and transforming reality... . If we are truly concerned to develop an ecology capable of remedying the damage we have done, no branch of the sciences and no form of wisdom can be left out, and that includes religion and the

---

47. For more on these debates, see M. S. Carmona, *A Contemporary View of "Family"* ... , as well as G. Dondoli, "Resolution 29/22: ... ."

48. M. Dillon, *op. cit.*

language particular to it. The Catholic Church is open to dialogue with philosophical thought; this has enabled her to produce various syntheses between faith and reason.[49]

At this juncture, in order to illustrate the shape this post-secular advocacy can take, I would like to turn to the analysis of a statement and a parallel event to the 2019 HRC session organized by a number of Catholic-inspired NGOs, including APG23 and IIMA. These NGOs released a statement on 18 June 2019, during the 41st session of the HRC, entitled "Climate Change: It Is Happening Here, It Is Happening Now. Fighting Climate Change Through International Solidarity." This statement starts by explaining how climate change is directly related to limits on the "enjoyment of a wide range of fundamental freedom and rights." It notes that one of the most "dramatic effects" of climate change is its impact on "human mobility": "There is a clear link between climate change-related effects, environmental disasters and the increasing phenomena of displacement and migration."[50] To address these challenges, NGOs advocate for a "holistic perspective," whereby states should work together adopting "a global perspective instead of persevering in unilateral actions."[51] State actions should be guided by "intergenerational equity and justice," where there is consideration for past and future generations.[52] Interestingly, NGOs openly link this call for "intergenerational equity and justice," which was featured in a UN report to *LS*: "As Pope Francis affirmed in his Encyclical *Laudato Si*, climate is a 'common good' which extends to future generations. For this reason, 'we can no longer speak of sustainable development apart from intergenerational solidarity.'"[53] In so doing, these NGOs show that, while human rights experts and the Church may use different terminologies ("equity and justice" and "solidarity"), they are both calling for the same type of action: an intergenerational consciousness.

The statement further suggests that member states should consider adopting the notion of "integral ecology," which is a core concept in *LS* that stresses the interrelationship between the environment and the

---

49.   Francis (Pope), *Laudato Si*: … , p. 63.
50.   APG23 (A/HRC/41/NGO/142), p. 2.
51.   *Ibid.*, p. 2-3.
52.   *Ibid.*, p. 3.
53.   *Ibid.*, p. 3.

social.[54] They note that this concept "aims to strengthen the boundaries between social and environmental justice, and to enhance a development centred on the full respect of the human being." According to the statement, it is "only through this integral approach [that] we [the international community] can hope to successfully implement the Sustainable Development Goals (SDGs), with particular attention to Goal 13." This suggestion is particularly noteworthy given that Catholic-inspired NGOs are making a direct link between the SDGs and integral ecology, approaching integral ecology as a necessary ingredient to achieving Goal 13 on climate action. In short, they are proposing that "integral ecology" become part and parcel of the human rights *lingua franca*.

With that mindset, at the end of that statement, NGOs invite HRC members to an event they are organizing, where they will, among other things, "share [their] spiritual approach on the topic [of climate change]." During that event, one of the speakers,[55] Dr. Guillermo Kerber, professor of theology, expands in his intervention on this spiritual approach to climate change.[56] He notes the crucial importance of *LS*, which, according to him, "had a tremendous impact well beyond the Catholic community," and of the notion of "integral ecology" developed in the text. He conveys the idea that this concept offers the impetus for "bold political will," "courageous actions" beyond "individual lifestyle changes," and "legal framework" to respond to the "cry of the earth and the cry of the poor."[57] In sum, in many ways the "Climate Change: It's Happening Here, It's Happening Now" example echoes quite explicitly Pope Francis' call to combine efforts to "produce various syntheses between faith and reason"[58]

---

54. Pope Francis notes in *LS*: "Nature cannot be regarded as something separate from ourselves or as a mere setting in which we live. We are part of nature, included in it and thus in constant interaction with it. Recognizing the reasons why a given area is polluted requires a study of the workings of society, its economy, its behaviour patterns, and the ways it grasps reality" (Francis [Pope], *op. cit.*, para. 138).

55. Speakers at the event included the International Expert on Human Rights and International Solidarity, who spoke on the relationship between climate change and international solidarity, the Director of the International Catholic Migration Centre, who discussed climate change related migration, the Representative of the Permanent Mission of the Holy See, who spoke about integral ecology, and a representative of IIMA from Venezuela, who reviewed best practices from the Amazonia (APG23, *op. cit.*).

56. It is important to note that the Holy See's representative also spoke about integral ecology. Unfortunately, his speech is not available.

57. G. Kerber, *op. cit.* The expression "cry of the earth and cry of the poor" is a direct citation from *LS*, *op. cit.*, p. 13.

58. Francis (Pope), *LS*, *op. cit.*, p. 63.

in order to find new ways to fight ecological violence. To acknowledge the "mutual relevance" and engage with different perspectives to "forge new understandings."[59]

CONCLUDING THOUGHTS

I would like to conclude by drawing on a statement made by Fr. John, a presenter during a training session on human rights advocacy at the UN offered by a Catholic-inspired NGO to members of its networks. Fr. John, who is explaining to participants the rules of engagement at the UN, insists:

> *There are two things you never do at the UN: you never tell a joke and you never talk about religion. At the UN, if you try to tell a joke it has to get translated into six languages. No one has time for that, so we don't tell jokes. And the second thing we don't do, is we don't talk about religion because religion is thought of as a divisive topic and it creates difficulties. And here was the Ambassador* [at a meeting on climate change] *holding up a book* [LS] *by the Catholic Pope.* (Fr. John, training 2020)

This quote effectively summarizes the discussion presented in this chapter. First, one sees clearly how the secular versus religious dichotomy, including the images associated with these terms, continues to structure the ways actors engage with and act at the HRC. The trope that the HRC is a secular space, where ostentatious religion is not welcomed or is perceived as detrimental to human rights lobbying, continues to circulate and, in different ways, impacts how Catholic-inspired NGOs choose to present themselves in that space, the language they use in their advocacy, and their areas of work. While these groups generally identify themselves as faith-based, they rarely choose to conspicuously emphasize that dimension even if they consider human rights lobbying part and parcel of their religious practice.

Secular tropes also regulate the possibilities of post-secular spaces. Like Dillon, I suggest that these post-secular spaces are more likely to emerge today around social justice questions precisely because these are questions that, at the HRC at least, do not get constructed around a religious/secular polarizing cleavage. Catholic-inspired NGOs can, in other words, draw episodically on religious teachings in their human rights

---

59. See M. Dillon, *op. cit.*, p. 7.

lobbying without fear of being shunned by other actors, and pave the way, in those moments, for a dialogue between different perspectives. Fr. John's excitement and surprise because a non-Catholic ambassador praises the merits of *LS* is indicative that UN actors can be somewhat open to such encounters with religion. Of course, the fact that Pope Francis' encyclicals, especially *LS*, are deliberately written in a language that is legible well beyond Catholic circles facilitates these encounters.

Such open references to Catholic teachings by Catholic-inspired NGOs are a much more delicate affair when it comes to particular questions on sexuality and gender. If Catholic-inspired NGOs were to choose to take a position on these questions, they would risk losing the support of important allies. If they chose, like some other Christian groups, to openly position themselves in the family and anti-abortion camp comforting the secular trope that associates religion with conservatism, they would put at risk their credibility on other human rights issues in the eyes of non-religious experts. On the other hand, if they positioned themselves in the pro-choice and families camp, they would risk alienating themselves from the support of other Catholics.[60] In many ways, Fr. Michael, through his positionality, proposes a middle ground, a way forward beyond this polarity, where engaging with the other could be possible. However, his position as a Catholic representative remains rare,[61] and does not, as of yet at least, seem to get translated in the program of work of Catholic-inspired NGOs in Geneva. One wonders, given the polarization of debates around gender questions, and the ways in which this polarization activates a religion/secular cleavage, if there is even space for such post-secular advocacy to emerge and be effective.

To put it differently, the posture and human rights advocacy of Catholic-inspired NGOs invites us to reflect on the conditions that activate the religion/secular dichotomy, and the relationship of this dichotomy

---

60. Positions on theses topics are often understood as reflective of positions on sexual reproductive human rights (SRHR). In fact, as Beinlich carefully explains, SRHR cover a set of complex issues beyond family planning questions, such as "maternal mortality, sexual violence and FGM" (on page 79 of her article "'And You, Be Ye Fruitful, and Multiply' …"). She notes that, while FBNs choose not to engage with abortion because of its polarizing dimension, they do engage on some of the other questions (*ibid.*).

61. These positions are more visible in some protestant traditions. The Lutheran World Federation for example has a gender justice policy, where they develop, among other things, a reflection on how to initiate a dialogue between particular questions related to gender rights and religious teachings. See https://www.lutheranworld.org/content/gender-justice.

with the emergence of post-secular moments. More specifically, this chapter shows that questions related to how to present one's body and/or on whether to engage in advocacy around issues related to sexuality and gender are areas subject to delicate and complicated navigations. In fact, while the presence of Catholic-inspired NGOs at the HRC tends to be deeply informed by their religious identity, the result of the afore-mentioned navigations often leads NGOs to adopt a double strategy of avoidance: avoidance of advertising their religious identity and/or of engaging in advocacy on particular questions related to sexuality and gender rights. Thus, delving into the ways in which questions that touch on the intersection of gender and the (in)visibility of religion are navi-gated opens a window into the hegemony of the secular matrix at the HRC — a hegemony that also circumscribes the possibilities for post-secular moments.

BIBLIOGRAPHY

Agensky, Jonathan C. "Dr Livingstone, I Presume? Evangelicals, Africa and Faith-Based Humanitarianism." *Global Society*, vol. 27, n° 4, 2013, p. 454-474.

APG23. "Climate Change: It Is Happening Here, It Is Happening Now." 18 June 2019, Document A/HRC/41/NGO/142, consulted on 8 January 2022. https://www.apg23.org/downloads/files/ONU/Solidariet%C3%A0%20Internazionale/Documenti/41HRC%20-%20IS%20-%20Fighting%20climate%20change%20through%20IS%20-%20JWS.pdf.

Barras, Amélie. *Faith in Rights*. [Manuscript in progress].

Barras, Amélie, and Anne Saris. "Gazing into the World of Tattoos: An Invitation to Reconsider How We Conceptualize Religious Practices." *Studies in Religion*, vol. 50, n° 2, 2020, p. 167-188.

Barras, Amélie, Jennifer Selby, and Lori G. Beaman. "In/visible Religion in Public Insti-tutions: Canadian Muslim Public Servants." In Benjamin Berger and Richard Moon (eds.). *Religion and the Exercise of Public Authority*. Oxford and Portland: Hart Publishing, 2016.

Baumgart-Ochse, Claudia. "Introduction: Religious NGOs at the United Nations: Polar-izers or Mediators?" In Claudia Baumgart-Ochse and Klaus Dieter Wolf (eds.). *Religious NGOs at the United Nations: Polarizers or Mediators?* London and New York: Routledge, 2019.

Baumgart-Ochse, Claudia, and Klaus Dieter Wolf (eds.). *Religious NGOs at the United Nations: Polarizers or Mediators?* London and New York: Routledge, 2019.

Beinlich, Ann-Kristin. "'And You, Be Ye Fruitful, and Multiply': Religious NGOs and the Struggle Over Sexual and Reproductive Health and Rights at the UN." In Claudia

Baumgart-Ochse and Klaus Dieter Wolf (eds.). *Religious NGOs at the United Nations: Polarizers or Mediators?* London and New York: Routledge, 2019.

Beinlich, Ann-Kristin, and Clara Braungart. "Religious NGOs at the UN: A Quantitative Overview." In Claudia Baumgart-Ochse and Klaus Dieter Wolf (eds.). *Religious NGOs at the United Nations: Polarizers or Mediators?* London and New York: Routledge, 2019.

Beittinger-Lee, Verena. "Catholicism at the United Nations in New York." In Jeremy Carrette and Hugh Miall (eds.). *Religion, NGOs and the United Nations. Visible and Invisible Actors in Power.* London: Bloomsbury, 2017.

Berger, Julia. "Religious Nongovernmental Organisations: An Exploratory Analysis." *Voluntas: International Journal of Voluntary and Nonprofit Organizations*, vol. 14, nº 1, 2003, p. 15-39.

Bob, Clifford. "Globalizing the Culture Wars: The United Nations Battle over Sexual Rights." [Paper prepared for the American Political Science Association annual meeting], 2 September 2010.

Brett, Rachel. "The Role and Limits of Human Rights NGOs at the United Nations." *Political Studies*, vol. 43, nº 1, 1995, p. 96-110.

Carmona, Magdalena Sepulveda. *A Contemporary View of "Family" in International Human Rights Law and Implications for Sustainable Development Goals (SDGs)*. UN Women Discussion Papers, 21 December 2017, consulted on 8 January 2022. https://www.un-ilibrary.org/content/books/9789210451956.

Carrette, Jeremy. "The Paradox of Globalisation: Quakers, Religious NGOs, and the United Nations." In Robert W. Hefner, John Hutchinson, Sara Mels and Christiane Timmerman (eds.). *Religions in Movement: The Local and the Global in Contemporary Faith Traditions.* London: Taylor & Francis, 2013.

_____. "Introduction: Religion, NGOs, and the United Nations." In Jeremy Carrette and Hugh Miall (eds.). *Religion, NGOs and the United Nations: Visible and Invisible Actors in Power.* London: Bloomsbury Academic, 2017.

Carrette, Jeremy, and Hugh Miall (eds.). *Religion, NGOs and the United Nations. Visible and Invisible Actors in Power.* London: Bloomsbury, 2017.

Carrette, Jeremy, and Sophie-Hélène Trigeaud. "The Religion-Secular in International Politics: The Case of 'Religious' NGOs at the United Nations." In Abby Day, Christopher R. Cotter and Gisèle Vincett (eds.). *Social Identities between the Sacred and the Secular.* Burlington: Ashgate, 2013.

Casanova, José. "The Secular, Secularizations, Secularisms." In Craig Calhoun, Mark Juergensmeyer and Jonathan Van Antwerpen (eds.). *Rethinking Secularism.* Oxford: Oxford University Press, 2011.

Cavanaugh, William. "'A Fire Strong Enough to Consume the House': The Wars of Religion and the Rise of the State." *Modern Theology*, vol. 11, nº 4, 1995, p. 398-400.

Clarke, Gerard. "Faith-Based Organizations and International Development in a Post-Liberal World." In Claudia Baumgart-Ochse and Klaus Dieter Wolf (eds.). *Religious NGOs at the United Nations: Polarizers or Mediators?* London and New York: Routledge, 2019.

Coni-Zimmer, Melanie, and Olga Perov. "Religious NGOs and the Quest for a Binding Treaty on Business and Human Rights." In Claudia Baumgart-Ochse and Klaus

Dieter Wolf (eds.). *Religious NGOs at the United Nations: Polarizers or Mediators?* London and New York: Routledge, 2019.

Dillon, Michelle. *Postsecular Catholicism: Relevance and Renewal.* New York and Oxford: Oxford University Press, 2018.

Dondoli, Giulia. "Resolution 29/22: Does International Law Protect 'Various Forms of Families'?" *ILA Reporter*, 2 May 2016, consulted on 5 January 2022. http://ilareporter.org.au/2016/05/resolution-2922-does-international-law-protect-various-forms-of-families-giulia-dondoli/.

_____. *Transnational Advocacy Networks and Human Rights Law. Emergence and Framing of Gender Identity and Sexual Orientation.* London: Routledge, 2020.

Farrag, Hebab. "The Habit and the Hijab: An Exploration on Sacred Dress." *USC Center for Religion and Civic Culture: Commentary*, 19 May 2016, consulted on 5 January 2022. https://crcc.usc.edu/the-habit-and-the-hijab-an-exploration-on-sacred-dress/.

Francis (Pope), encyclical letter: *Laudato Si: On Care For Our Common Home.* Vatican City, 2015, consulted on 8 January 2022. https://www.vatican.va/content/francesco/en/encyclicals/documents/papa-francesco_20150524_enciclica-laudato-si.html.

Franciscans International. *30 years at the United Nations* (1989-2019), 2020, Geneva, consulted on 6 January 2022. https://franciscansinternational.org/fileadmin/media/2020/Outreach/30_years_booklet/30_years_web_English.pdf.

General Assembly of the United Nations (GA). "Promotion of Interreligious and Intercultural Dialogue, Understanding and Cooperation for Peace." Document A/63/262, (A/RES/63/22), 16 December 2008, consulted on 5 January 2022. https://undocs.org/en/A/RES/63/22.

_____. "Promotion of a Culture of Peace and Interreligious and Intercultural Dialogue, Understanding and Cooperation for Peace." Document A/70/373, (A/RES/70/19), 10 December 2015, consulted on 17 February 2023. https://digitallibrary.un.org/record/1649157?ln=en.

Habermas, Jürgen. "'The Political': The Rational Meaning of a Questionable Inheritance of Political Theology." In Eduardo Mendieta and Jonathan Van Antwerpen (eds.). *The Power of Religion in the Public Sphere.* New York: Columbia University Press, 2011.

Haynes, Jeffrey. *Faith-Based Organizations at the United Nations.* New York: Palgrave Macmillan, 2014.

Hurd, Elizabeth S. "International Politics After Secularism." *Review of International Studies*, vol. 5, n° 38, 2012, p. 943-961.

_____. *Beyond Religious Freedom: The New Global Politics of Religion.* Princeton: Princeton University Press, 2015.

Kerber, Guillermo. *Climate Change: Why Does Spirituality Matter?* "Atelier Oecuménique de Théologie," 2019, consulted on 4 January 2022. https://news.apg23.org/downloads/files/UN/Side%20event/41hrc%20side%20event/190626%20spirtual%20approach%20clchg%20GKerber.pdf.

Knott, Kim. *The Location of Religion: A Spatial Analysis.* London: Equinox Publishing, 2005.

Langewieshe, Katrin. "Émancipation et obéissance: religieuses catholiques au Burkina Faso durant un siècle." *Autrepart*, vol. 61, n° 2, 2012, p. 117-136.

Lehmann, Karsten. *Religious NGOs in International Relations: The Construction of the 'Religious' and the 'Secular.'* London: Routledge, 2016.

May, Samantha, Erin Wilson, Claudia Baumgart-Ochse and Faiz Sheikh. "Post-Religious as Political and the Political as Religious: Globalisation, Post-Secularism and the Shifting Boundaries of the Sacred." *Politics, Religion and Ideology*, vol. 15, n° 3, 2014, p. 331-346.

Merry, Sally Engle. *Human Rights and Gender Violence: Translating International Law into Local Justice.* Chicago: University of Chicago Press, 2005.

Miall, Hugh. "Realism and Idealism: NGOs and the United Nations." In Jeremy Carrette and Hugh Miall (eds.). *Religion, NGOs and the United Nations. Visible and Invisible Actors in Power.* London: Bloomsbury, 2017.

Montpetit, Caroline. "L'habit ne fait plus le moine." *Le Devoir,* 18 September 2013.

Moyn, Samuel. *Christian Human Rights.* Philadelphia: University of Pennsylvania Press, 2015.

Murphy, Ryan. "Promises Unfulfilled: American Religious Sisters and Gender Inequality in the Post-Vatican II Catholic Church." *Social Compass*, vol. 61, n° 4, 2014, p. 594-610.

Norad (Scanteam: Vik Ingrid, Anne Stensvold and Christian Moe). "Lobbying for Faith and Family: A Study of Religious NGOs at the United Nations." Norad Report, Oslo, Norad, July 2013, consulted on 4 January 2022. https://www.oursplatform. org/wp-content/uploads/lobbying-for-faith-and-family.pdf.

OHCHR, "Religion and Religious Freedom in International Diplomacy: Workshop Summary Brief." 22 September 2016, consulted on 4 January 2022. http://www. ohchr.org/Documents/Issues/Religion/WorkshopReligion.pdf.

Paras, Andrea. "Between Missions and Development: Christian NGOs in the Canadian Development Sector." *Canadian Journal of Development Studies/Revue canadienne d'études du développement,* vol. 35, n° 3, 2014, p. 439-457.

Parmaksiz, Umut. "Making Sense of the Postsecular." *European Journal of Social Theory*, vol. 21, n° 1, 2018, p. 98-116.

Samuel, June. *Adapting to Norms at the United Nations: The Abortion and Anti-Abortion Networks.* [PhD Dissertation]. University of Maryland, College Park, USA, 2007.

Selby, Jennifer, Amélie Barras and Lori G. Beaman. *Rethinking Reasonable Accommodation: Muslims and the Navigation and Negotiation of the Everyday.* Vancouver: University of British Columbia Press, 2018.

Schwarz, Tanya B. *Faith-Based Organizations in Transnational Peacebuilding.* London and New York: Rowman and Littlefield, 2018.

Trigeaud, Sophie-Hélène. "Religious NGOs, UN Participation and Fieldwork Methodology." In Jeremy Carrette and Hugh Miall (eds.). *Religion, NGOs and the United Nations. Visible and Invisible Actors in Power.* London: Bloomsbury, 2017.

_____. "On and Behind the Scene. Religious NGO Processes at the OHCHR of the UN in Geneva." In Jeremy Carrette and Hugh Miall (eds.). *Religion, NGOs and the United Nations. Visible and Invisible Actors in Power.* London: Bloomsbury, 2017.

UNESCO. "Promotion of a Culture of Peace and Interreligious and Intercultural Dialogue, Understanding and Cooperation for Peace: SG's Report." [Report of the Secretary-General]. Document A/71/407, 26 September 2016, consulted on

5 January 2022. https://www.unaoc.org/resource/promotion-of-a-culture-of-peace-and-interreligious-and-intercultural-dialogue-understanding-and-cooperation-for-peace-report-of-the-secretary-general/.

UNFPA. "Realizing the Faith Dividend: Religion, Gender, Peace and Security in Agenda 2030." United Nations Population Fund, 2016, consulted on 5 January 2022. https://www.unfpa.org/sites/default/files/pub-pdf/50426_UNFPA_Donor-UN-FBO-Consultations_Web.pdf.

UNFPA and Norad. *Religion, Women's Health and Rights: Points of Contention, Paths of Opportunities.* New York, UNFPA, 2016, consulted on 17 February 2023. https://www.unfpa.org/sites/default/files/pub-pdf/Religion_Womens_Health_and_Rights.pdf.

UN News. "Religious Leaders at Forefront of Fight Against Intolerance, Says UN Chief." *Global Perspective Human Stories*, 1 June 2015, consulted on 17 February 2023. https://news.un.org/en/story/2015/06/501242.

UN Women. *Religion and Gender Equality*, 2016, consulted on 5 January 2022. http://www.partner-religion-development.org/fileadmin/Dateien/Resources/Knowledge_Center/Religion_and_Gender_Equality_UNWOMEN.pdf.

Wilson, Erin K. "Theorizing Religion as Politics in Postsecular International Relations." *Politics, Religion & Ideology*, vol. 15, n° 3, 2014, p. 347-365.

CHAPITRE 2

« *This is a Catholic country* » ou comment la mort évitable de Savita Halappanavar est devenue l'emblème du mouvement pro-choix en République d'Irlande

Audrey Rousseau

> *Abortion laws are, by their very nature, designed to determine who can and cannot access care and under what circumstances. Restrictive laws always disproportionately affect the most marginalised and vulnerable sections of society. Access to abortion needs to be understood and placed within the overall context of gender equality, including the context of human rights and social justice as it intersects with other structural and systemic forms of discrimination (race, class, gender and sexuality, disability)[1].*

L e 25 mai 2018, à la suite de décennies de mobilisation féministe en République d'Irlande[2], le résultat majoritaire d'un référendum visant à retirer le 8e amendement constitutionnel (introduit en 1983[3]) entraîna la légalisation de l'avortement[4]. Jusqu'alors, cette pratique médicale était illégale dans toutes les circonstances, sauf lorsque la vie de

---

1. NWC, *Accessing Abortion in Ireland* […], p. 42.
2. M. Gilmartin et S. Kennedy, « A double movement […] » ; J. Orr, *Abortion Wars* […] ; E. Mahon, « Abortion debate […] ».
3. Par cet amendement (le 8e), voté à deux tiers de majorité lors du référendum le 7 septembre 1983, les droits reproductifs des personnes enceintes étaient niés, puisque les ovules fécondés étaient mis sur un pied d'égalité avec la vie de la femme enceinte tel que stipulé, section II : « *The State acknowledges the right to life of the unborn and, with due regard to the equal right to life of the mother, guarantees in its laws to respect, and, as far as practicable, by its laws to defend and vindicate that right* ».
4. Aussi appelée interruption volontaire de grossesse (IVG).

la mère était en danger, justifiant ainsi l'existence d'un «tourisme médical[5]» important entre la République d'Irlande et la Grande-Bretagne, où la procédure est légale depuis 1968. Au XXIe siècle, il est estimé qu'annuellement, 3000 à 4000 femmes et adolescentes irlandaises ont voyagé afin d'obtenir des soins de santé reproductive[6]. Bien entendu, la responsabilité financière (frais pour l'intervention, le transport, l'hébergement, etc.) est alors assumée par la personne enceinte qui doit subir cette procédure loin de chez elle, souvent en secret. Plutôt que de discuter des effets liés à ce changement législatif apporté par voie référendaire[7], parmi lesquels l'accès inégal à ces «nouveaux» soins reproductifs[8], ce chapitre prend pour point de départ le décès tragique de Savita Halappanavar – une femme enceinte de confession hindoue décédée d'une septicémie à Galway en 2012. Comme je le démontrerai, la décision du personnel hospitalier de prioriser la vie du fœtus, alors que la situation était devenue dangereuse pour la vie de la mère, a été perçue par l'opinion publique comme l'aberration ultime des dispositions criminalisant l'avortement au pays.

Le postulat guidant cette étude a déjà été avancé dans la presse écrite[9] et dans la littérature scientifique[10], à savoir que l'histoire de Savita Halappanavar est devenue emblématique des luttes du mouvement pro-choix pour l'égalité, la justice sociale et les droits de la personne en République d'Irlande. D'ailleurs, à Dublin en 2014, lors de la réalisation

---

5. Ce tourisme médical implique de traverser des frontières nationales afin d'obtenir des soins qui ne sont pas prodigués par le pays d'origine. Malgré la légalisation de l'avortement en République d'Irlande, des dispositions restrictives de la nouvelle loi continuent d'obliger certaines femmes (375 en 2019) à obtenir les services en Grande-Bretagne. Voir à ce sujet L. Enright, «Legal abortion: Why are women still travelling to the UK every day?».
6. Comme le mentionnaient Mary Gilmartin et Sinéad Kennedy, en 2011, dans un chapitre traitant de la mobilité lors de l'accès à l'avortement, bien que les données compilées par le UK Department of Health proviennent des cliniques d'avortement, il est probable que ces chiffres présentent une sous-estimation, car certaines femmes irlandaises ne fournissent pas leur adresse outre-mer.
7. Government or Ireland, *Regulation of Termination of Pregnancy Act*.
8. À ce titre, voir le rapport du National Women's Council, *Accessing Abortion in Ireland: Meeting the Needs of Every Woman*, particulièrement les pages 61 à 66.
9. M. Specia, «How Savita Halappanavar's death [...]»; K. Holland, «Flowers, notes and messages [...]»; V. Ram, «Who is Savita Halappanavar [...]».
10. R. Lentin, «A woman died [...]», «After Savita [...]»; C. Murray, «The protection of life [...]»; D. Ralph, *Abortion and Ireland* [...].

de mon terrain de recherche doctoral, j'ai milité pour les droits reproductifs au sein de l'organisation ROSA (Reproductive rights, against oppression, sexism and austerity) et pris part à des rencontres et à des mobilisations féministes pro-choix. À ce moment, l'histoire de Savita était déjà l'exemple par lequel les femmes et la société civile irlandaise dénonçaient le mépris de la liberté de choix et l'hypocrisie des lois anti-avortement. Or, ce qui distingue la présente réflexion d'analyses antérieures est qu'elle utilise la pragmatique du langage afin d'interpréter le motif de refus de procéder à une interruption volontaire de grossesse. Pour cela, l'analyse ciblera deux présupposés implicites – révélateurs d'attitudes sociétales – liés à l'expression «*This is a Catholic country*», prononcée par Ann Maria Burke, une sage-femme membre du personnel soignant, qui expliquait que tant que le cœur du fœtus continuait à battre, l'intervention médicale demandée par la mère (Savita) et le père (Praveen) ne pouvait être réalisée. D'une part, ces paroles prononcées à l'égard d'un couple d'origine indienne, dans une société où plus de 91,7 % de la population s'identifie comme «*White*[11]» réifie la division entre le «eux» et le «nous». D'autre part, ces paroles présument la supériorité morale d'une société qui adjuge un droit égal à la vie de la mère et de l'«enfant à naître», ce qui contraste, dans ce cas précis, avec l'annihilation de la vie de Savita et de son fœtus.

Dans un premier temps, après avoir contextualisé l'influence du catholicisme au sein de l'État irlandais, notamment en matière d'interdiction d'interruption de grossesse, je préciserai les circonstances entourant le décès évitable de Savita Halappanavar, survenu en 2012. Dans un deuxième temps, je reprendrai quelques exemples de mobilisations démontrant l'indignation populaire en réponse à l'injustice subie par Savita et la prégnance de son histoire dans le cadre de la campagne référendaire *Repeal the 8th* (en 2018) ayant mené à la légalisation de l'avortement au pays. Dans un troisième temps, je développerai l'argumentaire fondé sur la pragmatique du langage entourant l'énonciation: «*This is a Catholic country*», ce qui permettra d'articuler l'intersection d'oppressions de genre et «race» au sein de la nation irlandaise.

---

11. CSO, *Census of Population* [...], (*Ethnic*).

CONTEXTUALISER LE REFUS DU LIBRE ARBITRE DES FEMMES EN MATIÈRE DE SANTÉ REPRODUCTIVE

Pendant longtemps, l'Irlande, après Malte, était le pays de l'Union européenne ayant les lois les plus restrictives en matière d'avortement[12]. Comme j'en traiterai ici, cette situation s'explique en partie par l'influence marquée de l'Église catholique dans la gestion des affaires publiques, depuis l'Indépendance, en 1922, qui a imposé sa conception de la vie humaine et de la place des femmes dans la société irlandaise. À cet égard, le décès tragique de Savita Halappanavar, survenu en 2012, s'explique en partie par l'oppression de genre en matière de droits reproductifs et de soins maternels, incluant la criminalisation de l'avortement jusqu'en 2018, qui réduisait leur autonomie de choix et, dans certains cas, menaçait leur vie.

ÉGLISE ET ÉTAT DANS L'ÉDIFICATION DE LA NATION IRLANDAISE

Au début du XXᵉ siècle, à la suite de l'émancipation de la domination britannique en République d'Irlande, la classe politique en émergence a pris appui sur l'influence de l'Église catholique afin d'établir les premières institutions publiques (*nation-building*), notamment en matière de santé et d'éducation. À ce titre, plusieurs articles (dont le 44.1[13]) de la Constitution, *Bunreacht na hÉireann*[14], témoignent de la manière dont le catholicisme s'est imposé comme religion d'État, invoquant les préceptes religieux comme moteur de cohésion sociale pour l'identité nationale irlandaise. Dans ce même ordre d'idées, à l'article 41.2 de ce document juridique fondamental qui définit la manière dont l'Irlande doit être gouvernée et les droits de citoyenneté, il est possible de saisir la portée du sexisme et du conservatisme postindépendance en étudiant la place et le rôle conférés aux femmes dans la société irlandaise, ces dernières étant restreintes à la sphère familiale (épouses, mères). Bien que cette vision de

---

12. Depuis le 27 janvier 2021, l'interruption volontaire de grossesse est illégale en Pologne (pays à forte tradition catholique), sauf en cas de viol et de danger pour la vie de la mère. En dépit d'un durcissement de l'accès à l'IVG à partir de 1993, certains avortements avaient cours, entre autres en cas de malformations fœtales.
13. Pour approfondir l'article constitutionnel (aujourd'hui amendé), voir la thèse de doctorat en sociologie d'Audrey Rousseau, *Expériences de remémoration face à l'horizon de promesses : parcours de reconnaissance des buanderies Madeleine en Irlande (1993-2014)*, p. 48.
14. Government of Ireland, *Bunreacht na hÉireann – Constitution of Ireland*, 2020 [1937].

la subordination féminine, fidèle à un ancien modèle de moralité chrétienne, ait tranquillement été remise en question durant le XXᵉ siècle, un sentiment de honte et de malaise persiste lorsqu'il est question de sexualité[15]. En définitive, il est fondamental de préciser que tout amendement à la Constitution doit passer par voie de référendum[16], une stratégie qui assurait le maintien du pouvoir des forces ecclésiastiques sur les décisions politiques dans un pays à forte majorité catholique.

Tant que les lois respectaient la moralité publique catholique, le tissu social catholique était préservé[17]. Or, à partir des années 1970, les transformations confessionnelles et sociohistoriques des attitudes et des pratiques, notamment dans le domaine du contrôle du corps et de la sexualité des femmes, se sont accélérées. Bien qu'un nombre important d'Irlandais s'identifient toujours comme de confession catholique (78,3 % en 2016), un déclin s'observe depuis plus de 50 ans quant à l'engagement envers l'institution et l'adhésion à ses règles[18]. À titre d'illustration, la proportion de prière journalière (*daily prayer*) est passée de 90 % (1973-1974) à 49 % (1999)[19] ; de plus, entre 1991 et 2016, la population non catholique est celle qui a connu la croissance la plus soutenue[20]. Dans les faits, en 2016, les personnes « sans religion » (*no religion*) représentent le deuxième groupe le plus important sur le plan populationnel (9,8 %). En 2016, la catégorie « *other religions* » (3,2 %), dans laquelle se situe l'hindouisme[21], avait fait un bond important entre 2006 (2,1 %) et 2011 (2,7 %)[22]. Il est ainsi possible de présumer que cette nouvelle diversité ethnoreligieuse, tout comme les nouvelles générations d'Irlandais, encourage une

---

15. T. Inglis, « Origins and legacies […] ».
16. En effet, la Constitution peut être amendée par voie référendaire, lorsqu'une majorité des personnes qui ont le droit de voter se prononce sur un amendement constitutionnel. Cela a notamment été le cas pour l'introduction du 8ᵉ amendement en 1983 (voir la note de bas de page n° 3), ou encore du référendum sur la légalisation du divorce en 1995, ou encore celui sur le mariage de même sexe en 2015.
17. B. Fanning, « A Catholic vision of Ireland », p. 50.
18. T. Inglis, « Catholic identity […] », p. 206.
19. *Ibid.*, p. 209.
20. CSO, *Census of Population* […], (*Religion*).
21. L'hindouisme représente la 5ᵉ religion la plus en croissance en Irlande entre 1991 et 2016, devancée par les catégories « *Orthodox* », « *Apostolic or Pentecostal* », « *Atheist* », « *Muslim* ». CSO, *Census of Population* […], (*Religion*).
22. Bien qu'il ne soit pas possible de distinguer l'immigration récente de celle plus ancienne, les données du Central Statistics Office, précédemment citées, précisent qu'en 2016, 41,7 % des personnes de confession hindoue étaient de nationalité indienne, et que de 41,6 % des personnes de confession hindoue avaient la nationalité irlandaise (parmi ces dernières, 35,1 % étaient nées en Irlande).

séparation marquée de l'Église et de l'État. Toutefois, en 2012, lorsqu'une femme enceinte de confession hindoue (originaire de Karnataka, sud de l'Inde) est admise d'urgence à l'hôpital de Galway (ville à l'ouest de la République d'Irlande), le personnel invoque une conception religieuse et juridique de la vie humaine qui prive Savita des soins auxquels elle a droit.

QU'EST-CE QUI A MENÉ AU DÉCÈS TRAGIQUE DE SAVITA HALAPPANAVAR?

Comme je le démontrerai dans cette section, le décès de Savita est lié à des complications associées à un dépistage et à des soins tardifs relatifs à une fausse couche ayant causé une infection généralisée. Son décès n'implique donc pas une procédure d'avortement à proprement parler, mais bien de soins maternels visant à sauver la vie de la mère. Toutefois, en raison de l'oppression de genre inhérente à la législation en vigueur à l'époque, niant le libre choix des femmes, Savita est devenue une victime collatérale d'un débat de société qui faisait rage depuis près de trois décennies.

Je préciserais, avant de discuter du parcours médical de l'affaire Savita, que sur le plan juridique, malgré le fait que le 8ᵉ amendement constitutionnel de 1983 considère la vie du fœtus et de la mère à égalité (sauf lorsque la vie de la mère est en danger), il faut remonter à 1861 afin de trouver un cadre légal s'appliquant en Irlande en matière de «délit» d'interruption volontaire de grossesse (*Offences Against the Person Act*, sections 58-59). Cette loi prévoyait des sanctions criminelles, dont une peine de prison allant jusqu'à 14 ans[23], pour toute personne coupable d'avoir causé une «*intentional destruction of unborn human life*» (la personne enceinte ou un tiers comme un professionnel de la santé). Ainsi, ces dispositions dissuasives ont mené à une série de «cas» (histoires) de femmes et d'adolescentes qui ont payé, parfois au prix de leur vie, les débats

---

23. Cette provision de 1861 a été levée avec l'entrée en vigueur du *Protection of Life During Pregnancy Act* (2013). Toutefois, la nouvelle loi présentait encore un flou au sujet des protections légales données, par exemple, aux praticiens de la santé qui aident une femme à mettre fin à une grossesse non désirée en raison d'un risque pour sa santé (incluant les risques suicidaires), rendant difficile l'accès à l'avortement. D'ailleurs, les limitations de la loi ont été révélées dans le cas de «*Miss Y*» (2014), une migrante victime d'un viol dans son pays d'origine qui a été forcée, par les avocats représentant l'État irlandais, à poursuivre la grossesse malgré ses tentatives de suicide.

politiques, religieux et culturels entourant la santé maternelle, les droits reproductifs et l'autonomie des femmes en Irlande. À titre d'exemple, dans le jugement de la Cour européenne des droits de l'homme concernant le cas *A, B, C* c. *Ireland* (2010), il a été reconnu qu'en raison de l'absence de cadre entourant l'avortement en Irlande, l'une des plaignantes – atteinte d'un cancer alors qu'elle était enceinte – s'était vu nier les services d'avortement alors que le risque à sa vie était imminent si elle poursuivait la grossesse. Ce cas permet de constater la complexité de l'application du 8ᵉ amendement constitutionnel, car bien que l'article de 1983 avait prévu l'interruption de grossesse lorsque la vie de la mère est en danger, l'absence de balise en la matière, et ce, jusqu'en 2013[24], constituait une menace à la vie et à l'intégrité physique et psychologique des personnes enceintes.

J'estime que cette mise en abyme du cadre juridique est importante afin de saisir certaines décisions prises durant le parcours hospitalier de Savita Halappanavar entre le 21 et le 28 octobre 2012, ainsi que les principales conclusions des enquêtes réalisées sur les circonstances entourant son décès. Afin de mieux saisir les principaux jalons de l'histoire médicale entourant l'affaire Savita, je reprends quelques éléments ci-après. Tout d'abord, Savita était une professionnelle (dentiste) de 31 ans, d'origine indienne et de confession hindoue, tout comme son mari, Praveen, 34 ans (ingénieur). Lors de son admission à l'hôpital de Galway pour des douleurs au dos et au pelvis, Savita était enceinte de 17 semaines. Les rapports médicaux (étudiés à la suite de son décès) indiquent clairement que dès son arrivée le diagnostic était: «*an inevitable/impending pregnancy loss*[25]». En dépit du constat de fausse couche, la patiente a passé sept jours à l'hôpital, séjour durant lequel son état s'est dégradé de manière continue. Ce n'est que plusieurs heures après le début des signes visibles d'une fausse couche que le personnel hospitalier a effectué des tests supplémentaires, a donné des antibiotiques, etc. Malgré la rupture des membranes et des vomissements (dès la deuxième journée de son hospitalisation), parce que le cœur du fœtus était toujours perceptible, le personnel soignant a refusé d'obtempérer aux demandes répétées d'interruption de grossesse. De façon posthume, il a été documenté que le 23 octobre,

---

24. Soit une année après le scandale créé par le décès de Savita, où les législateurs ont œuvré à fournir un cadre de procédure – très limité – où l'interruption volontaire de grossesse pouvait être réalisée en certaines circonstances; voir la note précédente au sujet de «*Miss Y*».

25. S. Arulkumaran, *Investigation of Incident 50278* […], p. 21.

> *the patient and her husband were emotional and upset when told that a miscarriage was inevitable. The consultant stated that the patient and her husband enquired about the possibility of using medication to induce miscarriage as they indicated that they did not want a protracted waiting time when the outcome of miscarriage, was inevitable. [...] O&G Consultant 1 stated that the patient and her husband were advised of Irish law in relation to this. At interview the consultant stated* « Under Irish law, if there's no evidence of risk to the life of the mother, our hands are tied so long as there's a fetal heart ». *The consultant stated that if risk to the mother was to increase a termination would have been possible, but that it would be based on actual risk and not a theoretical risk of infection* « we can't predict who is going to get an infection »[26].

L'espace étant limité, il ne m'est pas possible de discuter davantage sur les circonstances entourant le traitement médical de Savita Halappanavar. Toutefois, je mentionnerais que bien que la septicémie ait été détectée le 24 octobre, ce n'est que lorsque le battement de cœur fœtal n'est plus perceptible que le curetage aura lieu. Peu de temps après cette procédure médicale, le 25 octobre, Savita sera intubée et transférée aux soins intensifs, où elle décédera le 28 octobre à la suite d'un arrêt cardiaque. L'enquête du coroner, Dr Ciaran McLoughlin (avril 2013), confirmera que la cause du décès est une infection généralisée (choc septique causé par la bactérie *E. coli*) qui s'est propagée par le sang à tout l'organisme en raison de la fausse couche. Au-delà de l'identification de la cause du décès, le coroner devait aussi traiter des facteurs ayant mené à son décès (qui ne sont pas explicitement les causes du décès), fournir des clarifications pour la famille et produire des recommandations en vue de prévenir semblable situation. C'est donc un verdict de «*medical misadventure*» qui a été entériné par un jury, ce qui n'infère pas de responsabilité criminelle, comme le précise le coroner, ni ne signifie « *that system failure or deficiencies contributed to her death* [...] *They are findings in relation to the management of her treatment*[27] ».

Il s'agit d'un verdict faible, comparativement à l'enquête menée par la Health Information and Quality Authority[28] ou celle du Health

---

26. S. Arulkumaran, *op. cit.*, p. 33.
27. S. O'Carroll, «Savita inquest [...]».
28. Health Information and Quality Authority, *Investigation into the safety, quality and standards of services provided by the Health Service Executive to patients, including pregnant women, at risk of clinical deterioration, including those provided in University Hospital Galway, and as reflected in the care and treatment provided to Savita Halappanavar executive summary and recommendation*, Dublin, Health Information and Quality Authority (HIQA), Social Services Inspectorate (SSI), 2013.

Service Executive[29], qui concluent tous deux à un échec dans les soins minimaux requis par l'état de la patiente. Un constat rejoignant l'affirmation faite par Praveen Halappanavar voulant que le droit constitutionnel à la vie de sa femme ait été violé. Cette situation le mènera à poursuivre le HSE pour négligence médicale ayant causé la mort[30]. L'enquête du HSE concluait[31] à des manquements graves sur le plan de la formation du personnel, tant en ce qui concerne le dépistage précoce (évaluation et suivi inadéquats de Savita) que le manque d'options de soutien offertes à la patiente, incluant le non-respect des directives cliniques relatives à la prise en charge efficace d'un choc septique, ayant mené à une sous-évaluation de la gravité de la situation pour la mère et des délais de traitement ayant contribué à son décès. Bien que l'enquête du HSE ne s'avance pas sur l'interprétation confuse de la situation juridique en Irlande concernant la réglementation entourant l'interruption de grossesse par le personnel hospitalier, une annexe juridique[32] démontre la complexité du cadre légal qui doit, en théorie, protéger la vie de la mère et celle de l'«enfant à naître» (*life of the unborn*).

Enfin, parmi les recommandations finales de l'enquête du HSE[33], il est fait mention du besoin de préciser la conduite et les gestes éthiques des codes professionnels du personnel médical (infirmières et sages-femmes) eu égard à la protection de la vie et les enjeux d'avortement. De manière intéressante, le médecin (Dr Sabaratnam Arulkumaran) ayant dirigé cette enquête s'est prononcé en faveur du camp du «oui» lors du référendum de 2018 (visant à retirer le 8e amendement constitutionnel), en déclarant: «*if you don't support legal abortion, then you support illegal abortion*[34]». Dr Arulkumaran en a profité pour préciser que le 8e amendement avait joué dans la mort de Savita et constituait un danger pour les femmes enceintes, puisqu'en 2012 le personnel médical de l'hôpital de Galway était préoccupé qu'un battement de cœur fœtal signifie que l'interruption de grossesse soit un acte «illégal» passible de poursuite judiciaire. Or, cette lecture s'avère erronée, puisque le fœtus n'était plus viable en raison de l'infection liée à la fausse couche.

---

29. S. Arulkumaran, *op. cit.*
30. Dans ce dossier, Praveen, les parents de Savita (Akamahadevi et Andanappa Yalagi), ainsi que ses frères aînés, ont reçu un versement compensatoire de €35,000. Voir C. Russell, «Praveen Halappanavar […]».
31. S. Arulkumaran, *op. cit.*, p. 56.
32. *Ibid.*, p. 85-96.
33. *Ibid.*, p. 95.
34. G. N. Aohda, «Doctor who led inquiry into Savita […]».

MOBILISATIONS LIÉES À LA LÉGALISATION DE L'AVORTEMENT ET À LA POURSUITE DE L'ÉGALITÉ DE GENRE

Dans cette section, d'une part, je documenterai l'indignation qui a submergé une bonne partie de la société irlandaise à la suite de la mort de Savita Halappanavar, plus particulièrement, comment les circonstances entourant sa mort sont venues confirmer ce que les militantes prochoix affirmaient depuis longtemps: que les lois irlandaises menacent la vie des femmes. D'autre part, j'aborderai brièvement la campagne *Repeal the 8th* (liée au référendum de 2018 sur l'avortement), puisque l'histoire de Savita, ainsi que son image, ont joué le rôle de catalyseur de ce mouvement social.

L'INDIGNATION POPULAIRE LIÉE À LA MORT DE SAVITA

Jusqu'au décès de Savita, le mouvement irlandais lié aux droits reproductifs a été ponctuel, notamment très actif lors des référendums liés à l'avortement en 1983, 1992[35], 2002[36] et 2018[37]. Or, un changement s'opère après 2012. Dans différentes villes du pays s'organisent des manifestations, des marches, des vigiles à la chandelle, des œuvres murales, etc. Ces actions visent, d'une part, à commémorer la vie de Savita et à décrier l'injustice subie; d'autre part, à porter la voix des revendications pro-choix Comme le soutient Ronit Lentin[38], la mort de Savita «a profondément choqué la société irlandaise». Notamment parce que son décès illustre la faillite de l'argument voulant que l'Irlande soit une place très sécuritaire pour les personnes enceintes (puisqu'en dépit de l'égalité de la vie des

---

35. En 1992, le référendum comprenait trois questions (*on the right to life of the unborn, the right to travel and the right to information*), chacune liée à un amendement constitutionnel (respectivement 12e, 13e, 14e). Le camp du «non» a gagné (65%) pour le douzième amendement demandé, soit «*To exclude the risk to suicide as sufficient reason to legally allow an abortion*». Le camp du «oui» a gagné (62%) à la question liée au treizième amendement demandé: «*To specify that the prohibition of abortion would not limit freedom of travel in and out of the state*». Enfin, le camp du «oui» a gagné (60%) le quatorzième amendement demandé: «*The right to distribute information about abortion service in foreign countries*». Voir F. Kelly, «Poll to introduce Eighth Amendment [...]».

36. En 2002, tel que le relate Fiach Kelly dans l'article précédemment cité, le référendum comprenait une question liée à l'amendement constitutionnel (25e), où le camp du «oui» a remporté par une très mince victoire (50,4%) à la question: «*To remove the threat of suicide as a grounds for legal abortion in the state*».

37. L. Earner-Byrne et D. Urquhart, *The Irish Abortion Journey, 1920-2018*, p. 7.

38. «A woman died: [...]», p. 130, traduction libre.

femmes et des fœtus en situation de danger)[39]. Les discussions au sujet des circonstances troublantes entourant le décès de Savita ont permis une prise de conscience de l'injustice et poussé une frange de la population vers l'action.

Au sujet de la couverture médiatique, la journaliste Kitty Holland fut l'une des premières à faire intervenir le mari de Savita[40]. Praveen Halappanavar relatait alors l'agonie physique subie par sa femme à la suite de la rupture des fluides amniotiques; le personnel soignant refusant leurs demandes répétées de procéder à une interruption médicale de grossesse en invoquant qu'en pays catholique, tant que le cœur fœtal battait, la procédure médicale ne pouvait être effectuée. L'indignation fut immédiate et une grande manifestation pro-choix eut lieu à Dublin (regroupant plus de 10 000 personnes) quelques jours plus tard. Dans la foule, le visage de Savita est alors associé au slogan *never again*, plus jamais[41]; un emblème qui sera également repris durant la campagne référendaire du «oui» en 2018. De manière intéressante, Holland publie un livre sur l'histoire de Savita en 2013, où en plus de revenir sur la trajectoire de vie de cette femme et d'aborder la controverse entourant la législation antiavortement, elle pose une question difficile: dans quelle mesure le fait d'être une femme non catholique et non irlandaise a pu jouer sur sa demande d'aide refusée par le personnel médical? Attirer l'attention publique sur les discriminations de genre, mais aussi sur la différence de traitement des femmes en Irlande en fonction du statut civique, économique, de citoyenneté, etc., est l'un des enjeux abordés dans la prochaine section.

Ainsi, le couple Halappanavar, bien malgré lui, a fait revenir en haut du programme politique la question des droits reproductifs, marquant l'urgence de légaliser l'avortement en Irlande. La mort de Savita a contribué à produire des changements graduels[42]: par exemple, alors qu'il était tabou de discuter d'expériences d'avortement à l'étranger, d'impacts d'une grossesse non désirée, ou encore de l'accouchement d'un enfant non viable; ces conversations intimes ont commencé à surgir dans l'espace public[43]. Ces femmes et ces couples, faisant face au stigmate et à la honte associée à ces expériences, se sont exprimés dans la rue, les

---

39. C. Murray, «The Protection of Life [...]», p. 673-674.
40. Holland et Cullen, «Woman "denied a termination" [...]».
41. «Protests over abortion rights [...]».
42. K. Holland, «How the death of Savita [...]».
43. R. A. Barr, «Repealing the Eighth Amendment: [...]».

journaux, les médias sociaux, les conférences publiques, souvent en signant leur nom véritable (dans certains cas, en risquant d'être poursuivis en justice). Leurs récits, notamment véhiculés par la page Facebook « In Her Shoes[44] » et le balado *Everyday Stories*[45], faisaient souvent explicitement référence à l'histoire et à la vie de Savita (par exemple, en affirmant que cela aurait pu être « elles »), ont contribué à sonner l'alarme sur les risques mortels auxquels font face les femmes vivant en Irlande.

En mai 2018, quelques jours après le référendum, Holland[46] affirme, en parlant du décès de Savita : « [t]*he 2012 tragedy unified Irish women and feminist groups behind change on abortion* ». En effet, à la suite de pressions populaires, mais aussi en réponse à la couverture internationale qu'a eue le décès de Savita, le gouvernement irlandais a voté une nouvelle législation en 2013, *Protection of Life Bill During Pregnancy Act*, qui rend légal l'avortement médical dans certains cas précis où la vie de la mère est en danger, ce qui exclut les cas de viol, d'inceste, ou encore d'anomalies fœtales qui rendent l'embryon non viable. Cette même année, un projet de loi privé (*Bill to Repeal the Eighth Amendment*) fut rejeté par les parlementaires. En 2015, le même sort est réservé à un autre projet de loi privé (*Bill to Legislate for Abortion in Cases of Fatal Fœtal Abnormality*), rejeté par un vote majoritaire de 104 contre 20, puis à un second projet de loi (*Bill to Repeal the 8th*) rejeté à 74 contre 23. Sur le plan national, bien qu'une campagne se mette en branle dès 2013 afin de retirer le 8e amendement (*Repeal the 8th*), il faut attendre 2018 avant que la question fondamentale soit mise au programme référendaire.

LA CAMPAGNE *REPEAL THE 8TH*

En prévision de la sixième question référendaire sur l'enjeu de l'avortement[47] (qui prit la forme du référendum tenu le 25 mai 2018), les

---

44. C. McDonnell, « In her shoes [...] »,
45. C. Anglin, *Everyday Stories.*
46. K. Holland, « How the death of Savita [...] ».
47. De manière intéressante, aucun référendum après 1983 (et avant 2018) ne visait à libéraliser ou à décriminaliser l'avortement. Comme mentionné précédemment, les questions référendaires de 1992 et de 2002 visaient à s'opposer à un jugement de la Cour suprême d'Irlande (*Attorney General c. X*, 2002) qui ouvrait la voie, selon les tenants anti-choix, à des voyages à l'étranger pour subir l'interruption de grossesse. Ce jugement traitait du cas d'une adolescente irlandaise de 14 ans, aux idéations suicidaires, qui souhaitait mettre fin à une grossesse non désirée en Grande-Bretagne. Cette dernière contestait le fait d'avoir été rapatriée de force par l'Attorney General (le « gardien » de la Constitution

militantes de nombreuses organisations féministes et pro-choix créent l'organisation civile Together for Yes, ayant pour mandat de convaincre une majorité de votants irlandais de l'effet positif qu'aurait un système d'avortement gratuit, sécuritaire et légal. Prenant pour cible le 8e amendement constitutionnel depuis 1937, c'est-à-dire l'article 40.3.3 (1983), qui garantit le droit égal à la vie pour la mère et l'«enfant à naître»[48], les militantes déploient différentes stratégies de communication (campagne publicitaire, porte-à-porte, médias, etc.) afin de démystifier les origines de l'introduction de cet article et de ses effets délétères sur des générations de femmes, d'adolescentes et de couples en Irlande.

Sur le plan historique, ce sont des groupes anti-choix s'inquiétant du jugement de 1974 *Roe* c. *Wade* aux États-Unis[49] qui se réunirent sous la bannière Pro-Life Amendment Campaign afin d'enchâsser constitutionnellement l'idée d'égalité de la vie de la mère et de celle du fœtus. La majorité obtenue par ce groupe (67 %) au référendum de 1983 peut être partiellement expliquée par la forte tradition catholique, mais aussi par l'instabilité politique du début des années 1980 (qui avait vu trois administrations se succéder entre 1981 et 1982) faisant pencher certains politiciens vers l'opposition ferme à l'avortement comme stratégie électorale[50]. Nonobstant ces analyses, il est possible d'affirmer que les mobilisations entourant le référendum de 1983 ont laissé des marques profondes au sein de la nation irlandaise, notamment entre catholiques et protestants. À ce sujet, les églises protestantes de la République s'étaient déclarées contre la proposition d'amendement, croyant que cette prohibition de l'avortement allait perpétuer une politique d'exclusion à l'égard des personnes non catholiques. L'argument était que l'interdiction de l'avortement «*would deny non-Catholics equal rights to citizenship in Ireland and would perpetuate a politics of exclusion*[51]». Comme je l'aborderai dans la prochaine section, cette affirmation s'avère pertinente par rapport à l'histoire de Savita,

---

et donc du 8e amendement qui protège la vie de l'«enfant à naître»). Dans son jugement de 1992, la Cour suprême interprétait l'article 40.3.3 comme devant faire une exception dans le cas où la poursuite de la grossesse représentait un risque pour la santé de la femme (dans ce cas-ci, le risque d'atteinte à vie de la mère par le suicide).

48. Comme l'a fait remarquer la sociologue Ronit Lentin, il est intéressant de préciser que l'amendement réfère à un ethos religieux, puisqu'il est question de «mères» plutôt que de «femmes», et de «bébés» plutôt que de «fœtus». De cette auteure, voir «A woman died [...]», p. 132.

49. C. Murray, *op. cit.*, p. 670.

50. McAvoy, 2008, p. 23, citée par Murray, *op. cit.*, p. 670.

51. Mullaly, 2018, p. 221, citée par Murray, *op. cit.*, p. 670.

puisque pour plusieurs observateurs, le fait qu'elle était d'origine non catholique et non irlandaise a probablement joué dans le déni de traitement qu'elle a reçu.

Le succès remporté par le camp du «oui» lors du référendum du 25 mai 2018[52] (66,4% pour le «oui» et 33,6% pour le «non»[53]), a donc ouvert la voie afin que le parlement légifère sur la réglementation de l'interruption de grossesse. Cette levée de l'interdiction constitutionnelle de l'avortement (retrait du 8e amendement) réfère au 36e amendement apporté à la Constitution depuis 1937, ouvrant la voie à la mise en place du *Health (Regulation of Termination of Pregnancy) Act*, loi entrée en vigueur le 1er janvier 2019[54]. Au sujet de ce gain historique de la part du mouvement pro-choix, plusieurs militantes souhaitaient que la loi porte le nom de Savita afin d'honorer sa vie et la place que son histoire a eue dans la campagne pour les droits reproductifs en Irlande ; idée à laquelle le père de Savita (Andanappa Yalgi) réagissait positivement[55], et ce, bien que les législateurs n'aient pas choisi cette dénomination. Lors de l'annonce des résultats à Dublin, une foule scandait le nom «Savita», des gerbes de fleurs et des mots ont été laissés tout près d'une murale dédiée à celle qui, au prix de sa vie, a galvanisé un mouvement. Alors que la mère de Savita (Akkamahadevi Yalgi) affirmait à une journaliste de la BBC : «*We are thankful to those who fought the battle for my daughter*», son père déclarait : «*She* [Savita] *will "rest in peace" after Irish voters backed a referendum to overturn the country's ban on abortion*[56]».

Une adhésion qui confirme le postulat de base au fondement de ce chapitre et qui ouvre sur l'analyse des frontières identitaires et nationales à l'œuvre lors du refus de traitement de Savita : son statut d'immigrante, non catholique et de couleur face à un personnel soignant à forte majorité irlandaise, catholique et blanche.

---

52. Pour en connaître plus sur les termes exacts du référendum de 2018 intitulé *Regulation of Termination of Pregnancy*, consultez The Referendum Commission : https://www.refcom.ie/previous-referendums/referendum-on-termination-of-pregnancy/36th-Refcom-Guide-2018-English.pdf.

53. Le taux de participation de 64,13% des votants admissibles est le plus élevé depuis la création, en 1998, de la commission référendaire qui compile les données statistiques. The Referendum Commission, à la page 9 : https://www.refcom.ie/previous-referendums/referendum-on-termination-of-pregnancy/36th-RefCom-Report.pdf.

54. Government of Ireland, *Regulation of Termination of Pregnancy Act*.

55. S. Patil-Rajgolkar, «Savita Halappanavar's parents […]».

56. *Ibid.*

PENSER LES RAPPORTS D'EXCLUSION À TRAVERS LA PRAGMATIQUE DU LANGAGE

Dans la section suivante, je développerai l'argumentaire fondé sur la pragmatique du langage, une branche de la linguistique qui s'intéresse au sens du langage en fonction des contextes d'usage par les locuteurs. L'énonciation singulière qui sera au cœur de cette démonstration est l'expression «*This is a Catholic country*». Comme je l'expliquerai, ces mots formulés par Ann Maria Burke, une sage-femme de l'hôpital de Galway, au bénéfice du couple Halappanavar, dévoilent l'intersection entre «race» et «nationalisme» dans le refus d'un traitement devenu critique pour la mère. Sur le plan conceptuel, je situerai d'abord ce qu'est la «force illocutoire» d'un énoncé (compris comme le potentiel d'action de la parole d'un locuteur dans son contexte), puis j'interpréterai l'expression susmentionnée. Enfin, j'analyserai plus en détail le caractère moralisateur de cette marque discursive qui déploie des logiques d'exclusion et de domination.

LA FORCE ILLOCUTOIRE DE L'ÉNONCÉ «*THIS IS A CATHOLIC COUNTRY*»

De manière générale, comme le mentionne Armengaud, la pragmatique tente de répondre à des questions comme «que *faisons*-nous lorsque nous parlons[57]?»[58]. Ainsi, la pragmatique du langage, qui prend pour principe que communiquer c'est agir, se divise en divers courants. Par exemple, certains penseurs s'intéressent à la logique formelle du langage (c'est le cas du philosophe logicien Rudolf Carnap), alors que d'autres étudient plutôt les «effets du discours» (mettant alors l'accent sur l'action entre les locuteurs et les auditeurs), comme pour la linguiste Catherine Kerbrat-Orecchioni, qui a contribué à l'essor de l'approche des interactions verbales. L'approche de la pragmatique du langage choisie ici s'intéresse aux modalités d'énonciation, plus précisément à la «force illocutoire[59]», afin de penser la relation entre langage et action. Pour les besoins de l'interprétation de

---

57. F. Armengaud, «Introduction», para 2, en italique dans l'original.
58. À ce titre, le travail du philosophe analytique J. L. Austin, *Quand dire, c'est faire* (1962), a été pionnier afin de développer la théorie des «actes de langage», soit l'idée qu'à travers l'étude du langage ordinaire il est possible d'étudier des phénomènes, des faits vivants qui constituent l'expérience. En ce sens, les énonciations sont des actes «performatifs», car elles permettent de «faire quelque chose» (agir) par la parole elle-même.
59. J. Searle et D. Vanderveken, *Foundations of Illocutionary Logic*.

l'expression « *This is a Catholic country* », deux des sept composantes de la « performance illocutoire » (accomplissement des actes dans le discours), chez ces deux auteurs, seront reprises afin de penser les conditions de succès d'un acte illocutoire, c'est-à-dire dans sa relation entre le contexte d'énonciation et les agents impliqués dans l'interaction[60].

La première composante est le « but illocutoire » de l'énoncé. Elle réfère à l'objectif de l'acte lui-même, à une intention à réaliser qui prend la forme d'une direction, voire d'un but, d'un objet ou d'une proposition[61]. La seconde composante retenue, soit le « mode d'accomplissement », est liée à des conditions particulières pour réaliser la visée ou le but illocutoire de l'énoncé[62]. Cela peut signifier prendre en compte la position du locuteur et le contexte de réception, et ainsi identifier les forces agissantes entourant la réalisation de l'acte langagier qui influencera sa puissance (« force illocutoire »). En définitive, parce que le « développement du langage suppose nécessairement un emploi délibéré de sons articulés dans le but d'influencer la conduite d'autrui[63] », il est indispensable de penser la situation d'interaction (qui agit par le langage) en termes de conditions sociales (externes à un locuteur et à un auditeur), mais également en fonction de conditions interindividuelles (internes) qui influenceront la capacité de traduire et de transmettre une pensée intérieure à autrui. C'est pourquoi je souhaite maintenant décomposer l'énoncé « *This is a Catholic country* » en fonction de son but illocutoire et de son mode d'accomplissement.

Tout d'abord, du point de vue de la soignante, il est possible d'affirmer qu'un des objectifs de l'acte illocutoire est « informatif », c'est-à-dire qu'il vise à communiquer une information à autrui (par exemple, la décision du personnel soignant de ne pas procéder à l'interruption de grossesse demandée par Savita et Praveen). Un autre but pourrait aussi être « explicatif », c'est-à-dire visant à transmettre une explication concernant une situation ou un contexte. À ce sujet, le sous-texte de l'énoncé (*This is a Catholic country*) est qu'en « pays catholique », la valeur morale et

---

60. Ces composantes sont les suivantes : 1) le but illocutoire ; 2) le degré de puissance, ou d'accomplissement du but illocutoire ; 3) les modes de réalisation de l'acte ; 4) les contraintes sur le contenu propositionnel ; 5) les conditions préparatoires ; 6) les conditions de sincérité et 7) leur degré de puissance. Voir à ce propos J.-G. Meunier, « La logique illocutoire : ses fondements selon Searle et Vanderveken », p. 391.
61. *Ibid.*
62. *Ibid.*, p. 392.
63. A. H. Gardiner, *Langage et acte de langage* [...], p. 25.

juridique de la vie de l'«enfant à naître» (fœtus) est égale à celle de la «mère» (femme). Cet aspect de l'acte illocutoire est important, puisqu'il agit – ou interprète – sur des conditions socioculturelles et politico-légales en ce qui a trait aux soins maternels et, plus globalement, au déni des droits reproductifs des femmes vivant en Irlande. Comme il en a été fait mention lors de la présentation de certaines observations du rapport d'enquête du HSE (2013), cette interprétation de la part de la sage-femme (à savoir que l'interruption n'était pas possible tant que le cœur fœtal battait) s'est avérée juridiquement erronée, puisque la loi permettait ces soins si la vie de la mère était en danger. «*The danger has to represent a substantial risk to her life though this does not necessarily have to be an imminent danger of instant death. The law does not require the doctors to wait until the mother is in peril of immediate death[64]*».

En ce qui concerne le mode d'accomplissement des buts illocutoires de l'énoncé (informatif et explicatif), il est essentiel de se rapporter aux conditions particulières liées à la position de la locutrice (sage-femme) et du contexte de réception de l'énoncé (impliquant une situation critique de soins pour la patiente). Dans ce cas précis, le mode d'accomplissement des buts illocutoires prend racine dans le rapport d'autorité (relatif[65]) que le système médical confère à la sage-femme eu égard aux personnes recevant les soins. Ainsi, la position d'autorité occupée par Ann Maria Burke par rapport à la patiente s'avère une condition essentielle à la formulation de cet énoncé, tout autant qu'elle éclaire la position de réception «subordonnée» du couple Halappanavar, qui limite leur possibilité de contester cet acte langagier. La force illocutoire (déclarative) de l'énoncé «*This is a Catholic country*» exprime donc à la fois l'exclusion et l'impuissance. Je m'explique: d'une part, devoir transmettre une information/explication concernant le «nous» national signale que les récepteurs du message (de confession hindoue et immigrants au pays) sont présumés ne pas détenir les codes culturels. D'autre part, parce que le couple Halappanavar est considéré comme à l'extérieur des dynamiques sociales nationales (bien que les préceptes catholiques au fondement de la conception juridique de la vie humaine les affectent), Savita et Praveen se voient retirer leur pouvoir d'agir (impuissance) sur un soin maternel critique.

---

64. S. Arulkumaran, *op. cit.*, p. 86.
65. En effet, il me semble important de préciser que la position d'autorité (pouvoir) d'une sage-femme dans le système médical est toute relative, puisque cette organisation est fondée sur une domination présumée des médecins.

En définitive, même si Ann Maria Burke a affirmé, lors des audiences de l'enquête du coroner en 2013[66], qu'elle ne voulait pas offenser le couple Halappanavar, mais plutôt expliquer les raisons religieuses et légales justifiant le refus de la demande d'interruption de grossesse par le personnel soignant, j'expliquerai dans la prochaine section que la force illocutoire de son énoncé dépassait le simple cadre de cette interaction verbale.

LOGIQUES D'EXCLUSION ET DE DOMINATION AU SEIN DE LA NATION IRLANDAISE

Comme il vient d'en être question, la demande d'interruption de grossesse verbalisée par le couple Halappanavar semble avoir été perçue, par la sage-femme, comme témoignant de lacunes liées à la société d'accueil, voire comme illustrant un déficit de moralité (puisque les valeurs catholiques irlandaises commandent le maintien de la vie). Dans cette section, j'articulerai l'intersection entre «race» et «nationalisme» présente dans l'énoncé «*This is a Catholic country*», tout d'abord en traitant de l'exercice du pouvoir lié aux naissances, puis de l'homogénéité raciale au sein de la nation. Mais avant, un bref détour au sujet de la construction de l'altérité permettra de bien cadrer l'analyse qui suit.

Comme l'évoque Yuval-Davis[67] en référant au travail de Zygmunt Bauman, la construction de la moralité ou plutôt des cadres culturels de la morale au sein d'un groupe ou d'une société est associée à l'intériorisation de certaines conventions ou règles (reflétant des valeurs, des croyances, etc.), fournissant alors le socle à partir duquel l'individu est dit habilité à porter des jugements moraux[68]. Or, celui qui ne partage pas les règles morales promues au sein d'une société donnée sera construit comme l'«Autre» (*Other*); sa différence sera perçue comme un déficit. Inversement, la personne qui détient les codes culturels, religieux ou juridiques d'une société est perçue comme compétente, ce qui lui octroie une place

---

66. La sage-femme a mentionné vouloir communiquer de l'information et expliquer la culture irlandaise. «*It was not said in the context to offend her* [Savita]. *I'm sorry how it came across. It does sound very bad now but at the time I didn't mean it that way* [...]. *It was the law of the land and there was* [sic] *two referendums where the Catholic church was pressing the buttons*». K. Holland et P. Cullen, «Midwife manager "regrets" using "Catholic country" remark to Savita Halappanavar», *The Irish Times*, 10 avril 2013.

67. *Gender and Nation*, p. 46-47.

68. Dans cette conception, la moralité n'est pas présociale, elle est conditionnelle à une forme de transmission.

supérieure dans l'échelle de la moralité. L'ambivalence générée par la position de l'Autre («eux» ou celui qui n'est pas moi) engage souvent un traitement distinctif par rapport au «nous» collectif. Ce traitement différentiel peut viser toutes sortes d'individus et de groupes sociaux (par exemple, les personnes immigrantes ou les personnes de confession non catholique), qui, présumera-t-on, ne partagent pas la «sagesse» collective ou les repères moraux nécessaires à la compréhension et au jugement d'une situation d'interaction. Bien qu'il y ait plusieurs manières d'être désigné par son altérité, sa différence, les femmes ont longtemps été ce signifiant ambivalent, exclues de la sphère sociale, voire déniées de toute capacité d'agir et de penser. Accusées de déranger l'ordre social, voire de corrompre les valeurs communes, ces «Autres», souvent minorisées ou inférieurisées, subissaient des pressions et des formes de contrôle particulier, parmi lesquelles la régulation des naissances.

Historiquement, les femmes ont été dépréciées dans leur habileté à exercer leur libre choix (jugement). Il n'est donc pas surprenant que le contrôle de la reproduction féminine en soit venu à jouer un rôle de premier plan afin de distinguer la moralité du peuple catholique irlandais, entre autres en comparaison aux protestants (dont les institutions ont opté pour une vision plus progressiste des droits reproductifs). Il est même possible d'avancer l'idée, comme le fait Lentin[69], que l'avortement est devenu un objet central de l'irlandicité (*Irishness*), délimitant une ligne de fracture entre le «nous» (inclus) et le «eux» (exclus) de l'identité nationale. Il faut remonter bien avant 1983 pour constater comment la sexualité des femmes et des adolescentes en Irlande était «policée, contrôlée et abusée», comme l'évoque Lentin[70]. Il n'y a qu'à penser à la détention de milliers de femmes ayant eu des enfants hors des liens «sacrés» du mariage dans des institutions religieuses, telles que les Foyers pour mères et enfants (Mother and Baby Homes), ou encore les Buanderies Madeleine (Magdalen Laundries). C'est ce que Lentin nomme «*Ireland's (bio)politics of birth*[71]», soit un système qui justifie que certains corps soient plus surveillés, et que certaines vies soient plus dépréciées que d'autres, à la fois en fonction de jugements moraux, mais aussi de lois oppressives. Dans le cas de Savita, bien qu'il soit possible que le corps médical ait considéré son statut professionnel (dentiste) comme lui permettant de porter un jugement éclairé en matière

---

69. «A woman died [...]», p. 132.
70. *Ibid.*, p. 131, traduction libre.
71. *Ibid.*

de risque à sa santé, Savita demeurait une patiente dans un système qui exerce un pouvoir de manière verticale. De plus, bien que la sage-femme n'ait pas explicitement fait état d'un biais raciste envers le couple Halappanavar, il est difficile de ne pas considérer la prise en compte de son statut différencié dans la situation d'interaction, plus particulièrement en tant que «migrante» de couleur, portant un *bindi* (marque sur le front associée à la tradition hindoue) et ayant possiblement un accent distinctif en langue anglaise. À plus forte raison, ces caractéristiques doivent être situées par rapport à un espace politique où plus de 91,7% de la population s'identifie comme «*White*» («*White Irish*», 82,2%, et «*Any other White background*», 9,2%[72]) et 78,3% comme catholiques[73], ce qui implique de penser aux logiques d'exclusion et de domination propres à l'imaginaire national irlandais[74].

Bien que la construction de l'État irlandais et de l'identité nationale se soit réalisée, jusqu'à présent, à partir d'une forte majorité blanche et catholique, il est essentiel de préciser que la population s'identifiant à «*Other, including mixed background*» a connu l'augmentation annuelle (11,6%) la plus importante des groupes ethniques entre 2011 et 2016[75]. Cela laisse donc présager des transformations migratoires importantes, tout comme des processus de naturalisation qui risquent de mettre à l'épreuve l'homogénéisation raciale de la société irlandaise. Ici, bien que la théorie de l'«État racial[76]» puisse s'appliquer en termes d'interpénétration entre le marqueur de la blanchitude et de nation, la «race» n'est pas le principe organisateur du projet de l'État irlandais. Comme il en a été question, c'est davantage la religion catholique qui est venue cimenter l'imaginaire national d'une société pieuse et, par le fait même, influencer la mise en place d'institutions et de politiques étatiques au XXᵉ siècle. Il n'est pas question ici d'entrer trop en profondeur dans la définition d'ethnicité et des marqueurs culturels, mais plutôt de soulever l'idée que l'ethnocentrisme peut produire des dynamiques d'inclusion/exclusion où, dans ce cas-ci, les sujets non blancs en viennent à subir des formes de domination parce qu'ils sont associés aux marges du corps politique de la nation.

---

72. CSO, *Census of Population* […], *(Ethnic)*.
73. À noter que ce pourcentage représente le niveau le plus bas depuis la compilation des données statistiques en 1961. CSO, *Census of Population* […], *(Religion)*.
74. B. Anderson, *L'imaginaire national*. […].
75. CSO, *Census of Population* […], *(Ethnic)*.
76. D. T. Goldberg, *The Racial State*.

À cet égard, l'énoncé «*This is a Catholic Country*» fonctionne comme un rappel que «ce que "nous" sommes» par rapport à «ce que "vous" êtes», assujettissant ainsi le couple Halappanavar à un espace de non-participation, tant en matière de citoyenneté que de soins. Cet acte illocutoire recèle donc un contenu implicite qu'il fallait faire remonter à la surface du langage ordinaire. D'ailleurs, eu égard au refus d'interruption de grossesse, ce dernier impliquait à la fois le déni du libre arbitre de Savita (et de l'ensemble des femmes et des adolescentes vivant en Irlande), mais illustrait aussi une exclusion et une impuissance associées à la «race» et au «nationalisme». Par rapport à cet enjeu, il est intéressant de noter qu'à la suite d'un référendum tenu en 2004, les votants irlandais ont décidé de révoquer aux enfants nés en Irlande, de parents n'ayant pas la citoyenneté irlandaise, le «*jus soli*» (c'est-à-dire le droit du sol attribuant la nationalité à une personne physique en raison de sa naissance sur un territoire donné). Ce droit de naissance (*birthright*) était en place depuis la fondation de l'État irlandais, en 1922. Ce type d'exemple permet d'avancer que ce repli identitaire, par rapport à la citoyenneté irlandaise, intervient afin d'assurer le maintien de l'homogénéité culturelle au fondement de la nation.

CONCLUSION

Au terme de cette étude prenant pour point d'appui le décès évitable de Savita Halappanavar, j'ai résumé les limitations des droits reproductifs en République d'Irlande et reconnu l'influence de Savita dans la campagne référendaire ayant mené à la libéralisation de l'interruption volontaire de grossesse[77]. En opérant un détour par la pragmatique du langage, j'ai exploré la question posée par la journaliste Kitty Holland, à savoir: dans quelle mesure le fait que Savita était une femme non irlandaise et non catholique a pu jouer dans sa recherche d'aide médicale en sol irlandais? J'ai établi que la «force illocutoire» de l'énoncé «*This is a Catholic country*» illustrait à la fois les violences de genre (étatique et religieuse) que vivaient

---

77. À la suite du changement législatif autorisé par le gain au référendum de 2018, plusieurs estiment que ces écarts entre les discours et les pratiques se réduiront. Néanmoins, il appert que certains obstacles persistants limitent l'accès à ce nouveau droit, par exemple, de très courts délais prévus par la loi afin de procéder à l'intervention, ou encore la clause sur l'objection de conscience de la part du personnel soignant, sans oublier l'accès aux services médicaux d'interruption volontaire de grossesse, qui est inégal entre les régions de l'Irlande. Voir à ce sujet National Women's Council, *Accessing Abortion in Ireland: Meeting the Needs of Every Woman*.

les femmes et les adolescentes depuis des décennies en Irlande, mais aussi qu'elle révélait l'existence de formes de discrimination fondées sur un imaginaire national à connotation ethnoraciale.

À première vue, il peut paraître surprenant que le décès d'une femme immigrante, de couleur et de confession hindoue en soit venu à marquer l'imaginaire des droits reproductifs d'une nation à forte majorité blanche et catholique. Comme je l'ai expliqué, l'affaire Savita relevait les contradictions juridique et politique des lois irlandaises entourant la santé reproductive des personnes enceintes, et ce, en illustrant l'incompatibilité entre la conception religieuse de la «protection de la vie» (supposant une supériorité morale en adjugeant un droit égal à la vie de mère et de l'enfant à naître) et ses effets délétères concrets (l'annihilation de la vie de Savita et de son fœtus). Il m'apparaît intéressant de relever que bien que ce soit de la grossesse et de ses complications (la fausse couche non traitée à temps) dont il est question, la représentation visuelle dominante de l'affaire Savita présente uniquement le visage souriant de cette dernière (rappelant la vitalité et la joie de vivre de cette femme) – repris sur des objets tels que des bougies, des murales, etc. –, contrastant avec l'«accident» corporel qui est arrivé.

Ce chapitre montre qu'en raison de la persistance de discriminations fondées sur le genre, la «race» et le statut de citoyenneté en matière de santé maternelle, il demeure essentiel de réfléchir à la manière dont les structures de domination affectent la qualité des soins hospitaliers. À ce titre, il a été révélé récemment que les taux de mortalité périnatale auprès des femmes issues des communautés africaines en Irlande étaient quatre fois supérieurs à ceux des femmes blanches (9,8 % en comparaison à 5,3 %)[78]. Quant aux enfants «mort-nés» (*stillbirth*), les taux pour les «*national African[s] and living in Ireland*» équivalaient presque au double de ceux des «*national Irish mothers*[79]». Ces chiffres récents, qui font tristement écho aux statistiques similaires en matière de soins maternels au Canada et aux États-Unis[80], permettent d'avancer que malgré les variations historiques entre ces systèmes de santé – certains fondés sur un principe d'accès

---

78. N. Michael, «Perinatal mortality within African […]».
79. *Ibid.*
80. Qu'il soit question du risque d'avoir un enfant prématuré ou encore des ratios de mortalité liés à la grossesse et à l'accouchement, les femmes noires ont parmi toutes les femmes la plus grande prévalence statistique de complications. À ce propos, lire les articles suivants : B. McKinnon *et al.*, «Comparison of black-white disparities […]» ; E. E. Petersen *et al.*, «Racial/ethnic disparities […]».

universel, d'autres sur un modèle plus ou moins privatisé –, la vie des femmes, des fœtus et des enfants de couleur (et plus particulièrement des personnes noires ou d'origine africaine) continue d'être compromise par l'existence d'attitudes racistes et de stéréotypes qui doivent être dénoncés, documentés et combattus.

Enfin, je mentionnerais qu'à mon avis, l'écho sociopolitique qu'a eu et continue d'avoir l'histoire de Savita comme catalyseur de la «cause» des droits reproductifs en Irlande a relativement bien cadré l'enjeu de l'influence religieuse (ethos catholique) sur le système de soins maternel et les lois cadres sexistes entourant la criminalisation de l'avortement. D'ailleurs, tout récemment, lors d'une manifestation à Dublin organisée par la campagne *#OurMaternityHospital* et *#MakeNMHOurs* (un mouvement qui promeut la séparation entre l'Église et l'État en matière de santé maternelle), des affiches ornées de la photo de Savita portaient cette inscription: «*Remember Savita* [...] *No Church over maternity hospital*». Toutefois, j'estime que la prise en compte de sa corporéité de femme racisée, non catholique et immigrante (rendue très visible en devenant l'emblème du mouvement pro-choix en Irlande) mériterait d'être davantage reconnue et politisée, à défaut de quoi il subsiste un risque de passer sous silence l'intersection de certaines discriminations, au premier titre de «race» et de statut de citoyenneté (ou du moins d'appartenance nationale), qui ont influencé – comme j'en ai fait la démonstration – le déni de traitement qui aurait pu sauver la vie de Savita.

* * *

Remerciements

Je tiens à remercier les militantes féministes de ROSA (Reproductive Rights, against Oppression, Sexism and Austerity) qui, depuis 2014, m'ont permis de me familiariser avec les enjeux reproductifs en République d'Irlande.

* * *

BIBLIOGRAPHIE

Anderson, Benedict, *L'imaginaire national. Réflexions sur l'origine et l'essor du nationalisme*, Paris, La Découverte, 2002 [1983].

Anglin, Caoimhe, *Everyday Stories*, 29 épisodes, 2018, consulté le 28 février 2023, https://soundcloud.com/everydaystories.

Aohda, Grainne Ni, «Doctor who led inquiry into Savita Halappanavar's death calls for Yes vote "for women's health and rights"», *The Journal*, 22 mai 2018, consulté le 22 mars 2021, https://www.thejournal.ie/doctors-savita-halappanavar-4027207-May2018.

Armengaud, Françoise, «Introduction», dans F. Armengaud (dir.), *La pragmatique*, Paris, Presses universitaires de France, p. 3-14, 2007, consulté le 22 mars 2021, https://www.cairn.info/la-pragmatique--9782130564003-page-3.htm#pa7.

Arulkumaran, Sabaratnam, *Investigation of Incident 50278 from time of patient's self referral to hospital on the 21st of October 2012 to the patient's death on the 28th of October, 2012*, Dublin, Health Service Executive, 2013, consulté le 18 mars 2021, https://www.lenus.ie/handle/10147/293964.

Austin, John Langshaw, *Quand dire, c'est faire*, Paris, Seuil, 1991.

Barr, Rebecca Anne, «Repealing the Eighth: Abortion referendum was won by narrative», *Irish Times*, 31 mai 2019, consulté le 8 décembre 2021, https://www.irishtimes.com/culture/books/repealing-the-eighth-abortion-referendum-was-won-by-narrative-1.3909909.

Central Statistics Office (CSO), *Census of Population 2016 – Profile 8: Irish Travellers, Ethnicity and Religion*, Ethnic or cultural background, 2016, consulté le 5 avril 2020, https://www.cso.ie/en/releasesandpublications/ep/p-cp8iter/p8iter/p8e.

Central Statistics Office (CSO), *Census of Population 2016 – Profile 8: Irish Travellers, Ethnicity and Religion*, Religion – Religious Change, 2016, consulté le 5 avril 2020, https://www.cso.ie/en/releasesandpublications/ep/p-cp8iter/p8iter/p8rrc.

Citizens Information, *Referendums, Government in Ireland*, consulté le 22 mars 2021, https://www.citizensinformation.ie/en/government_in_ireland/elections_and_referenda/referenda.

Earner-Byrne, Lindsey et Diane Urquhart, *The Irish Abortion Journey, 1920-2018*, Basingstoke, Palgrave Macmillan, 2019.

Enright, Lynn, «Legal abortion: Why are women still travelling to the UK every day?», *The Irish Times*, Dublin, 22 mai 2021, consulté le 27 juillet 2021, https://www.irishtimes.com/life-and-style/health-family/legal-abortion-why-are-women-still-travelling-to-the-uk-every-day-1.4569213.

Fanning, Bryan, «A Catholic vision of Ireland», dans T. Inglis (dir.), *Are the Irish Different?*, Manchester, Manchester University Press, 2014, p. 44-53.

Gardiner, Alan Henderson, *Langage et acte de langage: aux sources de la pragmatique*, Arras, Presses universitaires De Lille, 1989.

Gilmartin, Mary et Sinéad Kennedy, «A double movement: The politics of reproductive mobility in Ireland», dans C. Sethna et G. Davis (dir.), *Abortion Across Borders: Transnational Travel and Access to Abortion Services*, Baltimore, Johns Hopkins University Press, 2019, p. 123-143.

Goldberg, David Theo, *The Racial State*, Oxford, Blackwell Publishers, 2002.

Government of Ireland, *Bunreacht na hÉireann – Constitution of Ireland*, Dublin, Department of the Taoiseach (Prime Minister), 2020 [1937], consulté le 24 juillet 2021, https://www.irishstatutebook.ie/eli/cons/en/html.

Government of Ireland, *Eighth Amendment of the Constitution Act*, Office of the Attorney General, Dublin, 1983, consulté le 27 juillet 2021, http://www.irishstatutebook.ie/eli/1983/ca/8/enacted/en/print.

Government of Ireland, *Protection of Life During Pregnancy Act*, Office of the Attorney General, Dublin, 2013, consulté le 28 juillet 2021, http://www.irishstatutebook.ie/eli/2013/act/35/enacted/en/pdf.

Government of Ireland, *Regulation of Termination of Pregnancy Act*, Office of the Attorney General, Dublin, 2018, consulté le 27 juillet 2021, http://www.irishstatutebook.ie/eli/2018/act/31.

Guardian (The), «Protests over abortion rights in Ireland – in pictures», *The Guardian*, 17 novembre 2012, consulté le 28 juillet 2021, https://www.theguardian.com/world/gallery/2012/nov/17/protests-abortion-rights-ireland-pictures.

Health Information and Quality Authority, *Investigation into the Safety, Quality and Standards of Services Provided by the Health Service Executive to Patients, Including Pregnant Women, at Risk of Clinical Deterioration, Including those Provided in University Hospital Galway, and as Reflected in the Care and Treatment Provided to Savita Halappanavar Executive Summary and Recommendation*, Dublin, Health Information and Quality Authority (HIQA), Social Services Inspectorate (SSI), 2013, consulté le 18 mars 2021, https://www.lenus.ie/handle/10147/303139.

Holland, Kitty et Paul Cullen, «Woman denied a "termination" dies in the hospital», *The Irish Times*, 14 novembre 2012, consulté le 28 juillet 2012, https://www.irishtimes.com/news/woman-denied-a-termination-dies-in-hospital-1.551412.

Holland, Kitty et Paul Cullen, «Midwife manager "regrets" using "Catholic country" remark to Savita Halappanavar», *The Irish Times*, 10 avril 2013, consulté le 22 juillet 2021, https://www.irishtimes.com/news/health/midwife-manager-regrets-using-catholic-country-remark-to-savita-halappanavar-1.1355895.

Holland, Kitty, *Savita: The Tragedy that Shook a Nation*, Dublin, Transworld Ireland, 2013.

Holland, Kitty, «Flowers, notes and messages placed at mural of Savita in Dublin», *The Irish Times*, 27 mai 2018, consulté le 22 mars 2021, https://www.irishtimes.com/news/social-affairs/flowers-notes-and-messages-placed-at-mural-of-savita-in-dublin-1.3509950.

Holland, Kitty, «How the death of Savita Halappanavar revolutionised Ireland», *The Irish Times*, 28 mai 2018, consulté le 22 mars 2021, https://www.irishtimes.com/news/social-affairs/how-the-death-of-savita-halappanavar-revolutionised-ireland-1.3510387.

Inglis, Tom, «Origins and legacies of Irish prudery: Sexuality and social control in modern Ireland», *Éire-Ireland*, vol. 40, n° 3, 2005, p. 9-37.

Inglis, Tom, «Catholic identity in contemporary Ireland: Belief and belonging to tradition», *Journal of Contemporary Religion*, vol. 22, n° 2, 2007, p. 205-220.

Kelly, Fiach, « Poll to introduce Eighth Amendment in 1983 had 53.7 % turnout », *The Irish Times*, 25 mai 2018, consulté le 22 mars 2021, https://www.irishtimes.com/news/ireland/irish-news/poll-to-introduce-eighth-amendment-in-1983-had-53-7-turnout-1.3508753.

Lentin, Ronit, « A woman died : Abortion and the politics of birth in Ireland », *Feminist Review*, vol. 105, n° 1, 2013, p. 130-136.

Lentin, Ronit, « After Savita : Migrant m / others and the politics of birth in Ireland », dans A. Quilty, S. Kennedy et C. Colon (dir.), *The Abortion Papers Ireland : Volume 2*, 2015, Cork, Cork University Press, p. 179-188.

Mahon, Evelyn, « Abortion debate in Ireland : An ongoing issue », dans D. McBride Stetson (dir.), *Abortion Politics, Women's Movements, and the Democratic State : A Comparative Study of State Feminism*, Oxford, Oxford University Press, 2001, p. 157-179.

McDonnell, Ciara, « In her shoes : How a Facebook page became the voice of the Repeal the Eighth movement », *Irish Examiner*, 8 octobre 2020, consulté le 8 décembre 2021, https://www.irishexaminer.com/lifestyle/healthandwellbeing/arid-40060805.html.

McKinnon, Britt *et al.*, « Comparison of black-white disparities in preterm birth between Canada and the United States », *Canadian Medical Association Journal*, vol. 188, n° 1, 2016, p. 19-26.

Meunier, Jean-Guy, « La logique illocutoire : ses fondements selon Searle et Vanderveken », *Philosophiques*, vol. 13, n° 2, 1986, Cambridge, Cambridge University Press, p. 383-402.

Michael, Neil, « Perinatal mortality within African community in Ireland needs "urgent" investigation », *Irish Examiner*, 8 mai 2021, consulté le 22 juillet 2021, https://www.irishexaminer.com/news/arid-40283846.html.

Murray, Claire, « The Protection of Life During Pregnancy Act 2013 : Suicide, dignity and the Irish discourse on abortion », *Social & Legal Studies*, vol. 25, n° 6, 2016, p. 667-698.

National Women's Council (NWC), *Accessing Abortion in Ireland : Meeting the Needs of Every Woman*, Dublin, NWC, 2021.

O'Carroll, Sinead, « Savita inquest : Jury returns verdict of medical misadventure », *The Journal*, 19 avril 2013, consulté le 22 mars 2021, https://www.thejournal.ie/savita-inquest-jury-returns-verdict-of-medical-misadventure-876458-Apr2013.

Orr, Judith, *Abortion Wars : The Fight for Reproductive Rights*, Bristol, Policy Press, 2017, p. 19-40.

Patil-Rajgolkar, Swati, « Savita Halappanavar's parents hail Irish abortion vote », *BBC News*, 28 mai 2018, consulté le 22 mars 2021, https://www.bbc.com/news/world-europe-44274313.

Petersen, Emily E. *et al.*, « Racial/ethnic disparities in pregnancy-related deaths – United States, 2007-2016 », *Morbidity and Mortality Weekly Report*, Centers for Disease Control and Prevention, vol. 68, n° 35, 2019, p. 762-765, consulté le 8 décembre 2021, https://www.cdc.gov/mmwr/volumes/68/wr/mm6835a3.htm#suggestedcitation.

Ralph, David, *Abortion and Ireland : How the 8th was Overthrown*, Cham, Palgrave Macmillan, 2020.

Ram, Vidya, « Who is Savita Halappanavar, who became the face of a movement? », *The Hindu*, 2 juin 2018, consulté le 22 mars 2021, https://www.thehindu.com/news/international/who-is-savita-halappanavar-who-became-the-face-of-a-movement/article24068827.ece.

Referendum Commission (The), *25th May 2018: The Independent Guide to the Referendum on the Regulation of Termination of Pregnancy*, 2018, consulté le 22 mars 2021, https://www.refcom.ie/previous-referendums/referendum-on-termination-of-pregnancy/36th-Refcom-Guide-2018-English.pdf.

Referendum Commission (The), *Report on the Referendum on the Regulation of Termination of Pregnancy*, 2018, consulté le 22 mars 2021, https://www.refcom.ie/previous-referendums/referendum-on-termination-of-pregnancy/36th-RefCom-Report.pdf.

Rousseau, Audrey, *Expériences de remémoration face à l'horizon de promesses : parcours de reconnaissance des buanderies Madeleine en Irlande (1993-2014)*, thèse de doctorat en sociologie, Université d'Ottawa, Ottawa, 2017.

Russell, Cliodhna, « Praveen Halappanavar settles medical negligence case over death of his wife Savita », *The Journal*, 10 mars 2016, consulté le 28 juillet 2021, https://www.thejournal.ie/savita-halappanavar-case-settled-court-2652150-Mar2016.

Searle, John et Daniel Vanderveken, *Foundations of Illocutionary Logic*, Cambridge, Cambridge University Press, 1985.

Specia, Megan, « How Savita Halappanavar's death spurred Ireland's abortion rights campaign », *The New York Times*, 27 mai 2018, consulté le 22 mars 2021, https://www.nytimes.com/2018/05/27/world/europe/savita-halappanavar-ireland-abortion.html.

Yuval-Davis, Nira, *Gender and Nation*, Londres, Sage Publications, 1997.

CHAPITRE 3

Les *hijras* : une identité genrée indissociable des rituels qui la façonnent[1]

Mathieu Boisvert

L e 15 avril 2014, la Cour suprême de l'Inde reconnaît officiellement l'existence d'un « troisième genre », classification qui inclut, entre autres, la catégorie des *hijras*. Le jugement rendu par la Cour suprême s'ouvre sur une préface de cinquante pages relatant l'histoire de ces communautés en marge de la société indienne et met en exergue la réelle diversité des identités collectives étiquetées sous le nom « troisième genre ». En effet, selon le jugement, les termes « transgenre » et « troisième genre » sont de larges concepts qui incluent un vaste éventail d'identités, toutes définies selon l'identité de genre plutôt que selon l'orientation sexuelle : les *hijras* représentent l'une de ces catégories.

En effet, les *hijras* forment une communauté complexe et distincte, qui ne peut être comprise par le seul concept de « transgenre ». L'identité *hijra* ne se limite pas à la question du genre ou à celle de l'orientation sexuelle, mais implique plutôt une pluralité de marqueurs identitaires décisifs et, comme je l'expliquerai, un riche assemblage de ritualités qui participent toutes à la construction, à l'élaboration et au façonnement de cette identité particulière. Dans ce chapitre, nous verrons de quelle manière ces rites permettent aux *hijras* de reconstruire une sorte de lien de parenté avec les autres membres de leur communauté, en plus de leur

---

1. Ce chapitre est la traduction d'un texte légèrement modifié et déjà publié sous le titre « Cultivating a female body : Appropriation of female rituality (*samskāra*) within the hijra community », dans Diana Dimitrova (dir.), *Rethinking the Body in South Asian Traditions*, Londres, Routledge, 2020.

donner accès à des «étapes de vie» analogues à celles traditionnellement réservées aux femmes en Inde. Ainsi, de la même façon que la femme indienne nouvellement mariée délaisse le noyau familial pour intégrer la famille de son époux, la *hijra* incorpore la famille de sa *guru*, famille qui s'étendra éventuellement, avec les années, à la communauté *hijra* élargie.

Les *hijras* constituent un groupe marginalisé dont la structure est similaire à celle des communautés ascétiques du sud de l'Asie, avec un fort accent mis sur la relation gourou/disciple (*guru/śiṣya*) et à la prépondérance de la lignée (*paramparā*). Bien souvent, en Asie du Sud, lorsque l'identité de genre d'un jeune garçon ne correspond pas aux normes sociales binaires et aux idéaux culturellement construits de la masculinité/virilité, celui-ci sera généralement discriminé par son entourage et rejeté par ses pairs à l'école, en plus de se voir séparé de sa famille biologique. Dans plusieurs cas, l'adhésion à une communauté *hijra* se révèle être la seule avenue possible pour ces individus ostracisés, et ce, même si bien souvent le néophyte n'a aucune idée a priori du mode de vie qui l'attend. Après son entrée dans le groupe et à l'issue d'une série de rituels, la recrue se verra éventuellement attitrée le nouveau statut de *hijra*, statut ambigu parce que «ni homme ni femme[2]» et à travers lequel le corps est perçu à la fois comme l'outil d'une marginalisation volontaire, tout en étant paradoxalement un lieu d'acceptation et de normalisation de la condition de «troisième sexe».

La communauté *hijra* de Mumbai est divisée en sept *gharāṇā*[3], chacune conduite par une *hijra* «doyenne», ou *nāyak*. Ces sept *nāyak* vivent à Mumbai dans la même maison, dans le quartier de Byculla, près de la gare de Chhatrapati Shivaji. Chaque *hijra* est associée à une *guru* et vit avec elle ainsi que ses «consœurs» (qui partagent la même *guru*) durant au moins sa première année au sein du groupe. Ensemble, elles forment un ménage qui reproduit les aspects d'une relation de parenté au sens le plus traditionnel, genré et hétéronormatif qui soit: en effet, les

---

2. S. Nanda, *Neither Man nor Woman* [...].

3. Le terme «*gharāṇā*» est aussi utilisé dans la tradition musicale hindoustanie pour désigner les différentes écoles ou «maisons» d'interprétation, à l'instar des ascètes hindous (*sādhu*) qui possèdent diverses *akhāḍā* pour distinguer les différentes lignées. Les sept *gharāṇā* de Mumbai se nomment *Bhenḍibāzār* (qui est le nom d'un quartier du sud de la ville), *Blokvālā, Laṣkarvālā* (les «pieux»), *Cakrīvālā, Lālanvālā, Pūnāvālā* (aussi appelée *Hājībrāhim*) et *Doṅgrivālā*.

hijras imitent les structures familiales *māyayā* et *sasurāl*[4], tel que nous le verrons en détail. Elles ont de plus deux fonctions principales dans la société, fonctions pour lesquelles elles sont rémunérées : celle de travailleuses du sexe, ainsi que celle de performeuses de la cérémonie du *badhāī*, qui consiste à conférer des bénédictions aux célébrations de mariage et de naissance. L'identification au genre ainsi que l'orientation sexuelle ne sont donc en aucun cas les seuls critères pour être considérée comme une *hijra*, qui nécessite en vérité le franchissement d'une série de rites qui ont pour but de leur faire incarner leur féminité et de prendre pouvoir de leur statut et qui, pourtant, contribue à leur marginalisation. C'est ce que j'expliquerai dans ce chapitre.

Cette recherche comporte des observations de terrain faites à Mumbai et à Pune, qui s'étalent sur cinq périodes différentes (allant de trois semaines à deux mois chacune) réalisées entre 2013 et 2016. En tout, vingt-cinq répondantes provenant de différentes *gharāṇā* de Pune et de Mumbai furent interviewées. Chaque entretien fut conduit dans la résidence de la participante et dura entre cinq et six heures divisées en deux sessions, la première de ces deux sessions étant généralement orientée vers le récit de vie de l'individu, la seconde étant plutôt sous la forme d'une entrevue semidirigée. Ces entretiens formels ont tous été précédés et suivis de discussions informelles, d'un thé ou d'un repas communautaire en compagnie des membres de la famille symbolique et des amies *hijras*, permettant une compréhension plus large du contexte de vie de la participante. J'ai de plus procédé, durant ces quatre années, à des observations de terrain à chacun des sites de pèlerinage (Becharaji, Saundati, Koovagam, Ajmer Shariff et Hajji Malank) qui sont importants pour les communautés *hijras*.

Cette analyse se limitera à l'examen de trois rituels au cœur de l'identité *hijra*, en l'occurrence : le *rīt* (rite d'intégration à la communauté *hijra*); le *nirvāṇ* (rite de castration); le *dūdhpilānā* (cérémonie de l'allaitement). Aussi simpliste que cela puisse paraître a priori, je propose d'analyser les trois premiers rituels en tant que « rites de passage » : aussi cette étude nous permettra-t-elle de révéler non seulement la signification symbolique dissimulée sous ces ritualités, mais, plus crucial encore, la

---

4. La structure familiale *māyakā* désigne le lien de parenté qui lie une femme à sa famille biologique, alors que par opposition, la structure *sasurāl* réfère au lien filial qui s'établit entre une femme et la famille de son mari (sa belle-famille). Ce dernier terme renvoie, dans la communauté *hijra*, à la relation qu'une *hijra* entretient avec la « famille » de sa *guru*. Le terme *māyakā*, quant à lui, désigne pour les *hijras* une relation de parenté parallèle qui recrée symboliquement son lien avec sa famille biologique.

manière dont ces rites, par leur performativité, en viennent à «modeler» le corps même des *hijras*. C'est donc dire qu'en plus d'être générateurs de sens, de structure et de cohésion au sein de la collectivité, ces rituels agissent comme «moule» ou comme «matrice» par rapport au corps des *hijras* – le corps individuel comme le corps social.

Dans la sphère universitaire, les recherches sur les rites de passage hindous – les rituels de naissance, de dénomination, d'initiation, du mariage et de fin de vie – se sont généralement limitées aux rituels accomplis par et pour les hommes. Notons toutefois que les femmes indiennes possèdent elles aussi un éventail complexe de rituels qui leur sont propres et qui servent à façonner leur identité sociale ; pensons notamment aux rites de passage liés aux premières menstruations, au mariage, à la conception et à l'accouchement[5]. Ces rites surviennent lors d'une période charnière et ont pour fonction première de préparer le corps de celui / celle qui le performe à la transformation qui vient, dans le but de faciliter sa transition vers un nouvel état, par exemple, celui de «femme pubère», d'épouse ou de mère. Notre postulat est le suivant : les trois rituels de passage ici retenus et accomplis par les membres de la communauté *hijra* trouvent leur fondement dans une ritualité féminine traditionnelle, et leur but premier est de transformer le corps des *hijras* pour le rapprocher de celui d'une femme. Examinons alors ces trois principaux rituels qui marquent la vie d'une *hijra*, à savoir : le *rīt*, le *nirvāṇa* et le *dūdhpilānā*.

LE *RĪT*

La totalité de nos participantes décrit le déroulement de leur rituel d'initiation (*rīt*) à la communauté plus ou moins de la même façon. Par exemple, toutes les répondantes de Mumbai, excepté une, ont célébré leur *rīt* dans ce que l'on pourrait nommer le «quartier général» des *hijras*, à savoir la maison de trois étages située à Byculla dans laquelle résident les *nāyak* (les «doyennes») des sept *gharāṇā*. Les sept *nāyak* sont présentes pour la cérémonie et plusieurs *rīt* ont lieu, l'un après l'autre, au cours de la journée. À Pune, puisqu'il n'y a qu'une seule *gharāṇā*, le *rīt* peut être effectué dans la maison personnelle de la *nāyak*, ou encore dans celle de la *guru* de la recrue ; le cas échéant, c'est la *nāyak* qui se déplacera à la demeure

---

5. Voir à ce sujet Duvvury, *Play and Symbolism* [...] ; Poonacha, «Rites de passage of matrescence [...]» ; et Gutschow *et al.*, *Growing up* [...].

de la *guru* pour mener la célébration. Comme pour les cérémonies de mariage, certaines périodes de l'année sont considérées comme plus propices et favorables pour la tenue de ces événements, mais il n'est toutefois pas exclu que ceux-ci aient lieu à un autre moment. Ainsi, les jours suivant la fin du *Mouharram*[6] sont considérés comme particulièrement fastes pour le *rīt*; plusieurs rituels ont donc cours durant cette période.

Lors du rituel, la présence des *nāyak* ainsi que celle de personnalités éminentes dans la hiérarchie des *hijras* exige la tenue d'un protocole de conduite particulier, aussi la néophyte doit-elle faire preuve d'un grand respect et d'une grande déférence à l'égard de ses supérieures. Ainsi, pour amorcer le rite, la recrue, habillée en femme, devra paraître modeste et timide alors qu'elle se présente devant les sept *nāyak*, sa *guru* et un groupe de *hijras* (dont le nombre peut varier entre dix et deux cents individus). Ses cheveux doivent être peignés et attachés par en arrière[7] et ses bracelets de cheville, si elle en porte, doivent être discrets. Les franges de son sari, appelées «*pallū*», ne doivent en aucun cas et d'aucune façon entrer en contact avec les *nāyak*. En effet, le *pallū*, utilisé pour les bénédictions, représente la partie la plus sacrée de l'habit d'une *hijra*. L'interdit de contact entre celui-ci et la *nāyak* a pour fonction de réaffirmer la supériorité de cette dernière, puisque cela signifie que même la partie la plus sacrée d'une *hijra* ne peut égaler la pureté de la *nāyak*. Cette règle vient donc renforcer la structure hiérarchique qui organise la communauté *hijra*. Une fois la néophyte assise près de sa *guru*, devant les sept *nāyak*, l'une de celles-ci lui demande «sous quel nom» elle veut devenir une *hijra*, autrement dit quelle *guru* elle a choisie. Une fois la *guru* nommée, la *nāyak* dépose une pièce de cinq roupies au fond d'un verre d'eau en répétant le nom de la *guru*, après quoi la recrue doit boire le verre d'eau, scellant ainsi le nouveau lien de *guru*/disciple qui les unit désormais.

Nous pouvons d'ores et déjà remarquer que le *rīt* comporte les éléments de base d'un rite de passage typique. Premièrement, la néophyte

---

6. *Mouharram* est une fête calendaire musulmane importante. Les *hijras* proviennent de différentes allégeances religieuses et leur appartenance à la communauté *hijra* se forge plutôt autour de leur marginalisation individuelle et collective. Sont ainsi intégrées au sein de la communauté des pratiques et des célébrations religieuses appartenant à différentes traditions. À ce sujet, voir Boisvert, *Les Hijra* [...].

7. Dans les traditions sud-asiatiques, avoir les cheveux détachés peut être considéré comme un signe d'insubordination envers l'autorité masculine. Ainsi, lorsqu'elles entrent en transe, les femmes vont souvent détacher leurs cheveux. À ce sujet, consulter Obeyesekere, *Medusa's Hair*. [...].

connaît un *changement d'état* – passant du statut d'homme à celui de *hijra* –, mais de plus cette transition est reflétée d'une part par le changement d'habillement, puis, d'autre part, par l'acquisition d'un nouveau nom. En effet, l'arrivée d'un prosélyte dans une communauté ascétique ou monastique (que celle-ci soit hindoue, chrétienne, bouddhiste ou autre) est souvent caractérisée par les mêmes étapes, à savoir l'acquisition d'un nouveau nom ainsi que d'un nouvel aspect physique (nouveaux vêtements ou modifications corporelles), suivi du jumelage à un mentor ou à un professeur, après quoi un style de vie radicalement différent est adopté. Notre nouvelle recrue hijra reçoit quelques petits cadeaux, mais surtout une robe ou un nouveau sari, ou encore un *salwār kamīz* offert par sa *guru*, ou la *guru* de sa *guru* ; elle devra par la suite revêtir des vêtements féminins et un nouveau nom, féminin également, viendra confirmer ce nouveau statut.

Durant la cérémonie du *rīt*, l'atmosphère est formelle et plusieurs de nos répondantes nous ont avoué s'être senties très inconfortables et intimidées. Il est important de noter que pour celles qui reçoivent le *rīt* pour la première fois (nous y reviendrons plus bas), cet événement marque leur premier contact avec les *nāyak*, qui représentent officiellement la communauté *hijra* tout entière, ainsi que leur première rencontre avec nombre de *hijras*. Avant le rituel, la nouvelle recrue n'est pas considérée comme une *hijra* et connaît donc très peu de choses sur la communauté. Le *rīt* officialise son adhésion au groupe ; à partir de ce moment, elle voit se déployer devant elle un nouveau monde, un univers de sens qui lui était auparavant inconnu. Selon les termes d'Eta[8] : « avant de connaître le *rīt*, je n'avais aucune idée de ce que "devenir *hijra*", "devenir *celā*" et devenir un membre des *Lalanvālā* signifiait ».

Aucun document écrit n'a jamais été employé pour officialiser le *rīt*, pas plus que pour authentifier la relation entre *guru* et *celā*, ou encore l'adhésion d'un membre à une *gharāṇā* en particulier. Ce qui est stipulé par les anciens (les *nāyak*) devant la communauté tout entière tient lieu de loi. Rini nous explique qu'au sein de la société hétérosexuelle, le patriarche doit rédiger un testament en bonne et due forme du fait que sa parole n'est plus nécessairement considérée comme « valide » après sa mort. Elle continue cette analogie en nous disant que, à l'inverse, le lien qui unit une

---

8. Des pseudonymes ont été attribués à toutes nos participantes afin de préserver leur anonymat.

mère à sa fille n'a jamais besoin d'être posé à l'écrit ou certifié légalement : il *existe* simplement. Selon Rini, la relation entre la *guru* et sa *celā* suivant la cérémonie du *rīt* s'inscrit plutôt dans ce deuxième ordre d'idées.

Certaines de nos répondantes étaient déjà *hijras* avant leur arrivée à Mumbai. Elles avaient donc déjà fait l'expérience du *rīt* au sein de leur village natal, pour la plupart situé à l'extérieur de Maharashtra. Une fois arrivées dans la métropole et contraintes de joindre une nouvelle communauté (et de s'affilier à l'une des sept *gharāṇā* de Mumbai – qui ne sont pas nécessairement les mêmes que l'on retrouve ailleurs dans le pays)[9], elles durent refaire le *rīt* et choisir une nouvelle *guru*, de manière à assurer la descendance de la lignée (*paramparā*) qui compose la structure de la communauté *hijra* de Mumbai. Ravina explique dans son témoignage que le *rīt* de Mumbai est très différent de celui qu'elle a connu à l'âge de 15 ans dans son village natal d'Andhra Pradesh. Ce rituel, elle le nomme le «*gunturvār parivār*», ou «le rite de la famille Guntur», le nom du village étant Guntur. Nous n'avons pas eu l'occasion, néanmoins, de discuter plus en profondeur avec Ravina quant aux différences entre ces deux versions du *rīt*.

Comme je l'ai mentionné plus haut, la cérémonie du *rīt* représente le premier contact rituel qu'une *hijra* établit avec sa nouvelle communauté, en plus d'être l'événement qui officialise la relation avec sa *guru*. Curieusement, toutes les participantes à notre étude établissent une corrélation directe et explicite entre le lien qui unit la disciple *hijra* à sa *guru* et celui qui existe entre mari et femme, bien que les relations sexuelles entre *guru* et *celā* soient très strictement interdites. Plusieurs des répondantes affirment sans détour: «notre *guru* est comme notre mari», aussi comprendra-t-on que durant le *rīt*, la nouvelle *hijra* reçoit en cadeau non seulement le *maṅgalsūtra* (collier traditionnel que les femmes hindoues reçoivent le jour de leur mariage), mais aussi des bracelets, qu'elle portera jusqu'à la mort de sa *guru*. Conséquemment, le rite d'initiation place l'acteur principal (la nouvelle recrue) dans la position de *femme*, mais qui plus est, dans la position d'une femme que l'on marie. Dorénavant, la *celā* devra servir, obéir et être dévouée à son mari symbolique personnifié par sa *guru*.

---

9. Par exemple, Gayatri Reddy mentionne que seules deux *gharāṇā* sont présentes à Hyderabad : celles de Lashkaravala et Sheharwala. Reddy cite aussi Nanda qui, lui, expose une liste différente: «Lallanwala, Bhendi Bazar/Bullakwala, Dhongriwala, Mandriwala et Chatlawala». Voir G. Reddy, *With Respect to Sex* […], p. 9, note 14.

Le mariage est perçu dans la tradition indienne comme un idéal pour toute femme, puisqu'il est le plus important des rites de passage qu'une femme connaît au cours de son existence (avec les rites funèbres). En effet, puisque l'Inde, dans toute sa diversité culturelle, est néanmoins principalement composée de cultures patrilinéaires, les femmes indiennes – nous l'avons dit plus haut – quittent généralement leur famille biologique (*māyakā*) pour intégrer formellement celle de leur mari (*sasurāl*) et créent ainsi une toute nouvelle structure de parenté. Lorsqu'une nouvelle *hijra* est admise dans la communauté, plusieurs problèmes sont donc susceptibles de survenir avec sa famille biologique (*māyakā*). En effet, puisque l'adhésion à la communauté *hijra* signifie le rejet du mariage et de la procréation, plusieurs parents réprouvent ce choix : aussi, plusieurs de nos répondantes nous ont confié avoir été obligées de couper complètement les liens avec leur famille *māyakā*. Cependant, alors que la nouvelle *hijra* délaisse (ou se fait délaisser par) ses proches, il s'effectue paradoxalement la création d'une nouvelle structure familiale – à savoir la famille *sasurāl* – à travers la cérémonie du *rīt*. La relation « matrimoniale » qui lie la *guru* à sa disciple génère un réseau complexe de liens familiaux symboliques analogues à ceux que développe la nouvelle mariée dans sa belle-famille : par exemple, on considérera les autres disciples de sa propre *guru* comme ses « belles-sœurs » et la *guru* de sa *guru* comme sa belle-mère / beau-père, etc., jusqu'à créer un arbre généalogique complet. Cet ensemble composite de liens *sasurāl* montre bien de quelle manière la relation entre *guru* et *celā* officialisée durant le *rīt* est fondamentale et structurante dans l'identité *hijra* grâce à la reproduction d'une filiation symbolique.

Ce réseau de liens filiaux symboliques est entériné par l'expérience du *rīt*, exactement à la manière dont la cérémonie du mariage présente l'épouse à sa nouvelle parenté *sasurāl* dans la plupart des ménages traditionnels indiens.

> Ma *guru* est comme mon mari, explique Bhakti. Les autres *celā* de ma *guru* deviennent alors mes *gurubāī* [mes « sœurs », ou plus précisément mes « belles-sœurs »] et leurs propres disciples sont mes nièces ; la *guru* de ma *guru*, ma *nānīguru* [ma « grand-mère *guru* »] ; les *gurubāī* de ma *guru*, mes *khālāguru* [mes tantes] ; et ainsi de suite.

La hiérarchie présupposée par cette structure familiale précise et complexe détermine les rapports particuliers qu'entretiennent deux membres d'une même allégeance *sasurāl*. Ainsi, alors que chaque *celā* démontre respect et obéissance envers la *guru*, entre elles, telles des sœurs, elles entretiennent un lien beaucoup plus familier et désinvolte. Comme Lila le mentionne, les *gurubāī* s'agacent souvent entre elles en se désignant par des noms vulgaires, tels que «*raṇḍī*» (putain), «*chināl*» (débauchée) ou «*bhosḍī*» (enculée), tout en pinçant la joue de son interlocutrice affectueusement, ou en lui prenant la main : «Je peux utiliser un tel langage à la blague avec mes *gurubāī*, explique Lila, mais jamais devant ma *guru*».

La relation d'une *hijra* avec sa *guru* est complexe et constituée de multiples aspects différents. Le fait de vivre ensemble au quotidien et de partager les obligations financières et professionnelles, mêlé à la structure hiérarchique qui sépare nettement la position de *guru* de celle de *celā*, sont des éléments qui forment un contexte propice aux abus de pouvoir. S'il arrive que des tensions internes atteignent un point de non-retour, il est possible pour la disciple de changer de *guru* et d'ainsi briser le lien qui les unissait par l'acte de *palṭī*[10]. Comme l'explique Indali : «Si quelqu'un est confronté à un problème constant et insurmontable à la maison, il est possible de changer de *guru*. Si le conflit est constant et que je n'arrive pas à m'entendre avec ma *guru* [et ce genre de situations inhumaines sont possibles dans toutes les sociétés] ou si la relation avec mes "sœurs" (*gurubāī*) est malsaine, c'est possible». Lorsque nous avons demandé à Zakiya les raisons qui avaient motivé son *palṭī*, elle a refusé de nous répondre, disant qu'elle pourrait subir de sérieuses conséquences si elle nous les divulguait. Le *palṭī* semble toutefois être une pratique assez commune : dix de nos participantes ont affirmé en avoir fait l'expérience au moins une fois. Bien que ce ne soit jamais dit ouvertement, il semblerait que lorsqu'une *hijra* décide de changer de *guru*, cette nouvelle *guru* doit appartenir à une *gharāṇā* différente. Cela signifie donc que le *palṭī* implique non seulement de changer de *guru*, mais aussi de changer de *gharāṇā*. Le processus du *palṭī* est assez simple : la *hijra* concernée doit se présenter devant les *nāyak* de Byculla et leur demander de recevoir un nouveau *rīt*. Celles-ci lui demandent alors les raisons motivant sa requête, puis lui accordent la permission. La *hijra* doit cependant payer des frais (*dāvā*) de 150 roupies, et ce, s'il s'agit de la première fois qu'elle fait cette demande, après quoi les frais doublent chaque fois. Ainsi, pour un deuxième *rīt*, le prix augmente à 300 roupies, puis à 600 roupies pour un troisième et 1200 roupies pour un quatrième. Zakiya affirme par exemple avoir changé de *guru* à trois reprises. Il est important de rappeler ici que

---

10. Le terme «*palṭī*» signifie littéralement «inverser» ou «retourner». Toutefois, dans ce contexte, il est compris comme «revenir sur sa parole», en regard à l'engagement initial de la *hijra* par rapport à la *guru*.

chaque fois qu'elle exerce un *palṭī*, la *hijra* adopte la famille *sasurāl* de sa nouvelle *guru*.

Les *hijras* s'identifient pour la plupart au genre féminin. Elles se *sentent* femmes, et bien qu'il ne soit pas du tout mon intention de remettre en question la présence de ce sentiment avant leur intégration à la communauté, je désire simplement mettre en exergue le fait que le *rīt* vient réaffirmer en outre leur construction identitaire en tant que femmes sud-asiatiques, du fait, premièrement, de leur « mariage » symbolique à leur *guru*, mais aussi de leur accès à une structure familiale *sasurāl* à l'image des autres femmes sud-asiatiques. En tant que *samskāra*, le *rīt* participe à la formation identitaire des *hijras*, car il les définit socialement en utilisant les mêmes marqueurs identitaires féminins que ceux qui prévalent dans l'ensemble de la société indienne.

LA CÉRÉMONIE DU *DŪDHPILĀNĀ*

Lorsqu'une personne devient une *hijra*, elle quitte habituellement sa famille biologique (*māyakā*) pour se joindre au ménage de sa nouvelle famille, celle de sa *guru*, entendue comme la famille de son nouveau « mari » (*sasurāl*). Généralement, les liens avec la famille biologique sont définitivement coupés. Sinon, ils seront à tout le moins considérablement endommagés. Toutefois, la structure sociale *hijra* permet non seulement la reconstruction d'une famille symbolique *sasurāl*, comme nous l'avons vu précédemment, mais également d'une lignée « légitime » *māyakā*. Cela est rendu possible par la « cérémonie de l'allaitement » (*dūdhpilānā*[11]). Tout comme le *rīt* officialise la relation entre *celā* et *guru* et permet la recréation d'une lignée *sasurāl*, la *dūdhpilānā* met en place une relation nouvelle entre deux membres de la communauté, un lien de filiation entre mère et fille, mère de lait (*dūdhmātā*) et fille de lait (*dūdhbeṭī*). De cette relation naît un nouvel assemblage de liens symboliques entre *māyakā* et *sasurāl*.

Ayant atteint un âge respectable, une *dūdhmātā* a généralement plusieurs *celā* sous son aile. À la façon d'épouses, celles-ci entretiennent avec leur *guru* une relation *sasurāl*. Le lien se développant entre *dūdhmātā* et *dūdhbeṭī* diffère radicalement : il est analogue à celui existant entre une mère et sa fille. Quand cette relation prend forme lors de la cérémonie du *dūdhpilānā*, les *celā* (*sasurāl*) de la *dūdhmātā* deviennent automatiquement

---

11. « *Pilānā* » représente la forme causale du verbe « *pīnā* » (boire).

les *dūdhbehen* (sœurs de lait, donc *māyakā*) de la *dūdhbeṭī* de leur *guru*. Comme le mentionne Kanti, «lorsque nous adoptons une *dūdhmātā*, nous adoptons par le fait même un ensemble de nouvelles relations: nous avons maintenant des sœurs (*celā* de la *dūdhmātā*), tantes *māyakā* et grand-mères (respectivement, la *gurubāī* et la *nānīguru* de la *dūdhmātā*)». Dix-neuf de nos vingt-six participantes cultivent ainsi des relations *māyakā* de cette nature.

Bien que le réseau symbolique *sasurāl* soit mis en place dès l'intégration de la nouvelle *hijra* dans la communauté, son réseau *māyakā*, lui, ne se crée en général que plusieurs années plus tard. La nouvelle *hijra* a besoin de temps pour développer les liens émotionnels significatifs nécessaires à l'officialisation d'une telle relation. Dans la majorité des cas, nos participantes n'ont pas choisi leur *guru*; il s'agit à l'ordinaire d'une des premières *hijras* rencontrées par la nouvelle venue. Il en va autrement de la relation *dūdhmātā* / *dūdhbeṭī*: les deux parties choisissent délibérément d'établir ce lien. Gitali explique pourquoi elle n'a pas de *dūdhmātā*: «Pour que quelqu'un devienne votre *dūdhmātā*, vous devez trouver une personne qui vous considère comme sa fille et vous convainc de sa capacité à vous aimer comme le ferait une mère. Je n'ai personnellement jamais rencontré quelqu'un que je peux appeler "mère"».

Chadna nous explique brièvement le rituel: «Durant la *dūdhpilānā*, ma fille et moi boirons le lait provenant du même verre. Le même lait aura touché nos lèvres; comme un engagement rituel, devant Dieu et la communauté. Tout cela est *māyakā*. Ma *dūdhbeṭī* va ensuite annoncer publiquement qu'elle est ma fille, et moi, sa mère». Indali mentionne que cette cérémonie doit se produire devant les *nāyak* (les chefs des sept *gharāṇā* de Mumbai): «Nous devons invoquer le *pañc*, nous devons offrir un repas à tous les gens présents à la cérémonie. Voilà comment on devient une *dūdhbeṭī* ou une *dūdhmātā*». Chadna, cependant, parle d'une cérémonie plus intime et précise que lors du rituel, la *dūdhbeṭī* est assise sur les genoux de sa *dūdhmātā*, sans toutefois préciser si cette dernière a la poitrine dénudée; en plus de la substance (lait), on se rapproche ici forte-ment du geste symbolique de l'allaitement. Une fois la nouvelle relation formellement établie, elle est considérée comme irrévocable. Comme Chadna l'explique,

> une fois le lait bu, il se mêle au sang, il est donc impossible de briser cette relation. Comme vos parents biologiques, ils partagent votre sang. La rela-tion introduite par le *rīt* peut être brisée: si vous avez un problème avec

votre *guru* ou au sein de son ménage, oui, vous pouvez changer de *guru*. Mais pour la *dūdhmātā*, c'est impossible : cette relation est là pour la vie !

J'ai remarqué que les *hijras* ayant un « lien de lait » proviennent toujours de *gharāṇā* différentes. Quand une de nos participantes me disait avoir une *dūdhmātā* ou une *dūdhbeṭī*, je lui demandais à quelle *gharāṇā* celle-ci appartenait. Chaque fois, la réponse était la même : la *gharāṇā* de la « mère » ou de la « fille » différait toujours de celle de notre participante. Bien que Ravina affirme que la *gharāṇā* n'a aucune incidence sur le choix de la relation, les faits révèlent plutôt l'inverse. Kanti souligne : lorsqu'un conflit éclate entre des *hijras* de la même *gharāṇā*, la *guru* ou la *nānīguru* peut généralement agir à titre de médiatrice. Toutefois, si le problème apparaît entre *hijras* de *gharāṇā* distinctes, la *guru* ne peut intervenir que dans sa propre *gharāṇā*. Il est alors utile pour la *dūdhbeṭī* d'avoir une « mère » d'une autre *gharāṇā* : cela lui permettra d'être représentée, d'avoir une voix dans cette *gharāṇā* qui n'est pas la sienne. Laxmi, également, dénote l'importance de provenir de *gharāṇā* différentes, favorisant par le fait même la création d'un filet social élargi. « Si, par exemple, vous êtes rejetée par votre *gharāṇā*, le clan de votre *dūdhmātā* sera prêt à vous accueillir, la structure sociale étant tissée de telle sorte qu'il y a toujours une place pour vous. Il n'en tient qu'à vous, alors, d'avoir eu la sagesse de créer cette relation au préalable ».

La cérémonie de l'allaitement diffère du *rīt* dans le sens où il ne s'agit pas d'un rite d'intégration au sein de la communauté *hijra* et qu'elle n'est pas obligatoire. Les deux rituels, *rīt* et *dūdhpilānā*, sont cependant similaires dans la mesure où ils génèrent tous deux un réseau de parenté symbolique représentant les deux types d'allégeance familiale qui caractérisent traditionnellement toute femme mariée d'Asie du Sud, à savoir respectivement les liens *sasurāl* et *māyakā*. Par ce réseau symbolique et par l'entremise du rituel, la *hijra* participe à la construction d'un modèle exclusif aux femmes, les hommes ayant seulement une famille *māyakā* (jamais, en effet, ils ne vivront avec leurs beaux-parents).

LE *NIRVĀṆ*

Le terme « *nirvāṇa* » fut utilisé pour la première fois dans la tradition bouddhiste, plusieurs siècles avant l'ère chrétienne. Il signifie littéralement « éteindre » et réfère à un état au sein duquel les désirs cessent leur action contrôlante sur la vie humaine. Selon la tradition bouddhiste, les désirs (en sanskrit : *tṛṣṇā*) produisent le *karma*, emprisonnant les individus dans le cycle éternel des renaissances (*samsāra*). Le *nirvāṇa* est souvent associé aux termes « extinction » et « élimination » (*nirodha*[12]), car on dit des individus qui atteignent cet état qu'ils se sont libérés des désirs et du *karma*, et qu'ils ne renaîtront plus. Le *nirvāṇa* bouddhiste, par son objectif sotériologique de libération personnelle des *tṛṣṇā* et du *samsāra*, est analogue au concept hindou de *mokṣa* (libération). Ce bref préambule étymologique est capital pour saisir la signification qu'a, dans un contexte plus large, le rituel du *nirvāṇ* pour la communauté *hijra*.

Ainsi, pour les *hijras*, le *nirvāṇ* renvoie au rituel d'ablation complète du pénis et des testicules. Bien que de nos jours encore les *hijras* soient perçues comme des hommes émasculés, mentionnons toutefois que cette pratique n'est plus obligatoire, et que si le *rīt* est nécessaire à l'admission dans la communauté, le *nirvāṇ*, lui, n'est plus exigé : aussi, plusieurs *hijras* font le choix de passer outre ce rituel. Le rite de castration demeure donc un choix personnel, mais il va sans dire que d'aucuns puissent subir les influences de la pression sociale. Le terme utilisé pour faire référence à une *hijra* ayant connu le *nirvāṇ* est « *nirvāṇ sultan*[13] », terme honorifique sans équivoque s'il en est un. Puisqu'il s'agit d'un rite de castration, les transformations qui résultent du *nirvāṇ* ont, bien entendu, un effet direct sur la vie des individus qui en font l'expérience.

Mentionnons ici deux effets importants de ce rituel. Premièrement, l'abscision du pénis et des testicules a pour conséquence directe la diminution de la libido et du désir sexuel : voilà en quoi le *nirvāṇ* des *hijras* peut s'apparenter à la signification bouddhiste du *nirvāṇa*. Le rite engendre bel et bien l'« élimination des désirs » chez la *nirvāṇ sultan*, bien qu'ici ce ne sont que les désirs de nature sexuelle qui sont en cause. Comme le souligne Kanti, « après le *nirvāṇ*, le désir sexuel s'effrite. J'ai vu plusieurs personnes devenir *nirvāṇī* et voir leur sexualité mourir, ne plus jamais désirer avoir de relations sexuelles. Je ne veux pas devenir *nirvāṇī* ». Puis, deuxièmement, ce rituel marque de manière irréversible la physionomie d'une personne en tant que *hijra* : après le *nirvāṇ*, il est en effet impossible pour un individu de faire demi-tour et de réintroduire la

---

12. Une des marques de contraceptifs indiens les plus populaires se nomme pertinemment « *nirodha* ».

13. Le terme « *sultan* » signifie « autorité » ou « souverain » ; c'est un titre attribué depuis plus d'un millénaire à différents types de monarques musulmans. L'emploi du mot dans ce contexte révèle le pouvoir attribué aux individus ayant connu le *nirvāṇ*.

société qu'il a laissée derrière en recevant le *rīt*. Par ailleurs, nous en avons fait mention plus tôt, le mariage, et donc la procréation, est considéré comme primordial pour toutes les Indiennes et tous les Indiens. En Asie du Sud, ceux qui décident de ne pas poursuivre la lignée familiale sont mal vus et stigmatisés par leurs proches et par la société tout entière. L'une des seules façons socialement acceptables de mener une telle vie est de joindre une communauté monastique ou ascétique et de consacrer le reste de son existence à la poursuite d'un idéal religieux[14]. Catherine Ojha[15] explique que le mariage et la procréation sont particulièrement cruciaux dans le développement de l'identité féminine indienne, et que de s'y opposer ne peut généralement être justifiable que par une aspiration religieuse. À l'instar de l'ascète, la *nirvāṇ sulṭan* a dépassé le point de non-retour, puisqu'il est désormais physiquement impossible pour elle de se reproduire et d'établir une famille. Comme l'affirme Gauri, « lorsqu'une personne connaît le *nirvāṇ*, elle ne peut plus retourner à un mode de vie hétérosexuel. Cette porte est maintenant fermée, elle ne peut plus réintégrer la société ».

Qui plus est, certaines de nos répondantes nous ont dit devoir s'habiller en homme pour pouvoir rendre visite à leur famille biologique. Cependant, la communauté *hijra* (mis à part quelques exceptions sur lesquelles nous reviendrons plus loin) perçoit d'un mauvais œil une *nirvāṇ sulṭan* qui se vêtit comme un homme. Le contact avec la famille biologique est donc, dans la plupart des cas, systématiquement coupé suivant le *nirvāṇ*. De plusieurs manières, donc, le *nirvāṇ* représente une scission avec la société non *hijra* : premièrement, il est dorénavant impossible de prendre une part active dans la société en fondant une famille. Puis, les liens avec les proches deviennent difficiles à maintenir, l'identité *hijra* ne pouvant plus être cachée. En outre, l'état définitif et irrévocable conféré par le rite crée en général une rupture permanente entre la famille biologique et la *nirvāṇ sulṭan*. Pour reprendre notre analogie avec le *nirvāṇa* bouddhiste, nous pourrions dire que la *nirvāṇ sulṭan* renonce symboliquement au *saṃsāra* en éliminant toute possibilité de participer au processus de procréation (naissances et renaissances); en éliminant ses organes reproducteurs masculins, elle se voit libérée du désir (*tṛṣṇa*) qui est, ultimement, la cause du cycle sans fin des naissances et des

---

14. Bien entendu, les opinions en la matière tendent à être plus libérales et diversifiées dans les grands centres urbains et dans les familles scolarisées. L'Inde contemporaine se transforme rapidement, précisons ici que nous nous basons sur une image plus traditionnelle de la culture indienne.

15. C. Ojha, « Condition féminine et renoncement [...] », p. 199.

renaissances. Ainsi, la *nirvāṇ sulṭan* atteint un stade similaire à celui du *nirvāṇa* bouddhiste. Gauri appuie cette affirmation: «Après le rite du *nirvāṇ*, nous n'avons plus de renaissance. C'est écrit dans le *Manusmṛti*[16]: les *sādhu* [ascètes], les *yakṣa* [esprits de la nature], les *gāndharva* [nymphes célestes aux habiletés musicales notoires] et les *kinnar* ne renaîtront pas».

Dans son livre *The Invisibles*[17], Zia Jaffrey présente un rite du *nirvāṇ* ayant lieu dans une maison durant lequel un jeune garçon est littéralement empalé sur un *liṅgam* géant (représentation phallique traditionnelle du dieu Śiva) pendant qu'un barbier lui enlève le pénis et les testicules à l'aide d'une lame de rasoir. Cette description semble provenir de la fiction plus que d'une réelle observation, surtout si l'on considère que, pour faire l'expérience du *nirvāṇ*, il faut d'abord avoir reçu le *rīt*. Après le *rīt*, la majeure partie des *hijras* qui prennent part aux activités rituelles revêtent des habits de femme, ce qui n'est pas le cas du garçon dans la scène: on peut donc en conclure qu'il n'a probablement pas eu le *rīt* avant le *nirvāṇ*. Toutefois, puisque le texte est présenté comme un récit anthropologique (à l'image de ceux de Carlos Castaneda), la description de Jaffrey contribue à répandre une légende populaire concernant les *hijras*, qui veut que celles-ci kidnappent les jeunes garçons et leur fassent subir de force une castration barbare.

Nos deux répondantes ayant subi cette opération à la maison en avaient peu à dire sur le sujet et semblaient éviter nos questions concernant le rituel[18]. Nous pouvons cependant confirmer que, dans les jours précédant l'opération, la *hijra* doit vouer une dévotion particulière à la déesse Bahucharā Mātā. Nous pouvons de plus confirmer que le rite du *nirvāṇ* a lieu dans la demeure de la *hijra* qui le reçoit. La *dāī* (la *hijra* qui effectue l'opération) et sa *guru* sont toutes les deux présentes durant la procédure. Les autres *hijras* demeurant dans la même maison sont aussi présentes, mais dans une pièce séparée. Gitali explique qu'un grand courage ainsi qu'une grande force de caractère sont nécessaires pour affronter le *nirvāṇ*, puisqu'aucun anesthésiant ou médication n'est donné par les *hijras* qui exécutent le rituel:

---

16. Le *Manusmṛti* est un texte législatif important datant du premier siècle avant l'ère commune.
17. Z. Jaffrey, *The Invisibles* […].
18. Ont-elles vraiment reçu le rituel à la maison comme elles le prétendent? Désiraient-elles protéger le mystère entourant une cérémonie cruciale dans la construction de l'identité *hijra*?

Avant, il n'y avait pas d'hôpital. Le *nirvāṇ* prenait toujours place à la maison, cela arrive encore souvent aujourd'hui. Les plus vieilles *hijras* sont responsables d'accomplir le rite. On croyait que si le rituel était réalisé par les anciennes, la *hijra* en ressortirait avec un visage de femme. À l'hôpital, ils s'occupent de vous. On ne perd pas beaucoup de sang et ils vous donnent du glucose. Mais avec les anciennes, il n'y a rien de tout ça. Elles vous tranchent et jettent simplement le tout. Le succès de l'opération ne dépend que de la déesse Bahucharā.

Rini nous explique qu'elle veut vivre son *nirvāṇ* à la maison plutôt qu'à la clinique, puisque c'est ainsi que l'on faisait par le passé et qu'il est important de suivre la tradition. Sa *guru* ainsi que plusieurs *hijras* de leur ménage ont déjà subi l'opération à la maison. La *guru* est cependant d'avis que la procédure est trop risquée. Rini nous explique pourquoi elle n'est pas encore *nirvāṇī*:

> Je suis *hijra* et je veux vivre comme une *hijra*. Je ressens aussi que je dois devenir une femme et que je dois recevoir le *nirvāṇ*. Mais il y a deux problèmes. Le premier est que je ne veux recevoir l'opération que par une *hijra*. C'est quelque chose que j'ai toujours voulu, depuis le moment où j'ai joint la communauté. Mais ma *guru* me dit que je suis grassette et que la chirurgie pourrait être risquée, qu'elle pourrait même m'être fatale. Ma *guru* pense que je suis bien éduquée et que je suis une excellente *celā* et elle ne veut pas que je reçoive l'opération à la maison. Alors je lui ai promis que je ne le ferais pas sans sa permission. Chaque année, nous revenons à cette question et nous avons à chaque fois le même débat: elle insiste pour que ce soit fait par un docteur et moi, par une *hijra*. Mais j'ai promis d'attendre sa permission, et dans notre communauté, notre *guru* est notre mari, notre mère, notre père et notre dieu. Par conséquent, je ne peux aller contre sa volonté. Je veux sa permission, pas seulement sa permission, mais sa bénédiction, pour cet important *samskāra*[19].

Sangita nous explique que lorsque le rite a lieu à la maison, la *hijra* perd beaucoup plus de sang. Son sang mâle est extrait et remplacé naturellement par du sang femelle. Elle continue en disant qu'en effet, il est plus hasardeux d'exécuter la procédure à la maison, et c'est pourquoi il est essentiel d'établir au préalable un lien significatif avec Bahucharā Mātā, puisque c'est elle qui est «responsable» du *nirvāṇ*. Jyotibala, qui n'a elle-même pas eu le *nirvāṇ*, met l'accent sur l'importance de la dévotion préliminaire à la déesse, qu'elle nomme «Murghi Mātā», «*murgh*»

---

19. Il s'agit du terme employé par Rini.

signifiant «poulet»[20]. Elle affirme que seule la déesse peut réellement protéger les *hijras* durant l'opération: «nous prions à l'avance la déesse pour qu'elle nous accorde la beauté et une opération réussie, sans incident». De toutes les participantes, Rini est celle qui nous a donné le plus de détails à propos de ce que le rite du *nirvāṇ* implique dans la maison:

> Par le passé, une *hijra* devenait *nirvāṇ sulṭan* après une procédure exécutée de la main d'une *dāī*. Il y a une croyance répandue que, pour devenir *hijra*, on doit recevoir le *nirvāṇ* de la main d'une autre *hijra* plutôt que de celle d'un homme. C'était la croyance dès le commencement. Certaines se disputent parfois, les unes ayant reçu leur *nirvāṇ* d'une *hijra* et les autres, d'un homme. Recevoir le *nirvāṇ* d'une *dāī*[21] confère un statut supérieur parce que cela prévient les souffrances futures. Nous faisons face à plusieurs problèmes au regard de la société, de nos familles biologiques, de nos parents. Nous avons souffert à chaque étape de nos vies. Le *dāī-nirvāṇ* est la dernière et la pire de nos souffrances. C'est très dangereux et risqué, mais si vous survivez, et devenez une *hijra*, le bonheur que vous ressentez est indescriptible. Vous devenez une vraie femme après tant de souffrance. Je ne peux décrire toute la satisfaction, la joie que vous ressentez.

Nous pouvons conclure, selon le témoignage de Rini, que de faire l'expérience du *nirvāṇ* à la maison représente sans contredit une bien plus rude épreuve, mais que cela ajoute à la valeur symbolique du rituel.

Toutefois, dans l'ensemble, nos répondantes préfèrent en général l'option de réaliser la chirurgie dans une clinique médicale dans le but de réduire les risques. Indali, la *guru* d'Eta et de Gitali, a refusé que ses deux disciples reçoivent le rituel à la maison, même si c'était le désir de l'une d'entre elles. Elle a insisté pour qu'elles aillent dans une clinique privée. Mais même cette option n'est pas aussi simple qu'elle peut paraître. La législation concernant l'opération est sous la juridiction de chaque État, mais l'État fédéral indien peut prendre une position radicalement différente. Par exemple, au Maharashtra, l'opération est légale, mais les frais doivent être acquittés par la cliente. L'État de Tamil Nadu, pour sa part, autorise non seulement la procédure, mais de plus il paie la totalité des coûts. Indali a donc accompagné Gitali, Eta et trois autres *hijras* (dont deux étaient les disciples de Gitali) dans le village de Kadapa, situé en

---

20. Chaque divinité hindoue est associée à un animal qui lui sert de «véhicule». Par exemple, la souris est le vecteur du dieu Gaṇeśa; celui de Śiva est le taureau Nandi; Viṣṇu est transporté par l'aigle Garuda; Gaṅga par le crocodile et Bahucharā Mātā, par le coq.
21. Le terme *dāī* signifie «sage-femme». Utilisé dans ce contexte, il renvoie à une *hijra* aînée qui réalise l'acte de castration. Ce faisant, elle «met au monde» une nouvelle *nirvāṇī*.

Andhra Pradesh, à la frontière du Maharashtra[22]. Elles se sont rendues dans une clinique officiellement spécialisée en avortement pour recevoir l'opération en secret. Zakiya, qui vient de Malwani (une banlieue de Mumbai) et qui appartient à une autre *gharāṇā* que celle de Gitali et d'Eta, s'est aussi rendue à Kadapa pour sa chirurgie, tout comme Jyoti à un autre moment. Lorsque nous l'avons interrogée sur les raisons qui l'ont poussée à voyager jusqu'à Kadapa pour recevoir son *nirvāṇ*, Jyoti répond :

> Il s'agit de faire ses devoirs ! Quand vous réalisez que plusieurs personnes se font faire la même opération par le même docteur, c'est que celui-ci est fiable et que vous pouvez lui faire confiance. Il peut se produire nombre de problèmes. Parfois, l'opération est très douloureuse et il peut en résulter des difficultés à uriner, ou d'autres types de complications. Le docteur que j'ai vu à Kadapa est connu de notre communauté et tout se passe toujours bien.

Ravina, qui vient de l'Andhra Pradesh, nous a affirmé avoir elle aussi subi l'opération dans une clinique privée, mais dans un autre village d'Andhra :

> Non, ça ne s'est pas passé à Mumbai, mais dans un village appelé Kouru, en Andhra. La *guru* de ma *guru* était avec moi. Tout le monde reçoit son *nirvāṇ* dans un village plutôt qu'à Mumbai. Ou du moins, c'était comme ça avant. Savez-vous comment on nous a amenées là-bas ? Nous devions prétendre être de jeunes femmes tombées enceintes après avoir commis quelque bêtise. Les gens du village ignoraient que nous étions là pour le *nirvāṇ*. L'opération et la médication m'ont coûté environ 4000 roupies [approximativement 80 dollars canadiens]. Aujourd'hui, depuis à peu près un an, il est possible de le faire faire dans une clinique de Mumbai, mais c'est beaucoup plus cher.

Selon Sadhana et Ravina, en 2015, il y avait douze cliniques au Maharashtra qui offraient l'opération. Jyoti explique qu'il est maintenant possible pour quelqu'un d'être admis dans une de ces cliniques, de se faire opérer et d'en ressortir le lendemain presque fonctionnel. Dans ces cas, une épidurale est généralement administrée, mais certains docteurs, ayant développé un savoir-faire pour exécuter la chirurgie sans aucune douleur ou presque, n'utilisent qu'une anesthésie locale. Mais, selon Jyoti, ce type d'opération coûte près de 25 000 roupies (environ 500 dollars canadiens) dans les hôpitaux gouvernementaux à Mumbai. Selon Bhakti, la même intervention vaut plutôt dans les 30 000 roupies (600 $) à Pune.

---

22. Indali, Gitali et Eta sont toutes trois originaires de l'Andhra Pradesh.

Après l'opération, une période de convalescence est nécessaire. Un processus rituel particulier encadre cette phase de transition et lui donne sens. La *hijra* nouvellement opérée doit être isolée dans une pièce sombre pour une période de 40 jours (*savā mahīnā*, qui signifie littéralement «un mois et un quart»). Sadhana nous explique que l'on ne peut se regarder dans un miroir durant ce temps, pas plus que voir le visage de qui que ce soit. Jyotibala nous informe de plus que l'on ne peut recevoir aucun produit laitier et que l'on doit suivre une diète riche en protéines dans le but de retrouver la force rapidement. Gauri nous donne une description bien détaillée de cette phase d'isolement:

> Lorsqu'une personne est castrée, un déséquilibre hormonal se met en place. Lorsque les testicules sont enlevés, elle devrait normalement recevoir un traitement hormonal pour aider à la transition, au passage d'un corps d'homme à celui d'une femme. Mais ça n'est pas le cas dans la communauté *hijra*. Pour faciliter la transition, elle doit être enfermée dans une chambre noire pendant quarante jours. Complètement noire, vous ne voulez pas vous voir dans le miroir. Durant ce temps, vous souffrez de sautes d'humeur majeures à cause du déséquilibre hormonal. Vous avez imposé une transformation radicale à votre corps, et celui-ci nécessite une période d'ajustement. Imaginez: pendant 21 ans, j'ai uriné en me tenant debout. Soudainement, après l'opération, j'ai dû m'asseoir pour le faire. Ce n'était pas seulement l'ablation de mes parties génitales, tout mon corps s'était transformé. Cette période de réclusion vous est nécessaire pour vous approprier votre nouveau corps, votre corps de femme. Ce n'est pas religieux, ça n'est qu'une retraite dans le but d'apprivoiser la nouvelle personne que vous êtes devenue. Néanmoins, vous devez rendre hommage quotidiennement à Bahucharā Mātā, Murghi Mātā durant toute cette période.

Selon toutes nos répondantes, la dévotion à Bahucharā Mātā est indispensable au succès de l'opération, que celle-ci ait lieu à l'hôpital ou à la maison. Kanti nous informe que même les *hijras* qui sont de confession explicitement musulmane doivent prendre part à ce culte: «Grâce à ce *pūjā*, Bahucharā Mātā s'assure que la *nirvāṇ sulṭan* soit [vivante], radieuse et que les traits de son visage soient plus féminins».

Un parallèle intéressant peut ici être établi avec le rite de menstruation, qui a encore cours aujourd'hui dans différentes régions de l'Asie du Sud, du Népal au Sri Lanka[23]. Quand une jeune fille a ses premières

---

23. Catherine Saint-Germain Lefebvre, dans sa recherche (*Femmes, ethnicité et religion* […]) sur la communauté hindoue tamoule sri-lankaise de Montréal, nous informe que ce rite est encore pratiqué dans les familles résidant à Montréal. Béatrice Halsouet, dans sa

menstrues, elle est isolée du reste de sa famille et confinée dans sa chambre pendant une période allant de cinq à douze jours. Elle est aussi contrainte à un régime particulier durant ce temps. Ce régime, tout comme le nombre de jours de réclusion, varie selon la coutume régionale. L'objectif premier de ce rite est d'officialiser et de faciliter le passage d'un état de jeune fille prépubère à celui de jeune femme capable de concevoir. Bien que la *nirvāṇ sulṭan* ne soit pas apte à procréer, ce rite marque néanmoins sa transition vers un nouvel état, un nouveau statut[24]. Le rite du *nirvāṇ*, particulièrement s'il est réalisé à la maison, implique nécessairement une perte de sang significative qui peut être perçue symboliquement comme des premières menstrues. Le rite qui suit la période d'isolement a pour fonction de formaliser le fait qu'à partir de ce moment, la *nirvāṇ sulṭan* acquiert le vrai statut de femme avec tout son potentiel[25].

Mahita nous explique que suivant cette phase de quarante jours, la *hijra* est vêtue d'un sari rouge, et mariée à Bahucharā Mātā : «Après quarante jours, elle doit s'habiller comme une nouvelle mariée et épouser la déesse. En fait, c'est la *guru* qui habille la *hijra* au sortir de sa réclusion. La *guru* lui donne du lait et applique une poudre vermillon sur sa tête [à la racine des cheveux, tel que le portent les jeunes mariées]». Le mariage avec la déesse Bahucharā est donc célébré après la retraite. Puis, selon quatre autres participantes, le rituel du *godh bharāī* (littéralement «remplir vos genoux») a lieu. *Godh bharāī* est une cérémonie féminine hindoue contemporaine durant laquelle la femme enceinte reçoit certaines offrandes de la part des autres femmes mariées, telles que des graines et une noix de coco, pour assurer la naissance d'un bébé en santé. Ces items traditionnels sont aujourd'hui souvent remplacés par de petits cadeaux et

---

    recherche (*La double socialisation de jeunes filles «népalaises»* [...]) portant sur les jeunes filles hindoues d'origine népalo-bhoutanaise établies à Québec, démontre que cette pratique, traditionnellement appelée *gumpha bharāī*, n'est plus obligatoire pour les filles, mais que celles-ci savent tout de même que leurs mères, elles, sont passées par ce rituel. Au Maharashtra, cette pratique tend à disparaître dans les familles plus aisées et scolarisées. Cela étant dit, lors d'un séminaire de fin d'études que j'animais à la SNDT Women's University en décembre 2015, six des quinze participantes – originaires de différents États indiens – avaient fait l'expérience de ce rite de passage.

24.   S. Nanda (*op. cit.*, p. 27) argue de plus que la castration doit être interprétée comme l'obtention d'une nouvelle identité, ou encore comme une seconde naissance.

25.   Novello («*Devenir presque femme.* [...]», p. 100), pour sa part, semble confondre la période de réclusion de quarante jours elle-même (le «rite de puberté») et le rituel qui conclut cette étape (le *godh bharāī*). Elle établit plutôt un lien entre cette période de réclusion et la phase analogue que connaissent les nouvelles mères hindoues après l'accouchement.

des friandises. L'inclusion du rite de *godh bharāī* suivant la période de réclusion symbolise non seulement la consommation de l'union des nouveaux mariés, mais il officialise également le titre de la *sulṭan* en tant qu'«épouse» de la déesse (nous verrons de quelle façon l'hagiographie de Bahucharā Mātā justifie cette union).

Après le «mariage» et le rite de *godh bharāī* commencent les festivités, et un grand festin (*dāvat*) est organisé. Les *hijras* qui partagent la demeure de la nouvelle *sulṭan* sont toutes invitées, tout comme d'autres *hijras* de la *gharāṇā* et parfois même d'autres lignées. Pendant le *dāvat*, chaque convive offre un cadeau (généralement un sari, *salwār kamīz*, ou un autre vêtement pour femme) à la *hijra* célébrée. L'ampleur de la célébration dépend des moyens, mais aussi de l'importance que la *nirvāṇ sulṭan* et sa *guru* désirent donner à la reconnaissance sociale de cette transition. Comme Jyoti nous explique: «Certaines n'invitent que des gens de leur *gharāṇā*. Par exemple, si j'appartiens à Bhenḍibāzār, seules des *hijras* de Bhenḍibāzār seront présentes. Des amies aussi (*hijras*) peuvent être invitées. D'autres inviteront des membres des sept *gharāṇā* à leur *dāvat*. Toutes les *hijras* de Mumbai pourraient alors y assister». Jyoti nous dit aussi que la célébration se déploie différemment selon chaque famille. La nuit avant le *dāvat*, une grande fête est organisée dans la maison de la *guru* et tout le monde danse presque toute la nuit. Le *dāvat* en tant que tel a lieu le lendemain, aux alentours de 16 heures, après quoi les invitées partent. Jyoti nous explique par ailleurs que, dans son ménage, la célébration dure deux jours entiers et le *dāvat* conclut le rassemblement après deux nuits de festivités.

La phase d'isolement ainsi que les festivités qui s'ensuivent ont habituellement lieu dans la maison de la *guru*. Les coûts de l'ensemble du processus, incluant l'opération en elle-même, les quarante jours de retraite et la célébration qui suit sont généralement assumés par la *hijra* concernée. Pour ce faire, comme il a été expliqué par plusieurs de nos répondantes, c'est dans la majorité des cas la *guru* qui prête l'argent à sa *celā*, argent que cette dernière lui rembourse avec des intérêts élevés. Deux d'entre elles nous ont affirmé devoir rembourser le double de la somme empruntée à l'intérieur d'une période de cinq ans. Jyoti nous dit: «Nous devons payer l'entièreté du processus par nous-même. Nous n'avons pas de père pour s'occuper de nous ici. Si notre *guru* accepte les coûts, disons que l'opération coûte 25 000 roupies, nous devons par la suite lui rembourser 1 *lakh* [100 000 roupies]. Nous appelons cela le "*karjā*", la "dette"». La *guru* se doit, néanmoins, de prendre soin de sa disciple durant les quarante jours de confinement de cette dernière, en plus de lui organiser son *dāvat*.

Le rite de passage que constitue le *nirvāṇ* doit être analysé dans son ensemble et non pas perçu uniquement comme la seule ablation du pénis et des testicules. Le processus rituel inclut en effet toutes les pratiques dévotionnelles et liturgiques préalables à la castration, l'aspect chirurgical en lui-même, la phase de retraite et la célébration qui la suit. À l'image du *rīt*, qui symbolisait l'union entre *guru* et *celā*, le rite du *nirvāṇ* est lui aussi perçu comme un mariage, mais cette fois-ci avec la déesse Bahucharā Mātā. Le rituel de réclusion qui suit la castration est une appropriation du rite féminin de la puberté, ce qui suggère que la nouvelle *sultan* a connu ses premières menstruations et est donc prête à procréer. La combinaison de la cérémonie du mariage et du rite de son passage à la fertilité mène inévitablement à une «procréation»: la célébration rituelle qui met un terme à la période de réclusion – celle que nos répondantes nomment «*godh bharāī*» – insinue en effet que la *sultan* est maintenant enceinte. Par l'intégration de rites de passage exclusifs à la gent féminine, les *hijras* reproduisent non seulement les structures familiales féminines, mais, du reste, elles utilisent ces marqueurs rituels comme des témoins de leur transformation corporelle individuelle. Elles traversent métaphoriquement leur puberté qui aboutit à une grossesse symbolique. L'accouchement, cependant, reste à venir…

Les trois pratiques rituelles décrites dans cet article – le *rīt*, le *dūdhpilānā* et le complexe processus *nirvāṇ*, intégrant lui-même, symboliquement, le rite des premières menstruations et du *godh bharāī* – contribuent toutes à forger, modeler et cultiver la façon dont les membres de la communauté *hijra* se perçoivent elles-mêmes et perçoivent leur corps. D'un point de vue interne, le *rīt* confère à la *hijra* le statut d'une femme mariée; le *nirvāṇ*, celui d'une adolescente prépubère qui fait l'expérience de ses premières menstrues, et la cérémonie concluant les quarante jours de réclusion, celui d'une femme qui a conçu un enfant. Le *rīt* et la cérémonie du *dūdhpilānā* sont aussi les pierres de touche de la construction d'un réseau de parenté symbolique – *sasurāl* et *māyakā*, tous deux essentiels à l'identité féminine en Asie du Sud – au sein de leur communauté. On constate également que l'État, par les récentes législations provinciales sur les interventions chirurgicales de changement de sexe, a une incidence directe sur la ritualité traditionnelle de la communauté *hijra*.

BIBLIOGRAPHIE

Boisvert, Mathieu, *Les Hijra: portrait socio-religieux d'une communauté «transgenre»
sud-asiatique*, Montréal, Presses de l'Université de Montréal, 2018.

Boisvert, Mathieu, «Facteurs contribuant à l'identité du prêtre de pèlerinage de
Prayāga», *Studies in Religion/Sciences religieuses*, vol. 39, n° 1, 2010, p. 57-75.

Boisvert, Mathieu, «*Ayyappatīrthayātra*, "Men in black": A journey into the heart of
Ayyappa's country», *The Oriental Anthropologist*, Allahabad (Inde), vol. 1, n° 1, 2001,
p. 49-59.

Boisvert, Mathieu, «*Nibbāna* and *Sannāvedayitanirodha*: An endless controversy», *Pacific
World – Journal of the Institute of Buddhist Studies*, Berkeley, New Series, n° 9, 1993,
p. 90-105.

Boisvert, Mathieu, *The Five Aggregates: Understanding Theravada Psychology and
Soteriology*, Waterloo, Wilfrid Laurier University Press, 1995.

Duvvury, Vasumathi Krishnaswamy, *Play and Symbolism in Rites of Passage of Tamil
Brahmin Women: An Interpretation of their Social Significance*, thèse de doctorat en
philosophie, Diss, Rice University, 1987.

Gutschow, Niels, Axel Michaels et Christian Bau, *Growing up: Hindu and Buddhist
Initiation Rituals Among Newar Children in Bhaktapur, Nepal*, Wiesbaden, Harrassowitz
Verlag, 2008.

Hall, Kira, «Intertextual sexuality: Parodies of class, identity and desire in liminal
Delhi», *Journal of Linguistic Anthropology*, vol. 15, n° 1, 2005, p. 125-144.

Halsouet, Béatrice, *La double socialisation de jeunes filles «népalaises» entre famille hindoue et
école québécoise en région*, thèse de doctorat en sciences des religions, Montréal,
Université du Québec à Montréal, 2015.

Jaffrey, Zia, *The Invisibles. A Tale of the Eunuchs of India*, New York, Penguin Random
House, 1998.

Lakshmi Kapani, *La notion de* saṃskāra *dans l'Inde brahmanique et bouddhique*, tome I,
Paris, Collège de France, Publications de l'Institut de civilisation indienne, vol. 59,
n° 1, 1992.

Nanda, Serena, *Neither Man nor Woman: The Hijras of India*, Belmont, Wadsworth
Publishing Company, 1999.

Novello, Emmanuelle, *Devenir presque femme. Ruptures, inclusions et souffrances chez les
Hijra de Delhi (Inde du Nord)*, thèse de doctorat en ethnologie, Nanterre, Université
Paris Ouest-Nanterre La Défense, 2011.

Obeyesekere, Gananath, *Medusa's Hair. Essay on Personal Symbols and Religious Experience*,
Chicago, University of Chicago Press, 1981.

Ojha, Catherine, «Condition féminine et renoncement au monde dans l'hindouisme: les
communautés monastiques de femmes à Benares», *Bulletin de l'École française
d'Extrême-Orient*, vol. 73, 1984, p. 197-222, consulté le 8 janvier 2022, https://www.
jstor.org/stable/43731809.

Poonacha, Veena, «Rites de passage of matrescence and social construction of motherhood: Coorgs in South India», *Economic and Political Weekly*, vol. 32, n° 3, 1997, p. 101-110.

Reddy, Gayatri, *With Respect to Sex. Negotiating Hijra Identity in South Asia*, Chicago, University of Chicago Press, 2005.

St-Germain Lefebvre, Catherine, *Femmes, ethnicité et religion: la communauté tamoule hindoue du Sri Lanka à Montréal*, mémoire de maîtrise en sciences des religions, Montréal, Université du Québec à Montréal, 2008.

CHAPITRE 4

At Face Value? The Politics of Belief: The Refashioning of the Body in Law and Public Policy and on the Virtual Public Square in the Twenty-first Century

Zaheeda P. Alibhai

In the twenty-first century, nowhere do the regulation of space and the public face of religion intersect more clearly than in debates and government policies regulating or banning some Muslim women's bodily practices (hair or face veiling) in public spaces. Against the backdrop of the 2011-2015 Canadian Conservative government's ban on the wearing of face coverings, specifically the niqab (face covering with the eyes showing), during the Oath of Allegiance at Canadian citizenship ceremonies, this chapter explores how claims to space become sites where we can observe most clearly the way that power is constituted and maintained but also where power can be transgressed, destabilized and to a certain extent reformed. This chapter proceeds in four parts. First, I introduce the Conservative government's 2011-2015 face covering ban and the Zunera Ishaq legal case. Ms. Ishaq challenged the Conservative government's ban and won the right to wear her niqab during her Oath of Citizenship. Second, I engage with Doreen Massey's conceptualization of spatial politics to extend Nancy Fraser's conceptualization of the power of counterpublic space. Third, I explore how Zunera Ishaq's claims to space embodied and promoted acts of citizenship with the nation. Fourth, I argue from a socio-spatial perspective that museum space, specifically the Bradley Museum of Mississauga, can become a counterpublic space.

103

The intention of this chapter is not to provide an exhaustive account of the Zunera Ishaq legal case. In the sections that follow, I theoretically knit together varying themes to capture a glimpse into how acts of citizenship can construct spaces of exclusion but can also serve as a creative modality that engenders a sense of belonging and empowerment to, ultimately, produce new ways of thinking about space. Indeed, the concept of acts of citizenship can provide a two-fold conceptual tool to challenge the assumption that space is a "self-evident concept,"[1] and to reveal the exclusion of "others" from public space, such as during the Canadian citizenship ceremony. Indeed, a focus on acts of citizenship can also shed light on the moments when public space is transformed and becomes a space of representation,[2] such as the Bradley Museum, the space where Zunera Ishaq chose to remove the niqab she wore during her citizenship ceremony and donate it to the museum.

CONTEXT, RELIGION AND MISREPRESENTATION : THE BAN AGAINST FACE COVERINGS

On any given day in most cities across Canada and in various spaces and locations (e.g. government buildings, schools, cultural centres, museums) about 1,700 prospective citizens recite their oath of allegiance at Canadian citizenship ceremonies. Under the *Canadian Citizenship Act*, a prospective citizen must take the oath of citizenship in order to be considered a Canadian citizen. After attending one such ceremony in 2011, former Conservative Member of Parliament for Mississauga East–Cooksville, Wladyslaw Lizon, called the then Canadian Immigration, Citizenship and Multiculturalism Minister, Jason Kenney, to complain that he had just witnessed four women taking the Oath of Citizenship with their faces veiled wearing full burqas (*Globe and Mail*). Shortly thereafter, on 12 December 2011, the former Canadian Immigration, Citizenship and Multiculturalism Minister, Jason Kenney, announced that the Conservative government was placing a ban on full and partial face coverings during the recitation of the oath of allegiance at Canadian citizenship ceremonies. Minister Kenney outlined the rationale behind the "new rule" in a public announcement:

---

1. S. Lefebvre, "Space, Religious Diversity: ... ," p. 252.
2. *Ibid.*, p. 253.

> *I just learned recently that some individuals who have taken the oath have not done so openly. All we ask of you is to fulfil the requirements of citizenship and that you swear an oath before your fellow citizens that you will be loyal to our traditions that go back centuries. This common pledge is the bedrock on which Canadian society rests. That is why, starting today, my department will require that all those taking the oath do so openly. Effective today, everyone will be required to show their face when swearing the oath. I have received complaints recently from members of Parliament, from citizenship judges and from participants in citizenship ceremonies themselves that it is hard to ensure that individuals whose faces are covered are actually reciting the oath. Requiring that all candidates show their face while reciting the oath enables judges—and everyone present—to share in the ceremony and to ensure that all citizenship candidates are in fact reciting the oath as required by law. This is not simply a technical or practical measure—far from it. It is a matter of deep principle that goes to the heart of our identity and our values of openness and equality. The citizenship oath is a quintessentially public act. It is a public declaration that you are joining the Canadian family, and it must be taken freely and openly—not with faces hidden.*[3]

The government's rationale was that an oath of citizenship is a public act of devotion and loyalty to Canada in front of one's fellow citizens, and as such cannot be taken while hiding one's face. The former Minister's speaking notes reveal that the sudden implementation of the ban *"goes to the heart of our identity and our values of openness and equality."* The Conservative government implemented the new regulation on the same day as the announcement as an immediate directive under Operation Bulletin 359, which expedited the ban and extracted it from the legislative process and Parliamentary debates. The ban on full and partial face coverings was incorporated into section 6.5 of Citizenship and Immigration Canada policy manual *CP 15: Guide to Citizenship Ceremonies* (the Manual). Section 6.5 of the Manual requires candidates who wear face coverings to remove them when they recite the oath at the citizenship ceremony. Although the regulation applies to all impediments that cover the face, the Minister's speaking notes and political public rhetoric that introduced and framed the new regulation made clear who the main targets were. The same day that the ban was introduced, the former Minister made the media rounds and articulated that the decision to ban face coverings during the oath of allegiance originated from a conversation that he had

---

3.   J. Kenney, "On the Value of Canadian Citizenship."

had with one of his ministers, who complained that he had not been able to *see* whether a niqab-wearing woman had indeed recited the oath of allegiance. The former Minister stated that he found it bizarre that women had been allowed to cover their faces while swearing their allegiance to Canada.

In an interview with the Canadian Broadcasting Corporation's "Power and Politics" with Evan Solomon (2011), former Minister Kenney reiterated that the citizenship oath is a public declaration of one's desire to join the *"Canadian family,"* which an individual makes in front of their fellow citizens and representatives of the state. Moreover, the former minister stated that the *"tribal custom"* belonged to tribal societies that force women to cover their faces and tend to treat women as property. When pressed as to whether the ban could be considered an infringement on religious rights, the former Minister drew the parameters between religion as acceptable by responding that *"the notion that* [covering] *is a religious obligation is something I don't accept,"* and called the practice of covering a *"cultural tradition"* and a *"tribal custom."*

The representation and association between the wearing of a niqab and gender oppression are so pervasive that they no longer necessitate substantiation. Contemporary views often reproduce this homogeneous colonial and imperial narrative that perceives the burqa and niqab as symbols of oppression and subordination that are seamlessly embedded in narratives replicated in political debates, legal arguments and social discourse.[4] Many contemporary debates over Muslim women's corporeal practices such as wearing the niqab and hijab carry with them this history and discourse that harbours representations and constructions about their religious choice and bodily practice. Muslim women who cover do so for a variety of reasons including as a tool of empowerment or modesty, or a public expression of religious, ethnic and cultural identity. For some, veiling is a religious obligation; these women interpret specific verses in the Qur'an (24:30-31; 33:59) as divine commands to cover as an embodiment of modesty and an integral step on their road to piety. These verses have been interpreted, debated and argued among varying communities both inside and outside of Islam. Scholars, historians and communities differ over this historically complex issue.

---

4. Z. P. Alibhai, "Read Her Lips: ... ," p. 124.

It is important to note that the resiliency and pervasive discourse of the oppressed Muslim woman as the penultimate victim of her tribal society is historically rooted in colonial and imperial history,[5] what Lister argues is colonial history invading the present.[6] The over-reliance on Muslim women's visible religiosity to demarcate the boundaries between religious practices that are constructed and represented as acceptable and those that by default are marked as unacceptable frames conditional inclusion narratives that have become embedded in citizenship debates,[7] and, as the Conservative government endeavored to achieve with their policy, citizenship rights became contingent on the visuality of what the prospective citizen looks like. Visibly *seeing* a prospective citizen's lips move became a pre-condition for Canadian citizenship. The conjoining of visuality with access to citizenship bears the imprints and the scars of past exclusion from Canadian history on the basis of race, gender, national origin, religion and indigenous status.[8]

Paul Bramadat and David Seljak argue that past exclusions necessitate a deeper analysis of Canadian history. Since the 1970s, Canada has become both *more* secular and *more* religiously diverse—and this linkage is embedded in structures that were first defined by Christianity and then infused into a Canadian-style secularism which privileges the beliefs, values and practices of the historical, cultural and religious majority. The historical relationship between Christianity and Canadian national identity is rooted between 1841-1960, during what Bramadat and Seljak term the era of "Christian Canada," and comprised of mainline Protestant and Roman Catholic contingencies of nation builders. This Christian delegation divvied up government benefits and resources in accordance with various Christian sects and embedded its own hierarchy of status and privilege. For instance, mainline Protestant churches (Anglican, Presbyterian and United) enjoyed special privileges that included government respect and acknowledgement, access and support. The Roman Catholic Church shared to a limited extent in this "special status," but lesser and more marginalized Christian sects such as Mennonites, Jehovah's Witnesses, Hutterites, Eastern Orthodox and conservative evangelicals were excluded altogether. Bramadat and Seljak contend that, during this time, to be Canadian was to be Christian—although "being Christian"

---

5.   J. Zine, *Islam in the Hinterlands:* ....
6.   R. Lister, *Citizenship: Feminist Perspectives.*
7.   S. Kassam and N. Mustafa, "Veiling Narratives: ...", p. 75.
8.   A. Shachar, "Squaring the Circle ...", p. 55.

wasn't enough—minority Christian groups such as the Mennonites and Doukhobors were victims of discrimination and prejudice from majoritarian Christianity. Bramadat and Seljak argue that, currently, "to be Canadian is to be Christian" has been replaced by the idea that to be a good Canadian (egalitarian, democratic, rational and multicultural) one must be secular, or at least the right kind of religious adherent, one whose religiosity is confined to private life. Jessica Radin has referred to these remnants as "the religious ghosts of the state"[9] who carry the ancestral residue of its Christian past. Power relations are most visible "through the eyes of yesterday's citizens (and non-citizens), and those who erected and patrolled the nation's gates, so that the contemporary dilemmas of citizenship can be made visible and rendered subject to critical scrutiny."[10] In the absence of informed critical scrutiny, Beaman warns that biases, debates and discussions can be "structured so that the dominant group norms appear universal and superior while minority group norms appear to be self-focused and inferior."[11]

In stark contrast, niqab-wearing women articulate qualitatively diverse rationales and understandings of why and how they embody their practice. Therefore, the perspectives and voices of niqab-wearing women become more necessary to countermand the political rhetoric that represents and constructs a monolithic female identity.[12] Natasha Bakht argues that framing the niqab from the perspective of the wearer occurs at the intersection of public space and the citizen, since the capacity to actively shape public space necessarily engenders a more nuanced perspective on wider debates of what religion is, what its boundaries are, and how religious practices are defined in relation to concepts of equality.[13] Indeed, Zunera Ishaq submitted to the Court that the purpose and effects of the government's policy were unconstitutional, since they infringed on her religious beliefs and compelled her and others like her to temporarily abandon a religious practice. Ishaq further submitted that, in fact, the effects of the government's policy were enough to violate the Canadian Charter of Rights and Freedoms, Part I of the *Constitution Act, 1982* section 2(a), which affirms the fundamental freedom of conscience

---

9. J. L. Radin, "Review," p. 108.
10. D. E. Chunn, R. J. Menzies and R. L. Adamoski, *Contesting Canadian Citizenship Historical Readings*, p. 15.
11. L. G. Beaman, *Defining Harm: ...* , p. 59.
12. N. Bakht, *In Your Face: ...* .
13. N. Bakht, "Getting to Know: ... ," p. 1.

and religion and that 15(1) every individual is equal before and under the law without discrimination and, in particular, without discrimination based on race, national or ethnic origin, colour, religion, sex, age or mental or physical disability. Nevertheless, the contingency towards access to the status and rights of Canadian citizenship became co-opted and dependent on the value of the uncovered face, since both the former Prime Minister and the former Minister of Citizenship and Immigration publicly announced that the requirement to "un-cover" one's face during the oath of allegiance was neither a practical or a technical measure, but went to the heart of Canadian identity and, in and of itself, was packaged as an "act of citizenship."[14] The co-opting of niqab-wearing Muslim women's bodies, and Zunera Ishaq in particular, served as a disciplinary act of public patriarchy and state sovereignty.

ZUNERA ISHAQ V. THE MINISTER OF CITIZENSHIP AND IMMIGRATION 2015 FC 156

On 30 December 2013, a citizenship judge approved prospective Canadian citizen Zunera Ishaq's application for citizenship. On 14 January 2014, Ms. Ishaq was due to recite her oath of citizenship. The oath of allegiance is the last step in the long process towards becoming a Canadian citizen. Under the *Canadian Citizenship Act*, a prospective citizen must take the oath of citizenship in order to be considered a Canadian citizen. Ms. Ishaq is a devout Sunni Muslim, whose religious beliefs obligate her to wear the niqab in public. Let us recall that, according to the guidelines in the *Citizenship and Immigration Policy Manual* (section 6.5, [the Policy]), "candidates wearing face coverings are required to remove their face coverings for the oath taking portion of the ceremony." Ms. Ishaq agreed with the content of the oath, but objected to section 6.5, because it required her to temporarily abandon her religious beliefs. Ms. Ishaq filed for judicial review. She asserted that the Conservative government's guidelines infringed on paragraph 2(a) of the Canadian Charter of Rights and Freedoms, which affirms the fundamental freedom of conscience and religion. The presiding Federal Court judge, Keith Boswell, ruled in Ms. Ishaq's favour and deemed the government's ban against wearing the niqab during the oath of allegiance at the Canadian citizenship ceremony unlawful.

---

14. S. H. Razack, "A Site/Sight We Cannot Bear: ... ," p. 176.

The attempt of the legal remapping of the auditory (hearing the oath) to the visual (seeing the oath recited) was one that Judge Boswell adjudicated as "superfluous," since, as he pointed out, pursuant to subsection 19(1) and 20(1) of the Regulations, at the time the person takes the oath of citizenship there is a signed certificate in prescribed form (of the text of the oath) *certifying* that the person has taken the oath, and the certificate is countersigned by the citizenship officer and forwarded to the Registrar.

Lawyers for the Minister of Citizenship and Immigration filed a notice with the Court of Appeal to reverse the ruling. On 15 September 2015, the federal Court of Appeal upheld Judge Boswell's ruling 0-3. Delivering the judgement from the bench, the three justices explained that the swiftness (half a day) with which they dismissed the appeal was in large part to allow Ms. Ishaq to become a Canadian citizen in time to vote in the 19 October 2015 election. The critical issue at the time was that non-compliance with the removal of face coverings during the recitation of the oath of allegiance would have relegated prospective citizens such as Ms. Ishaq to permanent residency status. Permanent residents cannot hold public office or vote.

THE POLITICS OF SPACE AND BELIEF

As I noted in the previous section, the symbolic and legal signifi-cance from which the government accords the materiality of the space of the citizenship ceremony reflects the very literal grounds upon which proper subject formation and citizenship are embodied, enacted and defined. In this way, space is produced to reflect a specific cultural and historical context and the politics of belief. As Doreen Massey[15] argues, space is one of the axes along which we experience and conceptualize the world. From a socio-spatial perspective, space is not only a place where "things happen," but rather a "social action situation" in which material (including bodily) and discursive relations are interwoven.[16] Indeed, when the regulation of space—such as during the Canadian citizenship ceremony—is contingent on the visibility of the face that represents a particular episteme and ordering of the nation contingent on an exclusive

---

15.   D. B. Massey, *Space, Place, and Gender*.

16.   *Ibid.*, p. 4.

4 – AT FACE VALUE? THE POLITICS OF BELIEF

ideal of citizenship, it is precisely here, where *statecraft* under the auspices of liberal governance is most visible. Talal Asad argues that a distinctive feature of modern liberal governance is neither compulsion nor negotiation but statecraft[17] that uses 1) "self-discipline" (Canadian citizenship candidates wearing face coverings are required to remove them for the oath); 2) "participation" (when prospective citizens do not comply with the government's directive and remove their face covering, their application for citizenship is terminated); and 3) "law" (the federal government appealed the Court of Appeal's ruling to the Supreme Court of Canada and then sought an immediate stay of the Court of Appeal's ruling, which would have prevented Ishaq from attaining Canadian citizenship before the upcoming federal election).[18] In turn, the federal Court of Appeal denied the government's request and (once again) instructed that Ishaq be allowed to take the oath of citizenship in order to be able to vote in the upcoming election.[19] In this way, the state uses statecraft neither for compulsion or negotiation but as a political strategy that functions to withhold niqab-wearing women's access to citizenship, and full and equal participation within the nation.

Space is not, and has never been, simply an abstract theory of fixed surfaces or "things." The spatial is a product of social, cultural, political and economic relations, processes and practices that are engaged and co-created. In the previous section, I examined the revaluation of space by the Conservative government's public statements that linked the space of the citizenship ceremony to a reinterpretation of Canadian values; a shift from the citizenship space as not only physical and material but a state of mind, a mental, psychological, social and symbolic way of being Canadian or, more aptly, how to be Canadian, that is bound up in power and politics.[20] This revaluation of spatial politics demonstrates the necessity to become more attentive to the mechanisms of power and the cultivation of space as a site for orientalist constructed historical narratives that act as motive and effect in contemporary discourses. Space is also about control and struggle over power, rights, meaning, identity, inclusion and, most importantly, how the regulation of space influences and shapes the future. This tensional atmosphere of spatial politics, then, moves us to consider who controls the spatial conditions for telling historical narratives,

---

17. T. Asad, *Formations of the Secular* : ... .
18. W. Kymlicka, *The Precarious Resilience* ... , p. 129.
19. *Ibid.*, p. 136.
20. C. R. Cotter, "What Lies between Exploring ... ," p. 3.

because it is within these spatial conditions that we can most clearly see who is producing such narratives and how such stories gain prestige and authority to become part of the landscape of the social world.

At the same time, Doreen Massey argues that space is co-constitutive of multiplicity; space has its own varying degrees of density that are constituted through flows and interactions that unfold to open up the dimensions of multiple and contested processes of power and the agency of the happening of multiplicity as possibility.[21] Massey contends that, in this way, space is always "under construction" and "never finished"[22] in order to make possible the engagement with new social formations and multiple relationships intersecting within those formations.

These formations provide the opportunity for the enablement of new relations that are being generated through the coming together of previously separate or disparate trajectories.[23] Following Massey's influence, Chantal Mouffe notes that space should be understood in two ways: where different social relations can be envisioned and where different forms of political agency are constructed. From this vantage point, space is active, dynamic and a series of movements open to the possibility of a place of becoming.[24] Place is defined through the coming together of a whole series of overlapping relationships and understandings. Massey argues that places can be seen as "a momentary co-existence of trajectories and relations; a configuration of multiplicities of histories,"[25] and, I would add, intersecting histories that are in the process of being not only made but unmade. From this vantage point, space is active, dynamic and a series of movements open to possibility and on the precipice of social change, the substance of which, if we think spatially, is that spaces can act as hybrid sites for the flourishing of counterpublics that can speak against totalizing narratives as I discuss in the next section, an act of citizenship.

---

21. D. B. Massey, D. Featherstone and J. Painter, *Spatial Politics: ...* , p. 8.
22. D. B. Massey, *op. cit.*, p. 3.
23. L. Grossberg, "Theorizing Context," p. 38.
24. W. Connolly, *Pluralism*.
25. D. B. Massey, *op. cit.*, p. 229.

COUNTERPUBLICS AND ACTS OF CITIZENSHIP ON THE VIRTUAL PUBLIC SQUARE

In her essay "Rethinking the Public Sphere: A Contribution to the Critique of Actually Existing Democracy," Nancy Fraser distinguishes between the public sphere and state apparatuses and economic markets. She defines the public sphere both as a site for "the production and circulation of discourses that can in principle be critical of the state," and as a "theater for debating and deliberating rather than for buying and selling."[26] Fraser furthers that, while the public sphere is separate from market relations and state apparatuses, hierarchical power relations in a stratified society delimit the quality of access to and participation in public spheres, thus rendering what Jürgen Habermas calls the "liberal model of the bourgeois public sphere." As such, public spheres are by necessity diverse, varied and multitudinous, including bourgeois publics comprising those with high social status, and "counterpublics" comprising those with lower social status who are typically excluded from established forms of public participation. By Fraser's estimation then, counterpublics can foster meaningful deliberations and full democratic participation within the public sphere and between the public sphere, the state and the market economy.[27]

It is necessary to consider these representations of the public sphere as a means that serves several critical functions aligned with revaluations of the public sphere. Distinct from state apparatuses of control, the public sphere should ideally not only cultivate rich debates and interrogations of state leaders and institutions, but also build the power of ordinary members of society to participate in civic life and strengthen democracy.[28] From this standpoint, Fraser contends that the transformative capacity of the public sphere enables the possibility of the *subaltern counterpublic* that historically emerged in response to exclusions within dominant publics. Fraser argues that members of subordinated social groups—women, workers, people of colour, gays and lesbians—employed public space as parallel discursive arenas where counter discourses circulate which enable subordinated groups to formulate oppositional interpretations of

---

26. N. Fraser, "Rethinking the Public Sphere: ... ," p. 57.
27. *Ibid.*
28. *Ibid.*

114

their identities, interests and needs,[29] reducing but not completely eliminating the power differentials in official public spheres. As Collins argues, configurations of power enable domination of any number of marginalized groups in society. Moreover, "any specific matrix of domination has (1) a particular arrangement of intersecting oppression, e.g. race, social class, gender, sexuality, citizenship status, ethnicity and age; and (2) a particular organization of its domains of power, e.g. structural, disciplinary, hegemonic, and interpersonal."[30] Despite this, new sites for agency can flourish when the boundaries of space are transgressed, re-shaped and opened.

Isin and Nielson argue that, while citizenship practices are performative and institutionally accumulated processes, acts of citizenship are "the enactment that transforms a subject into a citizen and instantiates a scene in which other subjects are differentiated with the claimant."[31] Acts of citizenship, then, address and call into being a subaltern counterpublic, while performative citizen practices institutionalize *the* public.

> Acts of citizenship are understood as deeds that contain several overlapping and interdependent components. They disrupt habitus, create new possibilities, claim rights and impose obligations in emotionally charged tones; pose their claims in enduring and creative expressions, and, most of all, are the actual moments that shift established practices, status and order.[32]

As I discuss in the next section, for Zunera Ishaq, her acts of citizenship coalesced with parity of participation and, in this way, regardless of formal status—she claimed, enacted and constituted herself as a Canadian citizen through her very public act of citizenship.

Fraser suggests that *parity of participation* is a useful tool for scrutinizing the nature and state of our relationships in and with the world. If the process of appropriation (through participation) fails, we end up in states of alienation. During the early second wave of the women's movement, Fraser pointed out that "parallel discursive arenas" include a "variegated array of journals, bookstores, publishing companies, film and video distribution networks, lecture series, research centers, academic programs, conferences, conventions, festivals, and local meeting places."[33] In this

---

29. *Ibid.*, p. 67.
30. P. H. Collins, "Gender, Black Feminism …," p. 299.
31. E. F. Isin and G. M. Nielsen, *Acts of Citizenship*, p. 18.
32. *Ibid.*, p. 10.
33. N. Fraser, *op. cit.*, p. 67.

way, Jane Mansbridge furthers then that such spaces allow the similarly situated and, I would add, multiple identities and subjectivities to link, organize and flourish to make their own sense of what they have experienced. These spaces have deliberative uses even for members of dominant majorities, and are crucial for the marginalized as a protection against hegemonic discourse.[34]

To countermand these discourses, Zunera Ishaq penned an opinion piece in Canada's highest-circulated newspaper, the *Toronto Star*, titled: "Why I Intend to Wear a Niqab at My Citizenship Ceremony."[35] Ishaq draws the reader into her lifeworld through imagery—"chasing my boys in the snow"—to illustrate her daily life. She threads her opinion pieces with moments of lived religion and lived citizenship that co-exist, and at times become each other. For instance, Ishaq writes of volunteering at women's shelters and schools and planting trees. She draws from her faith as an embodiment of her Canadian values. Indeed, Ishaq harnesses the tools of the public sphere to not only contradict the stereotypes, representations and constructions of niqab-wearing Muslim women, but to reclaim, shape and create her own platform for communicating her personal narrative on her own terms. She centres her religious practice as a serious choice that she made and links the freedom for a citizen to choose the type of citizen they want to be as more of a Canadian value and what it means to be Canadian than what they have chosen to wear.[36] Ishaq creates her own *subaltern counterpublic*. Indeed, the co-creation of discourse, representation and language is brought into clearer focus by unravelling the ways in which power operates in covert and overt forms that allow specific understandings of "religion," "citizenship," "national identity" and "gender" to become dominant, authoritative and implicated in the production of "new" identities that are acceptable in public life or the public sphere. Nevertheless, this is not to say that even when identities are not chosen by but imposed on women, they nonetheless develop their own strategies, daily negotiations, spatial complexities and possibilities in order to maintain their own sense of self and redefine the boundaries of "public" space, more specifically, when the suppleness of public space provides the cognizant and conscious sense of freedom for

---

34. J. Mansbridge, "The Long life of Nancy Fraser ... ," p. 57.
35. Z. Ishaq, "Why I Intend to Wear a Niqab ... ."
36. *Ibid.*

what Foucault calls *fearless speech*—expressing resistance within structures of power, despite threats of discipline, ridicule, or punishment.[37]

In so doing, it becomes possible not only to broaden and push the boundaries of public space but to produce the existence of an array of spaces that counter and conflict with dominant representations of niqab-wearing Muslim women and the modes of exclusion and marginalization that are engendered by these depictions. I argue that, in and of themselves, new and/or alternative spatial frameworks are not separate from the public sphere so to speak, but do open a more equitable avenue for agency, empowerment and, when necessary, dissent. Crucially, not only are the boundaries of public space redefined, but they enable a more meaningful and healthy conversation about the sharing of public space to maintain pluralist democracies.[38] Continuing this line of thought, we can imagine then an enchanted counterpublic or, in the words of William Connolly, "little spaces of enchantment, both individually and collectively, partly for your own sake and partly to lend energy to political struggles against unnecessary suffering."[39] Drawing from these conceptions of space, in the next section I explore the prescient power of the space of the museum, specifically the Bradley Museum of Mississauga, the space of enchantment where Zunera Ishaq was "flattered" to remove her niqab.

CONTESTED SPACES: TRANSFORMATIVE PLACES

In museums, the way that power is constituted and maintained can be observed very clearly. In addition, as mentioned before, in such spaces, power can also be transgressed, destabilized and reformed to create a new social, cultural and political imaginary. The stories that regional museums tell and the objects they choose to display are rooted in and resonate with the local community. The diverse meanings of "community" in museums and the objects they display intersect in varying ways. Kyoko Murakami states that forming community museums is a process that is dialogic and discursive and that can encourage a better sense of personal and collective identity. Indeed, museums are "dialogical" because they are places that are shaped by social discourses (external), and they also contribute to the production of dialogue (internally). As institutions that

---

37. M. Foucault and J. Pearson, *Fearless Speech*.
38. M. Adrian, *Religious Freedom at Risk:...* , p. 9.
39. W. Connolly, *op. cit.*, p. 17.

operate through processes of dialogue and collaboration (even if only internally), they engage in and provide opportunities for more dialogically negotiated forms of recognition. They create borders, but also enable those borders to be "questioned, crossed, resisted and used as productive places of engagement and mixture."[40]

Museums are understood to serve as "engines of social transformation," whose purpose is imbued with the responsibility to better inform through their collections. As such, "museums incorporate extensive historical and cultural research into their exhibitions, integrating personal stories and social and political histories rather than only displaying ostensibly representative cultural traditions and objects."[41] Displaying the diversity of everyday living and societies is a significant element of representing heritage of places and peoples. Heritage, as such, is more than just an artifact; it is "a constitutive cultural process" and a discursive practice that emphasizes the movement of people, meanings, memories and experiences.[42] Indeed, the stories regional museums tell and the objects they display are rooted in and resonate with the local community.

Like museums, objects have a long history as storehouses of meaning and transmitters of social, cultural, political and religious information. Some objects experience lives of travel, change, disruption, protest, transformation, prohibition and influence and are subjected to celebrity and gossip.[43] From this perspective, I turn towards an object on display, Zunera Ishaq's niqab at the Bradley Museum in Mississauga, Canada. In effect, objects have their own history and story to tell that can "speak back" to dispel myths, stereotypes and divisions, which, as we have seen, are not only part of the past but also part of the present. To countermand colonial history in the present and for our purposes move past the orientalist matrix towards a theory's redemption is tricky, since inter- and intracommunity debates over the niqab are complex, nuanced, competitive and divisive, and involve alternative and conflicting narratives.

Through the course of history, museums have long been recognized as spaces that reflect and actively shape national identity.[44] Museums are spaces of power, belonging, acceptance and identity. They reflect, produce

---

40. C. Gordon-Walker, "The Process of Chop Suey ... ," p. 23.
41. *Ibid.*, p. 22.
42. L. Smith, *Uses for Heritage*, p. 3.
43. V. Amiraux, "Visibility, Transparency ... ," p. 43.
44. M. Aronczyk, "Raw Materials: ... ," p. 71.

and unite visions of collective meaning between subjects and objects, between individuals or communities and the worlds they weave about themselves.[45] They are active spaces that contain messages from the past that comment on the present and imagine a new world "in the making." Museums can validate, empower and transform those who enter their space towards new avenues of thought, knowledge and alternative ways of being and knowing. Yet, at their very core, they play a pivotal role in the production, definition, shaping and influencing of knowledge creation, building and bridging. Yet, museums are also the woeful bearers and displayers of cultural, social and political violence and power.

Museums have the prescient power and the capacity to define, shape and reshape communities, countries and civilizations. They can challenge and transform the way we "see" the world and provide a way to foster a deeper understanding of the past that can offer new opportunities in the present. On display at the Bradley Museum and part of the exhibit "Being Canadian: Stories Told through Film" is an object of "living heritage." In this case, the "object" was the subject of public and Parliamentary debate, national controversy and policy.

The Bradley Museum of Mississauga is a regional heritage complex that displays community artifacts and collects and shares stories of the community that best reflect the global heritage of the 74 distinct ethnic groups that call Canada's sixth largest city, Mississauga, their home.[46] The Bradley Museum Complex (part of the Museums of Mississauga) presents the social and cultural history of the city of Mississauga's residents. Located on the edge of Lake Ontario, the Bradley Museum is a fixture of Mississauga's history. Built in the 1830s and spread over two acres, it includes four other buildings, three of which have been designated Ontario heritage sites. According to its mission statement, the museum is committed to "connect and share with the community artifacts and stories that reflect the truly global social fabric of our city and focus on the inspiring stories of our residents in Mississauga." Chief curator and manager of the Museums of Mississauga, Stuart Keeler, states that his goal is to take the museum forward "towards a living heritage approach where all residents see themselves reflected in the story of Mississauga."[47]

---

45. D. Preziosi and C. Farago, *Grasping the World*: ... , p. 1.
46. museumsontario.ca, *op. cit.*
47. J. Stewart, "The Niqab Issue Unveiled ... ."

During the 2015 federal election campaign, Canadians listened to government officials and a sitting Prime Minister publicly shame and accuse Zunera Ishaq and Muslim women who wear the niqab of having values that "conflict with Canadian values," of being threats to successful integration and, therefore, cannot belong to the Canadian family. In this respect, then, the visual became the boundaries of the imagined or desired Canadian family.

Chief curator and manager of the Museums of Mississauga, Stuart Keeler, saw the Zunera Ishaq case differently, and referred to Ishaq's niqab as representative of Mississauga and marking a significant moment in Canadian history.[48] The text that accompanies the object reads:

> The niqab shown here was worn by resident Zunera Ishaq during her Canadian Citizenship ceremony in October 2015. Zunera gained international and national attention for her desire to wear her niqab while taking the oath to become a Canadian citizen. Her story resonates not only within Mississauga but with others across Ontario and Canada. This is a global conversation. It sparked a country wide conversation regarding the choice to wear the niqab and issue of accommodating religious freedom in a democratic society. It is an important story for our collection to share with future generations. It represents a moment in Canadian history that has historical relevance that needs to be remembered and shared for the future.[49]

There are two implications that are particularly significant in the inclusion of Zunera Ishaq's niqab. Religious objects do not exist in a void. Isolating them can temporarily detach them from the social relations of the world, which assumes a simple identity. At the same time, does the niqab isolated from the female body minimize the political discourse and the political narratives that call for its regulation in public spaces?

Crispin Paine[50] cautions that once an "object" transforms into a "museum object" and goes on display, it acquires a new meaning, new values and a new personality. It can, as I discuss below, slip into new and uncertain roles and meanings. When museums decide to display a religious object, they have, according to Paine, two great responsibilities and challenges they must address. I detail two: the first is to help visitors "see" the object through the eyes of the devotee, believer and/or worshipper, and the second is that museums that display religious objects have a

---

48. *Ibid.*
49. museumsontario.ca, *op. cit.*
50. C. Paine, *Religious Objects ... ,* p. 15.

responsibility to use those objects to promote mutual understanding as an act "in" service to the community, since when one is looking at an artifact and/or collection, one is looking at a conversation. Weber argues that, through an analysis of the cross-cultural trajectories of the "social life of things,"[51] we can address the gap in the existing body of knowledge.

The paradox lies in the fact that Zunera Ishaq's legal battle began in Mississauga, but that the opportunity for understanding and meaning-making that takes place with the display of her niqab shapes knowledge through the assertion of a more complex Canadian identity and interpretation of Islam on her own terms. Yet the object's face value is not as simple as curators may assume. Hal Foster argues that referring to those aspects of the visual that are socially and culturally constructed becomes an act of "looking relations." As opposed to *vision*, "the physiological substrate of seeing, visuality is historically reproduced through material, sociotechnical infrastructures, devices, practices, and discourses."[52]

Museum collections and displays serve to transmit histories and memories from physical objects, but the caveat remains that the meaning of the object lies in the changing perception of the visitor. In this way, the display of Ishaq's niqab is more of an opening towards the possibility of creating a common conversation. For instance, "objects" that are displayed are generally divided into intrinsic and extrinsic information.[53] Intrinsic information is the information carried by the object itself, merely awaiting someone to "extract" it. Intrinsic information includes the object's shape, colour, material and condition. Extrinsic information, on the contrary, is information derived from outside the object: where it came from, who owned it, how it was used, its potential and actual meaning. At the same time, the display of Ishaq's niqab can symbolically reappropriate the space by communicating its presence *in* and *of* Canada and in this way become an act of citizenship and belonging.

This chapter explored the regulation of the space of the Canadian citizenship ceremony by the Conservative government's face covering ban during the oath of allegiance. The government used the regulation of space and the necessity of the un-covered face as a symbol of national

---

51. S. Weber, "A Concert of Things: ... ," p. 29
52. H. Foster, *Vision and Visuality*, p. ix.
53. T. Ambrose and C. Paine, *Museum Basics*, p. 191.

identity. The government attempted to define national identity and religious identity as distinct from each other and as a form of statecraft that controls those within it and those outside "discursively and materially."[54] On the other hand, this chapter showed how Zunera Ishaq shifted the politics of regulated space and reclaimed her own counterpublic through her acts of citizenship. With remarkable insight, Zunera Ishaq stated that she wants people to see her actions, not her face.[55]

BIBLIOGRAPHY

Adrian, Melanie. *Religious Freedom at Risk: The EU, French Schools, and Why the Veil was Banned*. Muslims in Global Societies Series, vol. 8, Cham, Switzerland: Springer International Publishing, 2016.

Alibhai, Zaheeda P. "Read Her Lips: The Ban on Wearing the Niqab and Burqa at the Canadian Citizenship Ceremonies 2011-2015." In Yana Meerzon, David Dean and Daniel McNeil (eds.). *Migration and Stereotypes in Performance and Culture*. Contemporary Performance Interactions Collection. Cham, Switzerland: Palgrave Macmillan, 2020.

_____. "The Boundaries of Religious Pluralism." In Jan-Jonathan Bock, John Fahy and Samuel Everett (eds.). *Emergent Religious Pluralisms*. Palgrave Studies in Lived Religion and Societal Challenges Collection. Cham, Switzerland: Palgrave Macmillan, 2019.

Alinia, Minoo. "On Black Feminist Thought: Thinking Oppression and Resistance Through Intersectional Paradigm." *Ethnic and Racial Studies*, vol. 38, n° 13, 2015, p. 2334-2340.

Ambrose, Tim, and Crispin Paine. *Museum Basics*. New York: Routledge, 2012.

Amiraux, Valerie. "Visibility, Transparency and Gossip: How Did the Religion of Some (Muslims) Become the Public Concern of Others?" *Critical Research on Religion*, vol. 4, n° 1, 2016, p. 37-56.

Aronczyk, Melissa. "Raw Materials: Natural Resources, Technological Discourse, and Making of Canadian Nationalism." In Genevieve Zubrzycki (ed.). *National Matters: Materiality, Culture, and Nationalism*. Stanford: Stanford University Press, 2017.

Asad, Talal. *Formations of the Secular: Christianity, Islam, Modernity*. Stanford: Stanford University Press, 2003.

Bakht, Natasha. "Getting to Know the Other: Niqab-Wearing Women in Liberal Democracies." *Religions*, vol. 13, n° 4, 2022, p. 1-12.

_____. *In Your Face: Law, Justice, and Niqab-wearing Women in Canada*. Toronto: Delve Books, 2020.

---

54. K. M. Morin and J. K. Guelke, *Women, Religion, ...* , p. xix.
55. L. McKeon, "Zunera's War ... ."

Beaman, Lori G. *Defining Harm: Religious Freedom and the Limits of the Law*. Vancouver: UBC Press, 2008.

Bennet, Tony. "Exhibition, Difference and the Logic of Culture." In Ivan Karp and Corrine A. Kratz (eds.). *Museum Frictions*. Durham: Duke University Press, 2006.

Bradley Academy Museum. http://www.bradleymuseum.com/.

Bullock, Katherine. *Rethinking Muslim Women and the Veil: Challenging Historical and Modern Stereotypes*. Herdon, VA: International Institute of Islamic Thought, 2002.

Chunn, Dorothy E., Robert J. Menzies and Robert L. Adamoski. *Contesting Canadian Citizenship: Historical Readings*. Peterborough: Broadview Press, 2002.

Collins, Patricia Hill. "Gender, Black Feminism, and Black Political Economy." *The Annals of the American Academy of Political and Social Science*, vol. 568, n° 1, 2000, p. 37-56.

_____. *Black Feminist Thought: Knowledge, Consciousness, and the Politics of Empowerment*. New York: Routledge, [1990] 1999.

Connolly, William. *Pluralism*. Durham: Duke University Press, 2005.

Cotter, Christopher R. "What Lies between Exploring the Depths of Social Identities between the Sacred and Secular." In Abby Day, Giselle Vincet and Christopher R. Cotter (eds.). *Social Identities between the Sacred and Secular*. Burlington: Ashgate, 2013.

Downey, John, and Natalie Fenton. "New Media, Counter Publicity and the Public Sphere." *New Media & Society*, vol. 5, n° 2, 2003, p. 185-202.

Foster, Hal. *Vision and Visuality*. Seattle: Bay Press, 1988.

Foucault, Michel, and Joseph Pearson. *Fearless Speech*. Los Angeles: Semiotexte, 2001.

Fraser, Nancy. "Rethinking the Public Sphere: A Contribution to the Critique of Actually Existing Democracy." In Craig Calhoun (ed.). *Habermas and the Public Sphere*. Cambridge, MIT Press, 1992.

Gordon-Walker, Caitlin. "The Process of Chop Suey: Rethinking Multicultural Nationalism at the Royal Alberta Museum." In Susan Ashley (ed.). *Diverse Spaces: Identity, Heritage and Community in Canadian Public Culture*. Newcastle: Cambridge Scholars Publishing, 2013.

Grossberg, Lawrence. "Theorizing Context." in Doreen B. Massey, David Featherstone and Joe Painter (eds). *Spatial Politics: Essays for Doreen Massey*. Chichester: Wiley-Blackwell, 2013.

Ishaq, Zunera. "Why I Intend to Wear a Niqab at my Citizenship Ceremony." *Toronto Star*, 16 March 2015, consulted on 11 January 2022, https://www.thestar.com/opinion/commentary/2015/03/16/why-i-intend-to-wear-a-niqab-at-my-citizenship-ceremony.html.

Isin, Engin F., and Greg Marc Nielson. *Acts of Citizenship*. London, New York: Zed Books Ltd., 2008.

Kassam, Shelina, and Naheed Mustafa. "Veiling Narratives: Discourses of Canadian Multiculturalism, Acceptability and Citizenship." In Anna-Mari Almila and David Inglis (eds). *The Routledge International Handbook to Veils and Veiling Practices*. New York: Routledge, 2018.

Kenney, Jason. "On the Value of Canadian Citizenship." *Archived Speaking Notes*. Montreal, 11 December 2011, consulted on 11 January 2022, https://www.mississauga.com/blogs/post/6137142-the-niqab-issue-unveiled-our-fundamental-values.

Kymlicka, Will. "The Precarious Resilience of Multiculturalism in Canada." *American Review of Canadian Studies*, vol. 51, n° 1, 2021, p. 122-142.

Lefebvre, Solange. "Space, Religious Diversity, and Negotiation Processes." *Social Inclusion*, vol. 8, n° 3, 2020, p. 251-261.

Lister, Ruth. *Citizenship: Feminist Perspectives*. New York: New York University Press, [1997] 2003.

MacCharles, Tonda, and Ben Spurr. "Harper Pitting Country Against Muslims, Some Niqab Wearers Say." *Toronto Star*, 7 October 2015, consulted on 11 January 2022, https://www.thestar.com/news/federal-election/2015/10/07/harper-pitting-country-against-muslims-some-niqab-wearers-say.html.

Mansbridge, Jane. "The Long Life of Nancy Fraser: 'Rethinking the Public Sphere.'" In Banu Bargu and Chiara Bottici (eds.). *Feminism, Capitalism, and Critique: Essays in Honor of Nancy Fraser*. Chams, Switzerland: Springer International Publishing, 2017.

Massey, Doreen B., David Featherstone and Joe Painter. *Spatial Politics: Essays for Doreen Massey*. Chichester: Wiley-Blackwell, 2013.

_____. *Space, Place, and Gender*. Minneapolis: University of Minnesota Press, 1994.

McKeon, Lauren. "Zunera Ishaq's War." *Toronto Life*, 8 March 2016, consulted on 27 May 2022, https://torontolife.com/city/zunera-ishaq-niqab-ban/.

Morin, Karen M., and Jeanne Kay Guelke. *Women, Religion, & Space: Global Perspectives on Gender and Faith*. Syracuse: Syracuse University Press, 2007.

Mukerji, Chandra. "Artisans and the Construction of the French State: The Political Role of the Louvres Workshops." In Genevieve Zubrzycki (ed.). *National Matters: Materiality, Culture, and Nationalism*. Stanford: Stanford University Press, 2017.

museumsontario.ca. "Niqab." Mississauga, consulted on 11 January 2022, https://members.museumsontario.ca/museum/Bradley-Museum/insiders-look/Niqab.

Paine, Crispin. *Religions Objects in Museums: Private Lives Public Duties*. London: Routledge, 2020.

Payton, Laura. "Face Veils Banned for Citizenship Oaths." *CBC News*, 12 December 2011, consulted on 11 January 2022, https://www.cbc.ca/news/politics/face-veils-banned-for-citizenship-oaths-1.1048750.

Preziosi, Donald, and Claire J. Farago. *Grasping the World: The Idea of the Museum*. Burlington: Ashgate Publishing, 2004.

Radin, Jessica L. "Review." *Middle East Law and Governance: An Interdisciplinary Journal*, vol. 8, n° 1, 2016, p.105-118.

Razack, Sherene H. "A Site/Sight We Cannot Bear: The Racial/Spatial Politics of Banning the Muslim Woman's Niqab." *Canadian Journal of Women and Law*, vol. 3, n° 1, 2018, p. 169-189.

Shachar, Ayelet. "Squaring the Circle of Multiculturalism: Religious Freedom and Gender Equality in Canada." *Law & Ethics of Human Rights*, vol. 10, n° 1, 2016, p. 31-69.

Smith, Laurajane. *Uses of Heritage*. Abingdon: Routledge, 2006.

Stewart, John. "The Niqab Issue Unveiled Our Fundamental Values." *mississauga.com*, 26 November 2015, consulted on 11 January 2022, https://www.mississauga.com/blogs/post/6137142-the-niqab-issue-unveiled-our-fundamental-values.

Toepfl, Florian, and Eunike Piwoni. "Public Spheres in Interaction: Comment Sections of News Websites as Counterpublic Spaces." *Journal of Communication*, vol. 65, n° 3, 2015, p. 465-468.

Weber, Stefan. "A Concert of Things: Thoughts on Objects of Islamic Art in the Museum Context." In Benoit Junod et al. (eds.). *Islamic Art and the Museum: Approaches to Art and Archeology of the Muslim World in the Twenty-First Century*. London: Saqi Books, 2012.

Zunera Ishaq *v.* The Minister of Citizenship and Immigration 2015 FC 156.

Zine, Jasmine. *Islam in the Hinterlands: Exploring Muslim Cultural Politics in Canada*. Vancouver: UBC Press, 2012.

CHAPITRE 5
Un point Godwin islamique ?
Expériences subjectives de femmes
bruxelloises de confession musulmane

Emilie El Khoury

D e nos jours, les débats au sujet du concept de laïcité en Belgique évoquent souvent la question du paraître, du corps, en mettant de l'avant des tenues vestimentaires, le plus souvent féminines (comme le port du voile)[1], perçues comme ayant des attributs religieux et, de surcroît, musulmans. Ces débats parfois houleux, comme le rappelle avec raison Zuber[2], amènent les autorités en place à repenser les contours de la laïcité, et à sanctionner celles et ceux qui ne les respectent pas. Cette vision de la laïcité s'éloigne, jusqu'à un certain point, de son sens premier promulgué par la loi française de 1905, dont l'objectif énoncé était de promouvoir, entre autres, la liberté de conscience, la liberté religieuse et la neutralité de l'État par rapport aux affaires religieuses[3].

---

1. À noter que je tiens pour acquis que le port du voile ne peut faire référence qu'au voile islamique, il peut être un attribut de mode vestimentaire, un attribut de santé (ex.: pour les personnes atteintes de cancer ou d'alopécie) et un attribut relevant d'autres religions (ex.: le voile chrétien, le voile hindou et le turban sikh). J'invite le lectorat à se référer à l'ouvrage de Nicole Pellegrin, *Voiles : une histoire du Moyen Âge à Vatican II*, publié en 2017.
2. V. Zuber, « La laïcité au risque de la fraternité », p. 79.
3. Nous invitons le lectorat à lire « L'essentiel de la loi du 9 décembre 1905 de séparation des Églises et de l'État » sur le site Internet de la République française: https://www.vie-publique.fr/fiches/271400-la-loi-du-9-decembre-1905-de-separation-des-eglises-et-de-letat.

Dans ce chapitre, je présenterai certains des effets de cette transformation de la laïcité sur des femmes de confession musulmane à Bruxelles, en particulier sur celles qui portent des tenues vestimentaires visibles associées à l'islam. Les perspectives de ces femmes sont tirées de ma recherche doctorale[4] qui analyse, entre autres, les effets des exactions de Daesh sur les femmes d'obédience musulmane à Bruxelles, Montréal et Beyrouth, ainsi que les perspectives de ces femmes sur les personnes ayant rejoint ou ayant voulu rejoindre Daesh. Leurs voix doivent être considérées, puisqu'on ne peut nier qu'un fil transparent lie automatiquement, dans certains débats universitaires, journalistiques ou lambda, les personnes de confession musulmane et les mouvements se réclamant de l'islam perpétrant des attentats terroristes. Une des participantes bruxelloises me le rappelait lors de notre rencontre avec elle, pour ne citer qu'elle parmi les 92 personnes interviewées au cours de cette recherche, à propos de ce fil transparent : « *Il n'est pas transparent ce fil ! C'est un chemin de fer !* [Rire nerveux] ». Par le qualificatif « chemin de fer », elle suggère que le fil transparent est en fait fort ressenti et bien ancré.

Pour comprendre l'incidence des orientations actuelles de la laïcité et de ce lien transparent sur les femmes musulmanes à Bruxelles, je donnerai d'abord un aperçu des origines de la laïcité et de ses transformations contemporaines. Je démontrerai ensuite le lien entre la laïcité, le corps féminin et la religion islamique par l'intermédiaire du « point Godwin » islamique. Ce dernier réfère au fait d'associer rapidement des personnes qui tiennent des discours moins critiques sur l'islam et sa supposée incompatibilité avec les régimes laïques à des sympathisants d'un islam « radical » et des actions terroristes commises par des personnes de confession musulmane. En prenant pour exemple la participation de femmes musulmanes bruxelloises à des manifestations dénonçant les attentats contre *Charlie Hebdo*, j'illustrerai ensuite comment le point Godwin islamique et les nouveaux discours sur la laïcité façonnent la place que ces femmes peuvent occuper dans la société bruxelloise.

---

4.   E. El Khoury, *Lutte armée ou radicalisation violente ?* […].

MÉTHODE DE RECHERCHE

Les constats de ce chapitre proviennent d'entrevues réalisées à Bruxelles de la fin mars à juin 2017 avec 37 femmes bruxelloises. Ces entrevues ont été faites dans le cadre d'une recherche doctorale avec 92 personnes (beyrouthines [n = 36], bruxelloises [n = 37] et montréalaises [n = 19])[5]. Les données présentées dans ce chapitre reposent sur une ethnographie d'un terrain multisitué, c'est-à-dire ayant plusieurs sites de recherche[6] (Beyrouth, Bruxelles et Montréal). Afin de prendre en compte une diversité de points de vue, j'ai choisi d'interroger des participantes présentant des profils différents, tout en ayant minimalement en commun le fait de s'identifier comme musulmanes et le genre féminin. La pratique de l'ethnobiographie a été exploitée pour parfaire cette recherche; celle-ci se base particulièrement sur l'utilisation des récits de vie comme technique principale de collecte de données[7]. Les participantes ont été contactées à l'aide de la technique boule de neige, en soi du bouche-à-oreille, très commune en anthropologie[8].

Pour saisir le contexte et pour comprendre les propos des récits de vie recensés tout au long de cette recherche, une contextualisation socio-anthropologique et politique, et historique parfois, a été faite des trois terrains. Pour analyser les données recensées, tous les récits de vie (n = 92) ont été retranscrits et analysés grâce à une méthode d'analyse de contenu thématique[9]. Tous les thèmes trouvés dans l'analyse de contenu thématique ont ensuite été consolidés, et une comparaison des données a été effectuée pour pouvoir les interpréter[10].

---

5. À noter que les données des terrains libanais et montréalais de ma recherche doctorale ne seront pas présentées pour les besoins de cet article.
6. G. E. Marcus, «Contemporary problems [...]»; «Ethnography in/of the world system [...]»; *Ethnography Through Thick and Thin.*
7. I. Auclair, *Le continuum des violences genrées* [...]; D. Cefaï et J. Ktatz, *L'engagement ethnographique*; J. Peneff, *La méthode biographique* [...].
8. S. Beaud et F. Weber, *Guide de l'enquête de terrain* [...].
9. A. Mucchielli, *Dictionnaire des méthodes qualitatives* [...].
10. G. Ryan et H. Bernard, «Techniques to identify themes»; V. Traverso, *L'analyse des conversations*, p. 39-45; J.-P. Weber, *Domaines thématiques*, p. 18.

L'analyse m'a permis d'identifier ce que j'appelle des catalyseurs anthropiques[11] liés à la laïcité et à l'islam dans la vie des participantes. Ces catalyseurs représentent des événements sporadiques et uniques ayant un impact (physique ou psychique) irréversible sur la personne qui l'expérimente. Les catalyseurs évoqués par les participantes comprennent notamment les départs de proches pour Daesh entre 2012 et 2017, les attentats survenus entre 2015 et 2017 en Europe, et toutes les manifestations et les marches blanches pour *Charlie Hebdo* et les victimes bruxelloises du 22 mars 2016. L'analyse d'un de ces catalyseurs, soit les manifestations pour *Charlie Hebdo*, permettra de mieux comprendre les effets des discours et des pratiques contemporaines de la laïcité sur les subjectivités des femmes participant à la recherche.

Avant de traiter de ces manifestations, j'offrirai, dans la section suivante, un aperçu des transformations de la laïcité et des conséquences que ces transformations engendrent pour les personnes de confession musulmane en Europe.

LES ORIGINES DE LA LAÏCITÉ

Les perspectives de Baubérot, historien et sociologue français ayant développé la sociologie de la laïcité, ainsi que celles de De Coorebyter, philosophe et politologue belge spécialiste du concept de laïcité, sont pertinentes pour cerner les transformations du concept de laïcité en Belgique[12]. Bien qu'il y ait une multitude de chercheurs s'intéressant aux interprétations et aux applications de la laïcité dans le monde, et ayant des avis divergents, ces deux auteurs ont été choisis parce qu'ils sont des experts de la laïcité en Europe, plus précisément de celle appliquée en Belgique. Baubérot est un expert français et non belge, mais ses travaux sont extrêmement lus dans le monde francophone. De plus, par ricochet, les débats alimentant les sphères politiques, universitaires et médiatiques en France se poursuivent aussi la plupart du temps en Belgique.

---

11. À noter que le choix de nommer ces points clés «catalyseurs anthropiques» et non «événements déclencheurs» a été fait dans le but de mettre en avant l'action exclusivement humaine de ces points clés, alors qu'un événement déclencheur n'est pas toujours le résultat d'une initiative humaine.
12. V. De Coorebyter, «La laïcité à cheval sur ses principes et sur sa récupération [...]».

Selon Baubérot[13], la laïcité sous sa forme actuelle en France serait travestie ou falsifiée.

Il estime à l'instar de De Coorebyter[14] que le concept de la laïcité est parfois utilisé dans le milieu journalistique, universitaire, politique et public, pour stigmatiser explicitement des personnes appartenant aux minorités religieuses.

La laïcité a la réputation d'être d'origine française, bien que cette origine puisse être remise en question[15]. Le concept de la laïcité aurait été utilisé pour la première fois par le sociologue français Ernest Renan dans son ouvrage *La Réforme intellectuelle et morale de la France* de 1871. Dans ce livre, Renan expose les bienfaits d'une réforme libérale du catholicisme sans l'intervention de l'État[16]. Laine[17] constate que les prémisses de la laïcité ont émergé, bien avant Renan, avec John Locke, philosophe anglais, avec son idée de liberté de la tolérance. En effet, au XVIIe siècle, les affrontements religieux en Grande-Bretagne pousseront Locke à construire une théorie de la tolérance, qu'il esquissera dans sa *Lettre sur la tolérance* de 1686. Locke y insiste sur l'importance de limiter le rôle de l'État à établir et à faire respecter les « [...] les justes bornes qui séparent les droits de l'un et ceux de l'autre[18] ». Les idées de Locke dépasseront la Manche et donneront lieu à de nombreux édits, dont l'édit de Versailles, enregistré au Parlement français en 1788 par le roi Louis XVI, dit aussi l'édit de tolérance, qui prône entre autres la liberté de conscience. Selon Laine, dans cet édit de tolérance,

> soutenir que l'État doit se contenter de garantir la paix civile et le pluralisme religieux, c'était déjà penser l'idée de laïcité avant d'inventer le mot. Dans la France du dernier tiers du XIXe siècle, le mot et l'idée vont se rejoindre, donnant tout son sens à l'État laïque [...][19].

Cette neutralité de l'État se retrouvera un peu partout par la suite en Europe et ailleurs, bien que sous des formes assez différentes selon les contextes nationaux. En Grande-Bretagne, au Canada, en Finlande et au Danemark apparaîtra un régime d'Église d'État, alors qu'en Italie, en

---

13. J. Baubérot, *La laïcité falsifiée*.
14. V. De Coorebyter, *op. cit.*
15. M. Laine, *Dictionnaire du libéralisme*, p. 355.
16. *Ibid.*
17. *Ibid.*
18. *Ibid.*
19. *Ibid.*

Allemagne et en Belgique, on reconnaîtra d'autres confessions officielles que la confession catholique[20]. Cette relative neutralité sera ainsi remise en question par certains intellectuels, étant donné la diversité de ses applications et de ses interprétations. John Rawls[21] se demande par exemple si la neutralité prétendue ne favorisait pas la religion la plus pratiquée dans un pays donné, aux dépens d'autres religions minoritaires[22]. Pour d'autres comme De Coorebyter, la neutralité doit être saisie selon le régime politique en vigueur :

> La neutralité n'est pas neutre. Cette assertion peut surprendre, et elle est en tout cas faite pour interpeller, c'est-à-dire pour indiquer d'entrée de jeu que le choix de la neutralité, qui est en apparence le plus neutre de tous, est un acte hautement politique, et ce pour de multiples raisons[23].

Étant donné qu'il existe des distinctions quant à son application et son interprétation selon les contextes, je me suis demandé, tel que Maclure et Taylor[24], si la laïcité devait s'appliquer de la même manière partout et, dans l'affirmative, si elle devait s'appliquer de la même façon alors qu'il existe différentes compréhensions de la morale et de la liberté de conscience selon les pays et les citoyens. Maclure et Taylor[25] ouvrent la voie à une réponse à ces deux questions en rappelant que le concept de la neutralité, où qu'il soit appliqué, doit prendre en compte la dignité humaine, les droits de la personne et la souveraineté populaire. Pour ces deux auteurs, la présence de ces trois valeurs permet « un consensus par recoupement » comme le distingue Rawls[26]. Selon eux, un consensus officieux mondial a été établi par rapport au principe de la laïcité quant au fait qu'un État prônant le principe de la laïcité doit rester totalement neutre par rapport aux convictions et aux engagements divers de ses citoyens[27]. De ce fait, l'application de la laïcité dans chaque pays varie en fonction du ou des principes qui justifient la laïcité dans le pays en

---

20. *Ibid.*, p. 355-357.
21. J. Rawls, *Libéralisme politique*.
22. M. Laine, *op. cit.*, p. 356-357.
23. De Coorebyter, « La neutralité n'est pas neutre ! », p. 19.
24. J. Maclure et C. Taylor, *Laïcité et liberté de conscience*, p. 12. Bien qu'il existe d'autres autrices et auteurs qui ont étudié la laïcité, ce chapitre se concentre largement sur les idées de Maclure et de Taylor parce qu'à notre sens, l'œuvre de Maclure et Taylor passe en revue presque toutes les significations théoriques de base de la laïcité.
25. J. Maclure et C. Taylor, *op. cit.*, p. 19.
26. *Ibid.*, p. 20.
27. *Ibid.*, p. 20-22.

question, mais l'État doit rester impérativement neutre envers les adhésions et les croyances de ses citoyens.

Ce constat fait, il me paraît intéressant de saisir l'application de la laïcité en France pour comprendre l'application de la laïcité en Belgique. En France, McClure et Taylor estiment que celle-ci prend la forme d'une « laïcité républicaine » :

> Le modèle républicain attribue à la laïcité la mission de la favoriser, en plus du respect de l'égalité morale et de la liberté de conscience, l'émancipation des individus et l'essor d'une identité civique commune, ce qui exige une mise à distance des appartenances religieuses et leur refoulement dans la sphère privée[28].

La difficulté avec cette forme de laïcité, c'est que ce en quoi consiste la sphère privée n'est pas défini de façon précise et peut ainsi porter à confusion. Ce flou est possiblement attribuable à la diversité culturelle et politique des différents pays qui fait en sorte qu'un consensus officieux est difficile à atteindre quant aux limitations de ce que seraient la sphère privée et la sphère publique, bien qu'elles soient souvent distinctes dans les débats publics. Ces deux termes ont souvent été utilisés par les femmes interviewées durant la recherche. L'embarras, selon elles, est que la notion de la sphère privée porte à confusion et conduit à de multiples interprétations.

Selon Morelli[29], l'espace a toujours été une « proie » encline aux jeux de pouvoir qui peuvent apparaître et l'accaparer. Donc, d'après Morelli, chaque changement religieux dans une société peut être perçu comme une : « [...] invasion religieuse surtout une invasion religieuse de la sphère privée, impossible à contourner, et un signe de présence de la religion [en question][30] ». Cependant, tel qu'il a été présenté plus haut, la notion de sphère privée n'est pas explicitement définie, ce qui permet différentes interprétations de la sphère publique quant à cette « invasion religieuse ». Pour comprendre ces différentes interprétations, De Coorebyter[31] établit une distinction entre sphère privée et sphère publique en faisant écho à Baubérot[32] et à sa notion de laïcité falsifiée, en soutenant que le concept de laïcité a été trahi depuis quelques années sous l'impulsion de la montée

---

28. *Ibid.*, p. 46.
29. A. Morelli, « Topographie du sacré [...] », p. 9.
30. *Ibid.*, p. 12.
31. V. De Coorebyter, « Laïcité : la mauvaise réputation », p. 1-3.
32. J. Baubérot, *op. cit.*

de l'extrême droite en France. Le fait est que l'extrême droite française se présentait jusqu'à la fin du XXe siècle comme la gardienne des intérêts catholiques, tels que les écoles privées catholiques, par suspicion du principe de la laïcité qu'elle associait aux revendications de la gauche. Selon Baubérot, l'extrême droite aurait ensuite récupéré le concept de la laïcité «[...] pour faire rempart à la visibilité croissante de l'islam et aux risques imputés à l'islamisme[33]». L'extrême droite se serait approprié le concept de laïcité tout en le réinterprétant en «machine de guerre» contre les musulmans en France et de France[34]. Dans la même lignée, Barras[35] soutient que le courant de l'extrême droite n'est pas le seul à vouloir réinterpréter le concept de la laïcité, les courants politiques de gauche et de droite français participent aussi à ce processus. Ce changement de perspectives politiques quant à la laïcité aurait été déclenché pour sa part lors du débat présidentiel français en 2012 entre Sarkozy (représentant la droite) et Hollande (représentant la gauche). Elle explique que tout les opposait, sauf leur vision sur la façon dont la laïcité devait être «implantée» (*implemented*)[36]. Pour elle, ce consensus entre Sarkozy et Hollande illustre «*a shift that has been taking place in France over the past decade, where the positions of the French Left and Right have started to converge on headscarf/full-face veil bans and more broadly on how laïcite should be implemented in society*[37]».

Selon l'autrice, cela s'explique par le fait que la religion musulmane est plus visible dans l'espace public à travers les commerces de prêt-à-porter et les commerces alimentaires musulmans[38], mais aussi à cause des actes terroristes revendiqués par des personnes de confession musulmane. Barras a développé le concept de «sacred laïcité» pour décrire ce tournant pris par la laïcité en France. Elle suggère[39] que la laïcité est comprise depuis les années 2000 comme une «idéologie sacrée qui remodèle les lois de l'espace[40]» et qu'elle est perçue comme «non négociable[41]», notamment en raison des débats sécuritaires internationaux qui suivirent

---

33. V. De Coorebyter, «La laïcité à cheval sur ses principes et sur sa récupération [...]», p. 240-241.
34. V. De Coorebyter, «Laïcité : la mauvaise réputation», p. 1-3.
35. A. Barras, «Sacred laïcité and the politics [...]».
36. *Ibid.*, p. 276.
37. *Ibid.*, p. 277.
38. C. Torrekens, *L'islam à Bruxelles*.
39. A. Barras, *op. cit.*, p. 177.
40. Notre traduction.
41. *Ibid.*

les attentats sur le sol américain du 11 septembre 2001. Barras[42] ajoute qu'en associant le terme «sacré» à celui de «laïcité», elle veut montrer que la sacralité n'est pas un terme uniquement réservé au religieux. Elle donne l'exemple des nouvelles restrictions dans le monde du travail quant au port du voile qui peuvent affecter et donc restreindre, à des femmes de confession musulmane voilées, l'accès au marché du travail[43]. Ces restrictions reposent sur l'idée que le port de symboles religieux tel que le voile pourrait altérer les capacités professionnelles des personnes à travailler et, de façon plus large, le bon fonctionnement du marché du travail et de l'ordre public.

LA BELGIQUE, NEUTRE OU LAÏQUE?

> La laïcité française a mauvaise réputation. Dans nombre de milieux, en France et surtout à l'étranger, ce modèle est devenu un repoussoir, au point que certains de ses partisans hésitent à employer le terme même de laïcité, auquel ils préfèrent des vocables plus consensuels comme neutralité ou sécularisation[44].

En Belgique, les fondements de la constitution remontent à 1831. La constitution belge explicite les relations entre l'État et les religions actives dans le pays[45]. Au XIXe siècle, les instances catholiques belges se rendent compte que le pouvoir civil est devenu un concurrent en matière d'autorité:

> Jusque-là, les catholiques étaient farouchement hostiles à la liberté de conscience, de culte et de pensée. Dans la mentalité dominante à l'époque, la vérité catholique est universelle par définition [le terme «catholique», en grec, signifie «universel»], et doit donc s'imposer à tous[46].

Les instances catholiques trouveront un compromis avec le pouvoir civil pour que la laïcisation de l'État belge se fasse tout en respectant la tolérance en matière religieuse, et ce, bien que des mesures restrictives soient édictées. En effet, la liberté de religion et de son exercice public est garantie par la loi belge, à condition que la religion en question n'incite pas

---

42. A. Barras, *op. cit.*, p. 178.
43. *Ibid.*, p. 288.
44. V. De Coorebyter, «Laïcité: la mauvaise réputation», p. 1.
45. R. Torfs, «Belgique», p. 95.
46. V. De Coorebyter, *DROI-C5163-Séminaire* [...].

à commettre des infractions aux codes pénaux[47]. Contrairement à la France, la Belgique s'est dotée d'«un système de relation entre Églises et État, [...] [dans lequel ce dernier] est plutôt favorable à la religion, il s'agit d'un système caractérisé par une indépendance mutuelle plutôt que par une séparation au sens strict[48]». Et donc, la Belgique s'est dotée d'un système de reconnaissance des cultes avec un financement public dès 1831, qui fut étendu en 1993 aux organisations légalement reconnues fournissant une assistance morale basée sur des représentations philosophiques non confessionnelles[49]. De même, la notion d'autonomie doctrinale existe en Belgique :

> L'autonomie doctrinale [qui] signifie qu'en principe, il est interdit aux pouvoirs publics de s'ingérer dans le contenu de l'enseignement dispensé dans le cadre des cours philosophiques. Par ailleurs, la Cour constitutionnelle considère que l'enseignement des religions et philosophies confessionnelles reconnues constitue le prolongement de la liberté des cultes appliquée au domaine scolaire[50].

Pour De Coorebyter[51], avec ce type de découpage et de rajustements de la laïcité, l'État belge instaure une neutralité à tendance inclusive et non laïque, alors que la France serait un pays laïque, appliquant une neutralité exclusive. Selon De Coorebyter, la neutralité de l'État peut en effet être soit inclusive, soit exclusive :

> Si l'on veut identifier la clé ultime de la divergence entre neutralité inclusive et neutralité exclusive, il faut la rechercher dans la conception que l'on se fait de la religion. Dans le mode de pensée qui sous-tend la neutralité inclusive, la religion apparaît comme la source de la *foi*, d'une expérience existentielle irréductible qu'il importe de protéger contre toute agression, car elle contribue à *définir* l'identité des personnes. Dans le mode de pensée qui sous-tend la neutralité exclusive, la religion apparaît comme la source d'un *pouvoir* susceptible de vouloir s'inféoder l'État, l'école et les familles, et qui tend à *limiter* l'identité des personnes[52].

En revanche, pour Alparslan Saygin, la distinction entre laïcité et neutralité n'a pas lieu d'être, car les deux concepts sont synonymes. Selon lui, le système belge n'est pas si différent de celui de la France[53]. Il

---

47. R. Torfs, *op. cit.*, p. 95-96.
48. *Ibid.*, p. 98.
49. *Ibid.*
50. M. Alparslan Saygin, *La laïcité dans l'ordre constitutionnel belge*, p. 69.
51. V. De Coorebyter, «La neutralité n'est pas neutre!», p. 30.
52. *Id.*, *DROI-C5163-Séminaire* [...].
53. M. Alparslan Saygin, *op. cit.*, p. 99.

souligne[54] que les termes « démocratie » et « démocratique » ne se trouvent pas dans la constitution belge, ce qui ne fait pas pour autant de la Belgique un État non démocratique ; de même, la laïcité n'est pas inscrite dans la législation belge, mais n'en constitue pas moins un principe structurant du vivre-ensemble.

Bien que les positions divergent quant aux ressemblances entre systèmes français et belge, Hasquin[55], De Coorebyter[56] et Alparslan Saygin[57] s'entendent toutefois sur le fait que la question de la religiosité et de ses manifestations visibles suscite diverses polémiques autour de la laïcité et de la neutralité, en France comme en Belgique.

Par exemple, la polémique de 1989 sur l'affaire du voile de Creil[58] en France rebondira quelques mois plus tard en Belgique avec l'affaire de l'Institut technique d'Edmond Machtens à Molenbeek, région située à Bruxelles. Une polémique émergea lorsque des élèves se firent retirer le droit d'entrer dans leur établissement scolaire à cause de leur port du voile, en dépit du fait que : « [...] la laïcité représente en Belgique un courant de pensée bien déterminé et non une composante du consensus national[59] ». En réaction à l'affaire française du voile du Collège de Creil et à celle d'Edmond Machtens, le gouvernement belge en place à l'époque autorise les chefs d'établissements scolaires à interdire tous les signes ostentatoires ou signes qui prouvent un quelconque prosélytisme[60], bien que :

> [d]ans son audience du 1er décembre 1989, le président du tribunal a enjoint à la commune de ne pas s'opposer au port du foulard durant les cours, considérant que la loi scolaire du 29 mai 1959, c'est-à-dire la loi du Pacte

---

54. *Ibid.*, p. 15-17.
55. H. Hasquin, « Préface ».
56. V. De Coorebyter, « La neutralité n'est pas neutre ! ».
57. M. Alparslan Saygin, *op. cit.*
58. L'affaire du Collège de Creil de 1989 est considérée comme la première « affaire du voile », où trois jeunes écolières du collège arrêtent de venir en classe après s'être vu interdire le port du hijab dans leur établissement scolaire. Cette affaire donna lieu à la loi de 2004 interdisant le port de tout signe religieux ostentatoire dans les enceintes publiques et scolaires. Voir en particulier J. Beaugé : « Résister au dévoilement à l'école. Une lycéenne face à l'application de la loi sur les signes religieux ».
59. V. De Coorebyter, « La neutralité n'est pas neutre ! », p. 22.
60. *Ibid.*, p. 24-26.

scolaire[61], impose, comme un des critères de neutralité de l'école publique, le respect de la liberté de toute personne de manifester sa religion[62].

En 2007, la Belgique se dote d'une loi identique à celle adoptée en France en 2004[63]. Les lois françaises et belges de 2004 et de 2007 sont difficiles à interpréter selon De Coorebyter[64]; elles dépendent de l'interprétation que fait le citoyen de sa foi et de son orthopraxie[65].

De Coorebyter souligne que la loi française de 2004 a retenti parce qu'elle apparaissait pour la première fois comme «une loi de rupture: la laïcité était cette fois invoquée pour restreindre la liberté de manifester sa religion au lieu de la garantir[66]», ce qui est un fait nouveau et liberticide pour de nombreuses personnes telles que celles de confession musulmane. L'effet a été le même auprès des personnes de confession musulmane, surtout les femmes, lors de la législation de la loi interdisant le port

---

61. Je me permets de contextualiser ce pacte scolaire avec les propos de S. Crépon: «En 1958, la "guerre scolaire" qui agite le pays entre partisans et adversaires d'un enseignement religieux catholique à l'école aboutit, à travers le "Pacte scolaire", à un compromis entre laïques et catholiques, "coulé en loi" en 1959. Si les écoles officielles sont désormais contraintes d'organiser des cours de religion catholique, les parents d'élèves peuvent exiger la tenue de cours des autres religions reconnues par l'État (essentiellement protestante, musulmane et juive), ou bien de cours de morale non confessionnelle [...]. C'est ainsi que l'article 24 de la Constitution de 1994 définit la neutralité en tant qu'elle implique "le respect des conceptions philosophiques, idéologiques ou religieuses des parents et des élèves" [...]. La législation qui définit la neutralité de l'enseignement ne contient pas de directive claire. La responsabilité de les [les couvre-chefs] interdire ou non est laissée aux directeurs des établissements scolaires». En 1994, plus de 90% des établissements scolaires interdisent le couvre-chef dans leur enceinte. Voir S. Crépon: «La neutralité de l'État face aux signes religieux à l'école. Regards croisés Belgique/France», p. 243.
62. V. De Coorebyter, «La neutralité n'est pas neutre!», p. 30.
63. La loi de 2004 fait référence à la loi française du 15 mars 2004 qui interdit le port de signes exprimant une affiliation religieuse dans les établissements scolaires publics français. En Belgique, à la suite de la légalisation française de la loi du 15 mars 2004, une proposition de résolution a été déposée en 2004 par deux élus, Alain Destexhe (représentant du centre droit – MR) et Anne-Marie Lizin (représentante de la gauche – PS), demandant aux gouvernements fédéraux, régionaux et communautaires belges d'adopter des textes législatifs visant à interdire le port du voile dans les organismes publics. Ce projet n'a pas abouti. Cependant, il sera accepté trois ans plus tard en 2007. Le 23 juillet 2021, la Belgique interdit le port du niqab et de la burqa dans l'espace public.
64. *Ibid.*, p. 30-42.
65. À savoir qu'en janvier 2021, une loi est décrétée en faveur de la tolérance du port du voile et de tout signe conventionnel dit religieux dans toutes les enceintes des institutions supérieures belges francophones du réseau Wallonie-Bruxelles-Enseignement (WBE) en 2022 (RTBF.be 2021).
66. V. De Coorebyter, «La laïcité à cheval sur ses principes et sur sa récupération [...]», p. 240.

du voile dans les organismes publics (école, secondaire et haute école[67]) en 2007 en Belgique.

Parallèlement à ces interdictions réglementées par les États en question, l'historienne américaine Joan Scott[68] ne s'étonne pas que ces interdictions visent particulièrement la gent féminine. Elle représente un courant de pensée qui dénonce, entre autres, le fait que les débats ayant mené à la loi de 1905 n'aient pas pris en considération l'émancipation des femmes qui luttaient pour obtenir le droit de vote et l'égalité des sexes. Selon elle, ces débats n'ont pas pris en compte l'égalité des sexes à cause de la place prépondérante de l'institution de l'Église en Europe. De même, elle signale que les débats sur la laïcité depuis les années 2000 sont concentrés sur des sujets exacerbant l'islamophobie. À l'instar de Scott, Laufer et Mosconi[69], les travaux de la professeure en droit Stéphanie Hennette-Vauchez[70] soulignent que les liens entre la laïcité et les courants féministes sont devenus apparents avec la loi de 2004 (interdisant le port du voile) et impliquent une discrimination d'une partie de la gent féminine française et un sentiment islamophobe. Quant à l'aspect de la non-considération de l'égalité entre les sexes de la loi de 1905 qu'évoque Scott, Schnapper[71] regrette que Scott n'ait pas contextualisé les débats en considérant qu'à l'époque, l'égalité des sexes n'était pas une question, mais que la volonté d'une égalité pour tous l'était.

Interrogée par Laufer et Mosconi[72] sur ses détracteurs, Joan Scott regrette que sa thèse ait été mal accueillie par certains de ses collègues. Elle explique qu'elle regrette que les conflits internationaux aient pu entraîner les sociétés occidentales dans des politiques discriminatoires, contraires au principe d'égalité démocratique inhérent au principe de la laïcité.

En somme, en Belgique, la religion peut être vue comme une source de *foi*, potentiellement agressive et dominatrice, à combattre pour protéger la liberté de pensée et d'émancipation et, dans un autre sens, elle peut être vue comme une expérience personnelle et existentielle à protéger de toute agression extérieure pour préserver la liberté de pensée et d'émancipation[73]. De

---

67. À noter que le port du voile est accepté depuis février 2021 dans les hautes écoles francophones en Belgique.
68. J. Scott, *Sex and Secularism*.
69. J. Laufer et N. Mosconi, «Laïcités et féminismes […]», p. 136.
70. Cité par J. Laufer et N. Mosconi, *ibid.*, p. 137.
71. D. Schnapper, «Laïcité, condition féminine et liberté religieuse».
72. J. Laufer et N. Mosconi, *op. cit.*
73. V. De Coorebyter, «La neutralité n'est pas neutre!», p. 30.

ce fait, l'État belge n'est pas contre le phénomène religieux, ici plus particulièrement musulman, mais il est contre le prosélytisme qui pourrait mettre à mal la neutralité inclusive qu'il prône.

En présentant la notion de point Godwin islamique, inspiré de la théorie du point Godwin de De Smet[74], la prochaine section illustrera comment une vision de la laïcité peut être interprétée à travers le point Godwin islamique.

POINT GODWIN, LAÏCITÉ ET NEUTRALITÉ

> Le point Godwin n'est pas un simple gadget rhétorique. Il s'agit d'un signet moralisateur dont la signification renvoie à un refoulement singulier : celui de l'esprit de meute[75].

Après avoir expliqué comment le concept de laïcité s'est installé en Belgique, il est surprenant de penser que l'État belge puisse agir contre le phénomène religieux, notamment musulman, et contre des personnes ayant des positions religieuses, si l'on s'en tient à la définition de la laïcité promulguée par la loi belge. Or, cette impression d'un État qui tenterait de contrecarrer le religieux, à coup de lois et de commissions diverses, est bien présente chez certaines citoyennes et certains citoyens musulmans belges. Selon les propos de De Smet, on peut comprendre cette impression d'une autre manière. Ce ressenti s'expliquerait par le point Godwin. Le point Godwin est une expression française inspirée de la notion de Loi Godwin, de l'avocat américain Mike Godwin. Ce dernier remarqua dans les années 1990, avec l'apparition de Usenet, l'ancêtre d'Internet, que « [...] plus une discussion en ligne dure longtemps, plus la probabilité d'y trouver une comparaison impliquant les nazis ou Adolf Hitler s'approche de un[76] ». Et de ce fait, dès qu'une conversation évoque Hitler ou remet en question la tragédie des personnes de confession juive sous Hitler, la conversation s'envenime. C'est comme si la conversation atteignait un point de non-retour. Sur ce, je me suis demandé s'il existait un point Godwin islamique.

---

74. F. De Smet, *Reductio ad Hitlerum : une théorie du point Godwin*.
75. *Ibid.*, p. 81.
76. *Ibid.*, p. 79.

UN POINT GODWIN ISLAMIQUE ?

Pour De Smet, la loi Godwin peut se répercuter dans la vie de tous les jours, en des points Godwin. Ces points Godwin feraient référence à des idées ou à des sujets qui, dès qu'ils sont évoqués, font que la conversation devient impossible. Il me semble que, de nos jours, dès que l'on parle des personnes de confession musulmane ou de l'islam, on tend généralement à concevoir la vie de ces personnes comme étant incompatible avec la laïcité ou la neutralité étatique. Si l'on remet en cause cette idée d'incompatibilité, l'interlocuteur n'est alors généralement pas pris au sérieux. Cela est attribuable au fil transparent qui lie systématiquement les personnes de confession musulmane aux mouvements se réclamant de l'islam perpétrant des attentats terroristes. De Smet définit le point Godwin ainsi :

> Le point Godwin se distingue par le fait que l'on ne s'y arrête jamais : on l'évite ou on le franchit [...]. Le point Godwin est une sanction qui démarre au quart de tour : il suffit que notre interlocuteur introduise une analogie douteuse qui lui échappe – par exemple, le traitement des sans-papiers à comparer avec les premières mesures antijuives du Troisième Reich en 1933 – pour qu'un signal lumineux *danger* s'invite dans notre cerveau élevé dans l'apprentissage consensuel des droits de l'homme et des bonnes intentions, afin de nous signaler qu'a été perçue une inadmissible référence à la montée au pouvoir d'Adolf Hitler, à l'invasion des nazis ou à l'extermination du peuple juif. Alerte. C'est plus fort que nous, tel un réflexe : l'allusion est perçue comme inacceptable, impossible à laisser passer, on réagit[77].

La définition de De Smet fait référence au nazisme, mais, surtout depuis les événements du 11 septembre 2001 et plus récemment de Daesh, on pourrait parler de point Godwin lorsqu'on évoque l'islam et les polémiques liées à cette religion. Le point Godwin se manifesterait par une autocensure mesurée quant aux sujets s'approchant de près ou de loin à l'islam :

> Si la loi Godwin se vérifie chaque jour, il en est de même pour son inutilité. Les conversations qui parviennent à rester constructives une fois que la carte « nazie » [ici islamique] a été sortie sont pratiquement inexistantes, à telle enseigne qu'on ne serait guère étonné de voir s'élaborer à court terme des conseils rhétoriques conseillant à un débateur en mauvaise posture de sortir un point Godwin pour clôturer précipitamment l'échange. [...] Le

---

77. *Ibid.*, p. 12.

point Godwin possède tous les atouts d'un valet puant : s'il vous échoit et que vous ne vous en débarrassez pas, vous devenez infréquentable[78].

Les débats contemporains sur la laïcité tournent énormément autour de la question du corps et du verbe et insinueraient qu'il y aurait un code approprié pour se vêtir dans la sphère publique, excluant tout vêtement ayant une connotation religieuse, en particulier musulmane.

Un exemple illustrant bien l'apparition du point Godwin islamique est celui des attentats contre *Charlie Hebdo* et des manifestations populaires qui ont suivi les massacres de janvier 2015 et de novembre 2015 en France, ainsi que ceux du 22 mars 2016 en Belgique. En effet, les attentats contre *Charlie Hebdo* et l'épicerie casher de janvier 2015 ont été cités comme un catalyseur anthropique par toutes les Bruxelloises rencontrées (n = 37). Pour une grande partie de la population française mais aussi belge, les attentats de 2015 ont été perçus comme une atteinte ultime à la liberté d'expression et aux valeurs de la laïcité, puisque *Charlie Hebdo* a toujours plaidé en faveur d'une ligne éditoriale anticléricale, antiraciste, antimilitariste et anti-dogme religieux, et le journal a toujours été un fervent défenseur de la laïcité et de la liberté d'expression depuis sa création dans les années 1970[79]. Cependant, au début des années 2000, la ligne éditoriale est demeurée la même, mais semblait axer ses caricatures sur la religion musulmane. *Charlie Hebdo* va paraître lutter contre la religion musulmane aux yeux de nombreuses personnes de confession musulmane, entre autres[80]. Après l'attentat de *Charlie Hebdo*, le débat « être ou ne pas être Charlie » a provoqué un malaise en Belgique[81]. Le fait de dire que l'on condamne les attentats, mais que l'on ne se revendique pas « Charlie » était peu toléré, du moins en public, parce que cet attentat était vu comme un acte de guerre contre la liberté d'expression et la laïcité et que *Charlie Hebdo* se targuait de représenter ces deux valeurs[82]. Selon Kepel et Jardin, toutes les personnes qui refusent de se déclarer « Charlie » sont des islamo-gauchistes qui pensent que les manifestations en mémoire de *Charlie Hebdo* sont islamophobes et perçoivent *Charlie Hebdo* comme islamophobe. D'un autre côté, Todd et Laforgue[83] déclarent que l'on peut

---

78. *Ibid.*, p. 13-14.
79. G. Kepel et A. Jardin, *Terreur dans l'Hexagone* [...], p. 285-286.
80. *Ibid.*, p. 286.
81. D. Fassin, « In the name of the republic [...] ».
82. G. Bronner, *La pensée extrême.* [...], p. 2.
83. E. Todd et P. Laforgue, *Qui est Charlie ?* [...], p. 12.

dénoncer les attentats terroristes de janvier 2015 sans pour autant se réclamer d'être «Charlie».

Bien que *Charlie Hebdo* n'ait rien de religieux en soi, les manifestations en mémoire de l'attentat contre *Charlie Hebdo* avaient, si l'on peut dire, un halo sacré intouchable, rappelant le concept de «sacred laïcité» de Barras[84] énoncé plus haut. Les manifestations peuvent être comparées à un rite de passage dans le sens de Van Gennep[85], soit un rite non religieux, mais qui en garde toutes les caractéristiques. À notre sens, il y avait déjà une charge émotive collective à l'égard de la communauté musulmane avant les événements de *Charlie Hebdo*, portée par un a priori qui s'est cristallisé, ce fil transparent a déjà été évoqué, et il y eut un après *Charlie Hebdo*, à l'image d'un rituel de transition et de passage. Si l'on remonte dans la littérature en anthropologie, Van Gennep est le premier à constater que des cérémonies sont instituées pour franchir les seuils des différentes étapes au cours d'une vie: la naissance, l'adolescence ou encore l'âge adulte. Ces étapes sont marquées par des rites de passage qui comportent trois temps: préliminaire, liminaire et post-liminaire. Turner reprendra la théorie de Van Gennep lors de ses recherches en Afrique centrale, en insistant sur le fait que les rites de passage servent entre autres à consolider et à régénérer les structures et les normes sociales d'une société. Turner[86] évoque que certains rites de passage ont une fonction de cohésion sociale, qu'il appelle communitas, qui se concrétise dans la deuxième étape, lors de la transition liminaire. Lors de cette deuxième étape, il n'existe plus de différences sociales, hiérarchiques ou sexuées; toutes ces différences sont effacées pour créer une cohésion, un sentiment de cohésion totale et de remise à nouveau. Ces espaces de communitas ont un caractère sacré, mais ils ne sont pas toujours religieux. Il me semble que les manifestations en l'honneur des victimes des attentats contre *Charlie Hebdo* ont créé un sentiment de communitas lié par ailleurs au point Godwin islamique. Toute personne ne manifestant pas et ne se déclarant pas «Charlie» a été vue comme ne faisant pas partie de la communion qui s'est autosacralisée lors des manifestations.

En effet, selon les expériences personnelles des participantes bruxelloises de la recherche, les personnes déambulant lors de ces événements et ayant des attributs dits musulmans ont été expulsées des marches.

---

84. A. Barras, *op. cit.*
85. A. Van Gennep, *The Rites of Passage*.
86. V. W. Turner, *Le phénomène rituel* [...], p. 95-128.

Sciemment ou mécaniquement, leur présence a provoqué chez des manifestants un lien, un fil transparent, entre tous les individus musulmans (visibles ou non), et les assaillants des tueries commises en France et en Belgique entre 2015 et 2016 par Daesh et Al-Qaïda.

Dans la section suivante, je présenterai quelques données de ma recherche doctorale en soulignant principalement l'effet de ce catalyseur anthropique, les marches en l'honneur des victimes des attentats contre l'hebdomadaire *Charlie Hebdo*, sur les personnes rencontrées lors de ma recherche à Bruxelles.

ETHNOGRAPHIE BRUXELLOISE : QUELQUES DONNÉES DE TERRAIN DE RECHERCHE

Comme mentionné précédemment, un des catalyseurs principaux évoqués par les participantes concernant le sujet de la laïcité est le dramatique attentat contre *Charlie Hebdo*, qui a engendré de nombreuses manifestations ainsi que des marches silencieuses et commémoratives pour les victimes. Le slogan créé à la suite de ce massacre, « Je suis Charlie », a créé un malaise pour toutes les femmes rencontrées à Bruxelles. Le fait est qu'elles dénoncent fermement les attentats, tout en n'étant pas en accord avec la ligne éditoriale de l'hebdomadaire en question. Pour elles, se dire « Je suis Charlie », c'est accepter la ligne éditoriale de *Charlie Hebdo*. Bien que ces participantes à la recherche soient contre la ligne éditoriale de *Charlie Hebdo*, la majorité des femmes rencontrées à Bruxelles ont voulu participer aux manifestations pour dénoncer le massacre terroriste qui a été commis. Sur place, des personnes leur ont demandé de quitter les lieux ; les participantes se sont senties exclues de la manifestation. Ce sentiment d'exclusion provient des comportements de quelques manifestants qui leur ont fait comprendre qu'elles n'avaient pas leur place lors de ces rassemblements parce qu'elles étaient musulmanes. Les femmes voilées l'ont plus senti et entendu parce qu'elles sont plus visibles que d'autres femmes musulmanes ne portant pas le voile[87]. Bien qu'elles aient participé ou voulu participer aux manifestations, elles ont ressenti un sentiment d'exclusion parce qu'elles étaient des musulmanes visibles. Le

---

87. À cet égard, j'ai voulu travailler avec des femmes, mais une étude saisissant les hommes pourrait être tout à fait probante. Les données seraient peut-être plus axées sur la pilosité (ex. : moustache, barbe, etc.), qui fait beaucoup débat, plutôt que sur le port du voile.

fait de ne pas vouloir manifester en l'honneur des victimes de *Charlie Hebdo*, ne pas se déclarer « Charlie » ou même participer aux manifestations, mais avec des signes visibles musulmans tels que le voile, a pu être perçu comme un signe de non-acceptation de ce que représentaient les manifestions, soit l'affirmation d'être « Charlie » et de faire partie d'un seul groupe ayant un sentiment commun de communitas, comme le comprend Turner[88]. Toute personne ne manifestant pas et ne se déclarant pas « Charlie » n'est donc pas considérée comme faisant partie de la communion, le sentiment de communitas créé lors des manifestations. De même, les personnes manifestant, mais ne se déclarant par « Charlie » se sont senties exclues de cette communitas. Ce sentiment d'exclusion ressenti fait écho au fil transparent qui sous-tend qu'être de confession musulmane permet d'avoir un lien avec des terroristes se déclarant musulmans tels que Daesh.

Sur les 37 Bruxelloises rencontrées, aucune ne m'a affirmé qu'elle se reconnaissait dans le slogan « Je suis Charlie ». Le fait de s'y reconnaître soulignait pour elles qu'elles acceptaient la ligne éditoriale de *Charlie Hebdo*.

Je reprendrai à cet effet quelques témoignages des participantes tels que celui de Sissi[89], 27 ans, non voilée, Bruxelloise et employée dans le secteur du crédit hypothécaire. Elle explique que c'est presque impossible de dire « Je ne suis pas Charlie » en public après les attentats, selon elle. Elle explique cela par le malaise qu'elle ressent, elle ne comprend pas l'utilité de ce débat. Elle le dénonce au contraire comme une atteinte à la liberté d'expression puisque toute personne, en ne se déclarant pas « Je suis Charlie », était mal vue à l'époque.

> **Sissi :** *Je ne me suis pas réjouie de ça* [l'attentat contre *Charlie Hebdo*], *mais d'un autre côté, comment dire, ça m'a fait quelque chose forcément ! C'est vraiment le débat « Est-ce qu'on est Charlie Hebdo ou pas ? » qui m'a saoulée ! Vraiment ! Parce que si on ne se proclame pas Charlie, tu te faisais lyncher ! Moi, je ne donnais pas mon avis, mais je veux dire qu'on est humain !*

J'aimerais aussi souligner que la majorité des participantes de ma recherche ont été à un rassemblement qui dénonce les attentats contre *Charlie Hebdo*, et que sur place, des personnes leur ont demandé de

---

88. V. W. Turner, « Liminality and communitas ».
89. Pour garantir l'anonymat des participantes de la recherche, tous les prénoms ont été changés ; elles les ont choisis elles-mêmes.

quitter les lieux. À ce sujet, je vais reprendre ici les propos d'Évelyne et de Farida, toutes les deux voilées, qui se sont rendues à des manifestations commémoratives.

Farida, 23 ans, voilée et étudiante en sociologie, explique qu'elle a été invitée plusieurs fois par un de ses enseignants de l'université à participer à une manifestation en l'honneur de *Charlie Hebdo*. Elle précise qu'au départ, elle n'envisageait pas d'y aller parce qu'elle sentait un malaise à s'y associer, bien qu'elle soit totalement pour ces rassemblements. Ce malaise est attribuable au fait qu'elle éprouvait une forme d'exclusion quant au fait qu'un musulman belge, visible, ne peut se joindre à une manifestation pour *Charlie Hebdo* sans devoir verbaliser le fait qu'il n'approuve pas les actes des assaillants de *Charlie Hebdo* et qu'il doive s'excuser pour cet acte terroriste :

> **Farida :** *Les marches blanches ont eu un impact. Je pensais que ça serait une belle idée, ces marches blanches ! Et en même temps, je crains en y allant que je permette en soi, une sorte de* statu quo, *dans le sens où c'était toujours nous, les musulmans, qui doivent nous justifier et nous excuser entre guillemets, des autres :* « On n'est pas comme eux. Nous, on est gentil ! »
>
> **Moi :** *C'était une marche musulmane ou une marche incluant tous les citoyens ?*
>
> **Farida :** *C'était une marche [incluant tous les citoyens], une des nombreuses marches qu'il y a eu pour* Charlie Hebdo. *[…] Et il y avait une journaliste sur place qui me voit. Je pense qu'elle a vu une petite musulmane gentille. Et donc, elle voulait me poser des questions. Et quel type de questions ! Alors que moi, j'étais super contente ! Je me disais que je pouvais extérioriser mes idées. Et donc, j'expliquais tout ça d'une façon nuancée, et elle s'en foutait. Elle voulait juste des informations assez faciles. En soi, elle voulait que je dise :* « Oui, oui, je suis musulmane, mais je ne suis pas comme eux ! » *Mais effectivement, que je ne suis pas d'accord avec eux ! Mais est-ce nécessaire de le préciser ? C'était une sorte de débat et elle essayait de faire comprendre, mais je voyais qu'elle ne me comprenait pas. Et puis elle disait :* « Non, mais c'est quand même important que vous puissiez dire que vous n'êtes pas d'accord. » *Tu vois, c'était une marche pour la paix, je sentais à travers son discours, une forme d'exclusion ! Tu vois ? Alors que pour moi, une marche citoyenne, c'est qu'on est pour des citoyens d'égal à égal. Pourquoi m'exclure ?*

Le témoignage de Farida fait écho à un article de Fassin[90] qui souligne que des personnalités publiques remettaient en question, en

---

90. D. Fassin, *op. cit.*

5 – UN POINT GODWIN ISLAMIQUE ?

2015, la loyauté citoyenne des personnes qui ne se reconnaissaient pas dans le slogan «Je suis Charlie». Il cite entre autres la rédactrice en chef politique, Nathalie Saint-Criq, à l'époque de la chaîne de télévision publique France 2, qui disait : «*We must locate those who are not Charlie… They are those we have to spot, threat and integrate or reintegrate in the national community*».

Le fait de vouloir réintégrer ou de vouloir intégrer des personnes ne s'associant pas à la maxime «Je suis Charlie» fait référence ici au point Godwin islamique. La majorité de ces personnes étaient de confession musulmane et de nationalité belge ou française. Toutes les personnes de confession musulmane ne se reconnaissant pas dans la maxime «Je suis Charlie» ont été écartées des rassemblements en faveur de *Charlie Hebdo*. Cet acte a été perçu par les femmes de confession musulmane comme une remise en question de leur statut de citoyenne et comme un acte d'exclusion de la société. Cela renvoie à un point Godwin islamique, parce que leur référent islamique les exclut de la société et les stigmatise comme personnes potentiellement violentes et menaçantes.

Fassin[91] explique que ce sentiment d'exclusion et de difficulté à formuler son avis sur les attentats de *Charlie Hebdo*, perçu par de nombreuses personnes, surtout de confession musulmane, a été ressenti par des académiciens comme lui lors de ses prises de parole et d'écriture sur les rassemblements en l'honneur des personnes décédées lors des attentats commis en janvier 2015 et novembre 2015 en France, mais aussi ceux commis en mars 2016 en Belgique. Il explique que le fait de s'exprimer ou de comprendre les personnes qui ne s'associent pas à *Charlie Hebdo*, bien qu'elles puissent condamner les attentats, peut susciter des réactions négatives, tel qu'il en a fait les frais :

> *The aftermath of the* Charlie Hebdo *attacks was such a moment of intense self-celebration in France : the courage and unity of the nation opposed to the baseness of the aggressors and the betrayal of those who did not share the sense of secular communion. Several journalists I met on various occasions during the weeks that followed the events, spoke of hysteria in the media and described the difficulty of expressing any form of difference or dissonance. I also experienced this difficulty. Opinion pieces I wrote in the two main French newspapers provoked vehement public reactions online – but also warmly supportive ones in private.*

---

91. *Ibid.*, p. 7.

Les quelques témoignages de participantes cités soulignent le sentiment d'exclusion de nombreuses femmes de confession musulmane rencontrées à Bruxelles. Bien que seules celles qui étaient voilées ont été exclues des manifestations, celles qui ne l'étaient pas ont aussi ressenti un sentiment d'exclusion en solidarité avec leurs consœurs voilées. L'unique fait d'avoir une corrélation avec l'islam produit un point Godwin islamique excluant toute personne ayant un lien visible à l'islam du groupe défendant la laïcité, comprise ici comme falsifiée et symbolisée par *Charlie Hebdo*.

CONCLUSION

L'objectif de ce chapitre était de montrer l'incidence des visions contemporaines de la laïcité en France et en Belgique sur le vécu de femmes musulmanes à Bruxelles, en s'appuyant principalement sur les perspectives de Baubérot et De Coorebyter. Le chapitre a suggéré que la laïcité avait pris une tournure différente de son but initial, qui serait la garantie de la paix civile et le respect de l'égalité des croyances et des idéaux de tout un chacun.

Le point Godwin islamique permet de comprendre les conséquences de cette déliquescence de la laïcité d'un point de vue empirique, touchant une certaine population de la société civile qui sont les personnes de confession musulmane.

En guise de conclusion, cette interprétation de la laïcité, qui exclut toutes les personnes de confession musulmane visible, jette à mon sens un opprobre sur les institutions étatiques en place, alors que ces institutions ne sont pas la cause de l'origine de cette dénaturation interprétative de la laïcité, bien au contraire. Comme le distingue De Coorebyter[92], les institutions sont instrumentalisées par certains élus, par des penseurs ayant des penchants de droite et par une opinion publique qui, de nos jours, permettent que la laïcité soit malmenée.

Par l'entremise des données de mon terrain bruxellois de recherche, j'ai esquissé cette érosion en prenant appui sur les catalyseurs anthropiques identifiés par les participantes et liés au thème de la laïcité. Pour les Belges rencontrées, un catalyseur anthropique important ayant influencé leur manière d'être perçues et comprises dans la sphère publique

---

92. V. De Coorebyter, « Laïcité : la mauvaise réputation ».

par une certaine partie de la population belge fut principalement l'attentat contre *Charlie Hebdo*, symbole du concept de la laïcité pour de nombreux Français, mais aussi pour beaucoup de Belges.

À la lumière de cet aperçu, on peut affirmer que les débats en Belgique en lien avec la laïcité et les personnes de confession musulmane sont généralement axés sur le point Godwin islamique plutôt que d'être centrés sur une définition de la laïcité contre l'exclusion et la discrimination.

À cet effet, j'aimerais reprendre l'idée de De Coorebyter[93], qui explique que la neutralité est «une contrainte imposée aux pouvoirs publics et à leurs agents au bénéfice des citoyens et des administrés», mais elle ne devrait pas être imposée dans les autres secteurs ne représentant pas l'État, puisque cela serait contraire au droit du travail, qui interdit toute discrimination sur la base de convictions ou d'opinions religieuses. Enfin, De Coorebyter[94] mentionne que comme on ne peut nier que l'ensemble des lois et des débats houleux visent le port du voile islamique:

> [...] Il serait plus sain et courageux de légiférer sur le voile en tant que tel – soit pour l'autoriser, soit pour l'interdire – que de continuer à se perdre dans des débats et des décisions de justice sur la neutralité, qui esquivent le vrai sujet et instrumentalisent la neutralité – dans un sens ou dans un autre – en brouillant les frontières entre le public et le privé[95].

On comprend donc bien que ce n'est pas la nature des fondements de la laïcité qui est remise en cause, mais bien le port du voile, comme le mentionne à raison De Coorebyter. Les manières de se vêtir devraient en soi être légiférées pour clore ces débats, mais cela amènerait à stigmatiser une catégorie de population hétéroclite qui serait et se sentirait exclue de la société à cause de ses convictions religieuses.

* * *

Remerciements

Je remercie le comité planificateur de l'atelier «Corps in/visibles: Genre, religion et politique», Catherine Larouche et Florence Pasche Guignard, pour son organisation et pour m'avoir permis d'y participer.

---

93. *Id.*, «La laïcité à cheval sur ses principes et sur sa récupération [...]», p. 236.
94. *Ibid.*, p. 241.
95. *Ibid.*

Bibliographie

Alparslan Saygin, Mehmet, *La laïcité dans l'ordre constitutionnel belge*, Louvain-la-Neuve, Academia, 2015.

Auclair, Isabelle, *Le continuum des violences genrées dans les trajectoires migratoires des Colombiennes en situation de refuge en Équateur*, thèse de doctorat, Département d'anthropologie de l'Université Laval, Université Laval, 2016.

Augé, Étienne, *Liban*, Louvain-la-Neuve, De Boeck Supérieur, 2018 [2015].

Barras, Amélie, «Sacred laïcité and the politics of religious resurgence in France: Whither religious pluralism?», *Mediterranean Politics*, vol. 18, n° 2, 2021, p. 276-293.

Baubérot, Jean, *La laïcité falsifiée*, Paris, La Découverte, 2014.

Beaud, Stéphane, «L'usage de l'entretien en sciences sociales. Plaidoyer pour l'"entretien ethnographique"», *Politix*, vol. 9, n° 35, 1996, p. 226-257.

Beaud, Stéphane et Florence Weber, *Guide de l'enquête de terrain: produire et analyser des données ethnographiques*, Paris, Éditions La Découverte, 1997.

Beaud, Stéphane et Florence Weber, *Guide de l'enquête de terrain: produire et analyser des données ethnographiques*, Paris, Éditions La Découverte, 2010.

Beaugé, Julien, «Résister au dévoilement à l'école. Une lycéenne face à l'application de la loi sur les signes religieux», dans Julien Talpin, Julien O'Miel et Franck Frégosi (dir.), *L'islam et la cité. Engagements musulmans dans les quartiers populaires*, France, Presses universitaires du Septentrion, 2017.

Boivin, Jade, «La loi sur la laïcité de l'État au Québec et les droits individuels et collectifs comme pilier de l'unité nationale canadienne: un écho au rapport Pepin-Robarts», *Bulletin d'histoire*, Dossier: La commission Pepin-Robarts, quarante ans après, vol. 29, n° 2, 2021, p. 178 200.

Bronner, Gérald, *La pensée extrême. Comment des hommes ordinaires deviennent des fanatiques*, Paris, Presses universitaires de France, 2016.

Cefaï, Daniel et Jack Ktatz, *L'engagement ethnographique*, Paris, École des hautes études en sciences sociales, 2010.

Crépon, Sylvain, «La neutralité de l'État face aux signes religieux à l'école. Regards croisés Belgique/France», dans Alain Dierkens et Anne Morelli (dir.), *Topographie du sacré: l'emprise religieuse sur l'espace*, Bruxelles, Éditions de l'Université de Bruxelles, 2018.

De Coorebyter, Vincent, «La neutralité n'est pas neutre!», dans Dominique Cabiaux *et al.* (dir.), *Neutralité et faits religieux. Quelles interactions dans les services publics?* Louvain-la-Neuve, Academia-L'Harmattan, 2014.

De Coorebyter, Vincent, «Laïcité: la mauvaise réputation», *Les @nalyses du CRISP en ligne*, 2017, consulté le 10 janvier 2022, https://www.crisp.be/2017/03/laicite-mauvaise-reputation/.

De Coorebyter, Vincent, *DROI-C5163 – Séminaire des problèmes contemporains de la laïcité – 201920*, 2019-2020.

De Coorebyter, Vincent, «La laïcité à cheval sur ses principes et sur sa récupération: réflexions inspirées par Xavier Delgrange», *Revue interdisciplinaire d'études juridiques*, vol. 86, n° 1, 2021, p. 235-241.

De Smet, François, *Reductio ad Hitlerum: une théorie du point Godwin*, Paris, Presses universitaires de France, 2014.

El Khoury, Emilie, *Lutte armée ou radicalisation violente? Expériences subjectives et perspectives de femmes bruxelloises, beyrouthines et montréalaises de confession musulmane.* Doctorat, Département d'anthropologie, Université Laval, Québec, Canada, 2022.

Fassin, Didier, « In the name of the republic. Untimely meditations on the aftermath of the Charlie Hebdo attack », *Anthropology Today*, vol. 31, n° 2, avril 2015.

Hasquin, Hervé, « Préface », dans Mehmet Alparslan Saygin (dir.), *La laïcité dans l'ordre constitutionnel belge*, Louvain-La-Neuve, Éditions Academia, 2015.

Hayat, Pierre, « Laïcité et sécularisation », *Les temps modernes*, vol. 1, n° 635-636, 2006, p. 317-329.

Hirst, David, *Une histoire du Liban 1860-2009*, Paris, Perrin, 2011.

Iqtidar, Humeira, « The difference between secularism and secularization », *The Guardian*, 29 juin 2011, consulté le 1er décembre 2021, https://www.theguardian.com/profile/humeira-iqtidar.

Kassir, Samir, *Histoire de Beyrouth*, Paris, Perrin, 2011.

Kepel, Gilles et Antoine Jardin, *Terreur dans l'Hexagone. Genèse du djihad français*, Paris, Gallimard, 2015.

Laine, Mathieu, *Dictionnaire du libéralisme*, Paris, Larousse, 2012.

Laufer, Jacqueline et Nicole Mosconi, « Laïcités et féminismes: quels rapports? En écho à la religion de la laïcité de Joan Scott », *Travail, genre et sociétés*, vol. 1, n° 45, 2021, p. 135-138.

Maclure, Jocelyn et Charles Taylor, *Laïcité et liberté de conscience*, Montréal, Boréal, 2010.

Marcus, George E., « Contemporary problems of ethnography in the modern world system », dans James Clifford et George E. Marcus (dir.), *Writing Culture: The Poetics and Politics of Ethnography. A School of American Research Advanced Seminar*, Berkeley, University of California Press, 1986.

Marcus, George E., « Ethnography in/of the world system: The emergence of multi-sited ethnography », *Annual Review of Anthropology*, vol. 24, n° 1, 1995, p. 95-117.

Marcus, George E., *Ethnography Through Thick and Thin*, Princeton, Princeton University Press, consulté le 9 janvier 2022, http://www.aspresolver.com/aspresolver.asp?ANTH;1667427.

Marcus, George E., « Multi-sited ethnography: Theory, praxis and locality in contemporary research », dans M.-A. Falzon (dir.), *Multi-sited Ethnography: Theory, Praxis and Locality in Contemporary Research*, Farnham, England, Ashgate, 2009.

Morelli, Anne, « Topographie du sacré: l'emprise religieuse sur l'espace », dans Alain Dierkens et Anne Morelli (dir.), *Topographie du sacré: l'emprise religieuse sur l'espace*, Bruxelles, Éditions de l'Université de Bruxelles, 2008.

Mucchielli, Alex, *Dictionnaire des méthodes qualitatives en sciences humaines et sociales*, Paris, Armand Colin, 2009 [1996].

Pellegrin, Nicole, *Voiles: une histoire du Moyen Âge à Vatican II*, Paris, CNRS Éditions, 2017.

Peneff, Jean, *La méthode biographique: de l'École de Chicago à l'histoire orale*, Paris, Armand Colin, 1990.

Radio-Canada, « "Il n'y a pas d'islamophobie au Québec", affirme François Legault », *Radio-Canada.ca*, 31 janvier 2019, consulté le 31 janvier 2019, https://ici.radio-canada.ca/nouvelle/1150288/politique-quebec-islamophobie-francois-legault.

Rawls, John, *Libéralisme politique*, Paris, Presses universitaires de France, 1995.

Ryan, Gery et Harvey Bernard, « Techniques to identify themes », *Field Methods*, vol. 15, n° 1, 2003, p. 85-109.

RTBF.be, « Les signes convictionnels autorisés dans l'enseignement supérieur dès la prochaine rentrée académique », *RTBF.be*, 2021, consulté le 16 janvier 2021 https://tinyurl.com/7u87bs3u.

Schnapper, Dominique, « Laïcité, condition féminine et liberté religieuse », *Travail, genre et sociétés*, vol. 1, n° 45, 2021, p. 143-146.

Scott, Joan, *Sex and Secularism*, Princeton, Princeton University Press, 2017.

Selby, Jennifer, Lorie G. Beaman et Amélie Barras, « L'angle mort de la "laïcité ouverte" : les processus de navigation et négociations dans le vécu religieux au Canada », *Social Compass*, vol. 67, n° 1, 2020, p. 45-58.

Todd, Emmanuel et Philippe Laforgue, *Qui est Charlie ? Sociologie d'une crise religieuse*, Paris, Éditions du Seuil, 2015.

Torfs, Rik, « Belgique », dans Francis Messner (dir.), *Droit des religions : dictionnaire*, Paris, CNRS éditions, 2010.

Torrekens, Corinne, *L'islam à Bruxelles*, Bruxelles, Université de Bruxelles, 2009.

Traverso, Véronique, *L'analyse des conversations*, Paris, Armand Colin, 2009.

Turner, Victor W., *Le phénomène rituel : structure et contre-structure*, traduit de l'anglais par Gérard Guillet, Paris, Presses universitaires de France, 1990[1969].

Turner, Victor W., « Liminality and communitas », dans Victor W. Turner, Roger D. Abrahams et Alfred Harris (dir.), *The Ritual Process: Structure and Anti-structure*, Chicago, Routledge, 1969.

Van Gennep, Arnold, *The Rites of Passage*, Chicago, University of Chicago Press, 1960.

Weber, Jean-Paul, *Domaines thématiques*, Paris, Gallimard, 1963.

Zuber, Valentine, « La laïcité au risque de la fraternité », *Études*, vol. 6, 2020, p. 79-88.

CHAPITRE 6

Quaint and Curious: Dress Codes as Signifiers of Cultural and Political Representation for Mennonite Women

Marlene Epp

I n 2020, a short documentary titled *Hollie's Dress* premiered on the Canadian Broadcasting Corporation. Written and directed by Palestinian-Canadian filmmaker Annie Sakkab, the short film tells the story of a young conservative Mennonite woman deciding about the first dress she will sew for herself. Hollie belongs to the Markham-Waterloo Mennonite Church group in southwestern Ontario, a group that is visible by its use of only black cars and a "plain" dress code for women. The film points to the girl's independent decision-making, yet confirms her limited choices within a traditionalist community where men and women have clearly defined roles—different, yet complementary. In the end, Hollie aspires to be a wife and mother and care for the home, and thus her dress choice is implicitly tied to her place in the family and community. Sakkab compares Hollie's choices with her own, having grown up in what she describes as a "patriarchal society" in Jordan.[1] The filmmaker finds cross-cultural similarities in the freedom of choice, or lack thereof, of girls and women. This is especially true regarding how they portray their bodies both within and outside their communities. Not examined in the film are public and political perceptions of religious dress in these cultures. In Hollie's community, plain dress has meaning that is

---

1. https://www.cbc.ca/shortdocs/features/my-first-film-about-a-girl-making-her-first-dress.

largely benign, and is portrayed positively for a young woman and her church. It is quaint and curious. This is in stark contrast to the ways in which religious and cultural dress for non-white and non-Christian groups is a site for xenophobia by the Canadian state and many of its citizens. This essay will not offer a detailed comparative analysis on this question, but will explore Mennonite dress as a signifier of cultural and religious representation, both within the group and as regarded from the outside.

As in other culturally distinct religious communities, women within some Mennonite and related Anabaptist-origin communities are frequently identifiable by their dress. "Anabaptist" was a term that preceded the label Mennonite and that I use here to include the Amish and Hutterites—religious "cousins" to the Mennonites. Various conservative branches of the Mennonite religion, as well as Amish and Hutterites, maintain prescribed dress codes that apply mainly to women. Often described as "plain dress," these codes also existed in previous eras for what are today modern Mennonite groups.[2] Certain aspects of plain dress were justified by biblical interpretation, while others functioned to maintain separation from modern society. Dress codes also served to emphasize unity and consistency in traditionalist religious groups.[3] Because dress is worn on "the body," prescriptions and proscriptions regarding dress also served as regulators of women's bodies and thus their roles in the household and community.[4] As Anna-Lina Bombardier argues about the dress code in one Mennonite subgroup, "On the one hand it is very personal, because clothing constantly touches the person's body. On the other hand, it is very political, in as much as it represents the community, its theology and religious beliefs, and its perceived separateness from the world."[5]

While Anabaptist groups often sought invisibility vis-à-vis the Canadian state, and while patriarchal norms in home and church reinforced female silence and thus invisibility within their communities, dress codes

---

2.	There are about 200,000 Mennonites in Canada, and as many as fifty different subgroups along a continuum from modern and not visibly different from mainstream society to traditionalist groups that are identifiable by their limited use of technology and distinctive dress codes. For a popular overview, see Marlene Epp, *Mennonites in Ontario: An Introduction*. The Hutterites and Amish are separate groups with similar historic origins, religious beliefs and separatist cultural practices.

3.	L. Arthur Bradley, "Anti-Fashion as a Social ... ," p. 264.

4.	Little has been written about Mennonite women's bodies as a concept, but see Pamela E. Klassen, "What's Bre(a)d in the Bone: ... ."

5.	A. L. Bombardier, *Navigating Through Rules, ... ,* p. 3.

made women visible in public society. However, as white, Christian women, their dress was, and is, perceived as largely apolitical. Unlike Muslim women in twenty-first century Canada, women's bodies within Anabaptist groups were neither regulated by the state, at least as far as their dress goes, or vilified by a xenophobic public. I was reminded of this racialized double standard, if you will, in a stark way when hearing news of yet more horrific attacks on Muslim women wearing religious dress, this time in Edmonton, Alberta, in March 2021. Not to mention the ongoing debates over Quebec's Bill C-21, which prohibits public employees from wearing religious symbols, legislation that purports to be religiously neutral, yet many critics say it targets minorities such as Muslims. In a discussion on religion and dress in the present day, Alicia Batten says, "minority cultures and diaspora religions often struggle to engage dress practices. Issues of racism, politics and nationalism all figure in the resistance of dominant cultures and religions to the dress of minorities."[6]

Yet Mennonites and related groups, while they historically considered themselves religious minorities in the Canadian context, as white Christians rarely experienced discrimination or intolerance for their distinctive dress. Religious dress is thus highly racialized, a perspective that analyses of Mennonite practice have not addressed. Rather than a threat, Mennonite, Amish and Hutterite women are viewed as quaint if curious, their way of life is romanticized, and their particularities held up as symbols of a multicultural mosaic. The lack of public or state critique of their dress provides evidence of how racialized the mosaic is. The 2020-2021 COVID-19 pandemic, however, witnessed examples of stigma directed at Anabaptist groups identifiable by their plain dress and who were associated with virus outbreaks.

For Mennonites, and women in particular, dress codes offer "important windows into how identity is defined, disputed, communicated and legitimized," as Doris Jakobsh says about Sikh practices.[7] Dress represented a political stance for Mennonites vis-à-vis both state and society. Mennonites historically clashed with the Canadian state on a range of matters such as independence in education, exemption from military service during wartime conscription, and use of technology in agricultural production. However, unlike what the country has witnessed in the

---

6.   A. J. Batten, "Dress and Religious Studies," p. 23.
7.   D. R. Jakobsh, "Seeking the Image of 'Unmarked' ... ," p. 44.

twenty-first century towards non-Christian faith groups, Mennonites were never challenged for their adoption of religious-based dress codes.

Distinctive religious dress communicates meaning to society external to Mennonite communities, but also carries significant symbolic meaning within the membership boundaries of the church. Evolving understanding of women's place in the church and world generated internal politics around clothing questions; as one analyst of Mennonite dress noted, "the two symbols (dress and roles) are intimately linked."[8] In what follows, I will analyze various dress codes and practices within Mennonite and related conservative religious communities regarding themes of embodiment, representation and gender. I will explore, in greater detail, examples in early twentieth-century Ontario that reveal the politicization of Mennonite women's bodies, both internal to the church community, and externally vis-à-vis mainstream society.

WHO ARE THE MENNONITES?

The Mennonites are a small Christian denomination that emerged as a radical movement during the Protestant Reformation in sixteenth-century Europe—Switzerland, Germany and the Netherlands. They experienced severe persecution for their belief in voluntary believers' baptism that was contrary to the prevailing practice of infant baptism into the church. As a result, they were originally called Anabaptist, meaning re-baptizer. Many were arrested, imprisoned and executed for their beliefs. Their central beliefs and emphases also included following Jesus' life as example, called discipleship, and nonresistance (pacifism), which meant they would not take up arms during wars. The Anabaptists also maintained strict separation from affairs of the state and between the church and the world. To maintain purity within the church, they practised varying degrees of discipline towards members who deviated from the rules established to maintain that separation from society.

Over time, Mennonites adopted many different positions on where to draw the line of nonconformity and separation; this resulted in numerous Mennonite subgroups—perhaps fifty or more just in North America. Some groups are culturally assimilated, and their members not markedly different from their neighbours in lifestyle, while others adopt a

---

8.   L. Arthur Bradley, *op. cit*, p. 266.

visible nonconformity through their dress codes, modes of transportation and other practices. Amish and Hutterites share many characteristics and beliefs with Mennonites and maintain distinct dress codes.

Migration to lands where their beliefs and practices were protected became characteristic of the Mennonites. Some went eastward from northern Europe in the eighteenth century and created communities in present-day Poland, Russia and Ukraine. These are often referred to as "Russian" Mennonites, many of whom migrated to Canada and the United States in several waves beginning in the 1870s and into the twentieth century. Some later migrated to Mexico, and Central and South America. Other Mennonites, along with Amish, left Europe and crossed the Atlantic Ocean westward to find new homes in America. Beginning in 1683 and into the mid-eighteenth century, about 5,000 Mennonites from Switzerland migrated to Pennsylvania with promises of land and religious freedoms, including exemption from military service. Similar assurances were given to Mennonites by Upper Canadian officials, prompting a migration northward beginning in the late eighteenth century. Because of their ancestry, these Mennonites are often labelled "Swiss" or "Pennsylvania German." While Mennonite migrations had some distinct goals, both the Russian and Swiss movements were part of global colonization projects that saw white Anglo and European-descended peoples settle on lands from which Indigenous peoples were displaced.

Mennonites emerged as a religious group, and this remains a foremost identity marker. Yet, because of the way in which Mennonites chose to live—separated, sometimes isolated physically and psychologically, self-sufficient—along with a long history of migration, their ethnic and religious practices sometimes merged. As a result, Mennonites are often described as an "ethno-religious" group by scholars looking in and by Mennonite describing themselves. Their religious beliefs and patterns of migration led to the development of ethnic and cultural characteristics among some Mennonite groups; the nature of their ethnicity depended on the geographic and human environment in which they established settlements. Cultural markers—language, dress, architecture and foodways, for instance—that evolved from the intersection of religious belief and ethnic experience became significant features of community identity at various times and places. In both Russian and Swiss Mennonite historic streams, dress codes and customs were adopted to varying degrees in different times and places. Both Swiss and Russian historic streams of

Mennonites exhibit a continuum of modernity that includes traditionalist subgroups with distinct dress codes, particularly for women.

MENNONITES, DRESS AND MEANING

Almost all faith groups have bodily material signifiers—dress, headgear and jewelry, for example—that derive from a range of factors. They may be derived from sacred religious texts, or adopted for political or cultural reasons, or utilized to set a group apart from other religious or social entities, or to encourage unity and conformity within a group's boundaries. Signifiers worn on the body are frequently gender-specific, with prescriptive meaning regarding male or female duties and roles within that faith group. Regarding women, material signifiers can be empowering and represent their valued rituals and responsibilities and solidify a sense of belonging.[9] For "plain people," as Linda Arthur Bradley proposes, "the main function of dress is to identify the religious group and show its cohesiveness, not to display individual differences."[10] It is a collective bulwark against the intrusion of the world outside the group's boundaries. Dress is also intrinsically tied to gender roles and expectations and thus marks social boundaries and privileges *within* religious communities. Beth E. Graybill summarizes the meaning embedded in conservative Mennonite dress as follows: expresses submission; promotes uniformity; expresses anti-fashion values; highlights gender distinctions; provides protection; promotes virtuous behaviour; is a sacred symbol; reflects emotional security; and embodies confinement.[11] A head covering, the most common feature in dress codes, signifies a woman's submission to God and to male authority in church and home, according to a literal understanding of the Bible. Dress styles that may limit, or at least compli-cate, certain physical activities are symbolic, Graybill argues, of women's confinement within patriarchal structures. These multi-varied meanings are all political when the rules of dress are negotiated within church groups and vis-à-vis the so-called outside world.

Mennonite women's bodies were, and are, sites of both political and religious meaning. There were internal politics, that is, within Mennonite churches and communities, as well as external politics, in terms of

---

9.   D. R. Jakobsh, *op. cit.*
10.   L. Arthur Bradley, *op. cit.*, p. 259-260.
11.   B. E. Graybill, "'To Remind Us of Who We Are': ... ."

Mennonite interactions with the state and with mainstream society. Mennonites set boundaries of behaviour for women within the church, and simultaneously set boundaries between themselves and mainstream society. The religious foundations for boundary setting arose from early Anabaptist ideas concerning separation from church and society, also referred to as nonconformity—a term derived from biblical text. Such boundaries were set in the realms of education, military and political participation, and adoption of technology, for example. In the twentieth century, as conservative Mennonite groups increasingly moved some of these boundaries towards modernity, dress emerged as a relatively benign manifestation and symbol of separation—one that was not contested by the state and one that impacted women to a much greater extent than men. Plain dress, as "the key visible mark of separation from the wider culture," was (and is, one could argue), according to Beth E. Graybill, directed mainly at women, thus allowing men to "*pass* more easily in the outside world."[12]

DRESS CONFLICTS IN EARLY TWENTIETH-CENTURY ONTARIO

The following survey of examples from early twentieth-century Ontario illustrates this dual interaction of dress and politics enacted on women's bodies.[13] During the late nineteenth century, a head covering—also called prayer veiling, cap or devotional covering—became an official church rule and a symbol of membership for women in the Mennonite Church, a denominational body of the "Swiss" Mennonite historic stream. The covering was accompanied by several other distinct dress forms—a cape dress for women and a plain coat for men. The former was a simple dress pattern with an extra piece of fabric covering the bodice as a form of modesty—the style of dress chosen by Hollie in the film mentioned at the beginning. The plain coat was a suit jacket without lapels, and thus worn without a necktie, an aspect of male fashion considered flashy and unnecessary.[14] Together, these pieces of clothing were often called "plain dress." While ordained men were expected to wear the prescribed coat, neither the cape dress or the plain coat were enforced as rules for lay church members.

---

12. *Ibid.*, p. 55.
13. M. Epp, "Carrying the Banner of Nonconformity: ... ."
14. L. Morlock, *How it Seams: ...* , p. 90-93.

158 CORPS IN/VISIBLES – IN/VISIBLE BODIES

The head covering was defined and rationalized in theological terms, based on New Testament biblical text decreeing that women keep their heads covered when in prayer.[15] The rule also had social meaning regarding women's place in the church and home. As one Mennonite leader said in 1922, the head covering "is a necessity to preserve the divinely ordained social order from disruption and to enforce the lesson of woman's submission to man."[16] An Ontario bishop (the highest level of clergy) argued that women who objected to the head covering were "usurping man's position and power" and "scorning [their] God-given position of motherhood." This same individual decried the "physical freedom" offered by the fashions of the 1920s that was contrary to woman's recognition, through the clothing that she wore, of her subordinate relationship to man.[17] The head covering was also viewed as a woman's defence against secular society. Beyond the association with the act of prayer was the belief that her covering offered a woman physical protection from molestation and that constant wear served as a Christian witness to society.[18] These perspectives suggest that dress regulations served to reinforce a woman's reproductive role and to both rein in and protect her sexuality.

Closely related to the head covering was the bonnet, which, because it did not carry the same doctrinal significance, became a site of conflict within the Mennonite church in the early twentieth century. The Victorian-style bonnet—perched on the back of the head, with a brim around the face, and tied under the chin—had largely been replaced by the more fashionable hat in mainstream society. The hat, which sat on top of the head and could be very fancy, was decried by church leaders for its conformity to modern fashion, but also because it wasn't easily worn with the required head covering. Furthermore, hats were suspect because they were "mannish" and thought to be symbolic of women's emancipation.[19] Church leaders feared that women who discarded the bonnet in favour of a hat would also stop wearing the head covering.

---

15. I Corinthians 11.
16. H. S. Bender, *An Exegesis of I Cor. 11:1-16*, p. 19.
17. O. Burkholder, "The Devotional Covering," p. 67-68.
18. For example, Ontario Mennonite women serving lunch at an International Plowing Match were "encouraged to wear their devotional coverings" as part of an "emphatic evangelistic effort." Urie A. Bender, secretary, Mennonite Conference of Ontario, to Mrs. Harold Groh, Mrs. Elmer Brubacher, Miss Alice Snyder, February 18, 1954, Women's Missionary and Service Auxiliary Collection, II-5.4.4.2.1, Mennonite Archives of Ontario (MAO).
19. E. F. Rupel, "The Dress of the Brethren ... ," p. 140.

6 – QUAINT AND CURIOUS

All aspects of the Mennonite dress code were explained with theological premises, but were largely responses to a crisis of nonconformity, religious freedom and changing gender roles at the turn of the twentieth century. The liberalizing fashions of the era were signposts of the so-called "new woman" making her appearance in public life. The entry of white women into higher education and the professions, the struggle for the vote by early white feminists, and the declining birth rate were all cause for concern for conservatives generally, both within and outside of the Mennonite church. In a study of early America, Leigh Eric Schmidt describes how certain religious groups defined women's role by defining the clothes they wore. He says "[c]lothes were fundamental [...] in drawing the boundaries that delimited the spheres of women." That women were inclined to adopt fashionable dress despite the injunctions of their ministers represented a challenge to men's "prerogative to prescribe not simply female fashions, but women's roles,"[20] and, one could argue, women's bodies.

Women's bodies were the subject of internal church politics, but also Mennonites' stance vis-à-vis the rapidly modernizing world around them. The anxiety felt by Mennonites heightened during the First World War, since the pacifist community's refusal to do military service, as well as their German-language heritage, made them targets of hostility from the state and society. At the same time, single urban Mennonite women seized waged labour opportunities in factories, bringing them into greater interaction with non-Mennonites.[21] Women's plain dress could also thus be interpreted as a political tool to assert Mennonite nonconformity in the face of state militarism, while also reminding Mennonite women, in a secular workplace, that their bodies were visibly different.

Conflict over dress regulations, especially related to the bonnet, became acute in certain regions and churches in the 1920s. As conservative church leaders became adamant in their defence of the head covering and cape dress, and against bonnet wearing, women and their allies objected to what they viewed as a double standard in nonconformity. Women's bodies became the site of resistance to modernity and to an upset in gender-based church hierarchies. One of the most outstanding and bitter struggles was at First Mennonite Church in Kitchener, Ontario. Following a 1921 resolution by a governing body that made the wearing

---

20.   E. L. Schmidt, "'Church-going People Are a Dress-loving People' : ... ," p. 43-44.

21.   E. R. Good, *Frontier Community to Urban Congregation ...* , p. 109.

of a bonnet a test of church membership for women, women at First who wore hats were refused the ritual of communion by a visiting bishop. About one third of the membership at First, including its minister, protested the bonnet regulation and, when threatened with disciplinary action, in 1924 chose to secede and form an independent congregation called Stirling Avenue Mennonite Church, located only one block away from First.[22]

A 1922 investigating committee charged with exploring the conflict revealed a variety of issues causing frustration. The committee interviewed fourteen members of First, three of whom were women. Mary Snider, a single woman, recalled that the same conditions had already existed for thirty years without any fuss being made over women wearing hats. She boldly claimed that too great a distinction was made between men and women.[23] Another woman declared that she and others had earlier been given permission to wear hats to work and bonnets to church.[24] Others reiterated Snider's point about the "double standard" being applied to men and women.

While this church split is cited most often in discussions about conflict and dress, friction also existed at locales where Mennonites undertook mission work, whether that was in urban contexts or overseas. Missionaries mandated to convert people to a Mennonite version of Christianity were compelled to apply church dress codes to new members, when such rules existed in larger denominational bodies. Yet some missionaries, and most converts, recoiled at imposing or adopting a dress code considered peculiar in some settings while just culturally inappropriate in others. For example, in 1918, a Mennonite mission worker in downtown Toronto described the challenges of his work, saying, "We have a half-dozen more who would join [the church], were it not for our bonnet regulation."[25] This individual's successor eventually resigned over the issue. Another oft referenced example is of two American

---

22. E. R. Good, *op. cit.*; L. Harder, *Risk and Endurance*: ... .
23. Investigating Committee interview with Mary Snider, November 8, 1922, Mennonite Conference of Ontario (MCO), II-2 A 1, Mennonite Archives of Ontario (MAO).
24. Investigating Committee interview with Mrs. M. B. Shantz, November 8, 1922, MCO II-2.A.1, MAO.
25. Kanagy, quoted in T. F. Schlabach, *Gospel Versus Gospel*: ... , p.155. Schlabach quotes a letter dated March 1, 1918, from Simon (S. M.) Kanagy addressed to "G. Bender" and archived in the papers of the Mennonite Board of Missions and Charities. Bender could not be identified in more detail.

Mennonite women on a ship taking them to mission work in Turkey reportedly tossing their regulation-style bonnets overboard once they were away from the control of their church's leadership.[26]

Within this Mennonite group, the wearing of the bonnet and cape dress began to decline in the 1940s; however, the head covering received new attention, since this aspect of plain dress, too, seemed in danger of disregard. Some church leaders made new appeals for compliance with regulations, linking the head covering directly with women's "position of subjection to man." An Ontario bishop cautioned that the "modern" woman needed the head covering more than ever to refrain from the temptations of fashion, to remind her of her place beneath man in the affairs of the church, and to encourage her not to evade her responsibility in childbearing. He concluded by saying, "we are living in a time when all three of these exhortations are sadly unheeded and disobeyed by modern women."[27] It is not coincidental that concern about women evading reproduction was accompanied, in 1944, by a denominational committee struck to study the problem of birth control. In short, it was to be avoided. Contraception, other than natural methods of fertility control, was resisted as one of the evils of modern society, was associated with immoral behaviour, and went against biblical mandates that God's followers be fruitful and multiply the earth.[28] Dress was only one means by which a male-dominated church body attempted to control women's bodies.

That renewed scrutiny of issues related to women's bodies occurred during the years of the Second World War is worth examining. While women were questioning, and widely disregarding, regulations especially related to the bonnet, new efforts were made to enforce the dress code, setting Mennonites apart. In 1941, the Mennonite Conference of Ontario—the conference body to which First Mennonite Church belonged—passed a resolution calling for "unity of administration among bishops" with respect to the bonnet regulation.[29] The following year, a related Mennonite body, which had declared itself in favour of the bonnet in 1932, passed concurrent resolutions on apparel and on "woman's sphere." Speaking to the question of women's headgear, the resolution

---

26.   J. C. Juhnke, *Vision, Doctrine, ...* , p. 251.
27.   O. Burkholder, "The Ministry and Christian Living," p. 421.
28.   M. Epp, *Mennonite Women in Canada: ...* , p. 91-96.
29.   Minutes, annual meeting of the Mennonite Conference of Ontario, *Calendar of Appointments* (1941-42), 10.

162

declared, "[Women] shall wear the plain bonnet and for winter use a head-dress without ornamentation that may consistently be worn with the devotional covering having a shape or form that cannot be mistaken for a hat."[30] With respect to woman's sphere in the church, the Amish Conference—which had comparable conflict on dress—concluded that because of Eve's "outstanding part" in the transgression in the Garden of Eden, God had placed woman "in a position of subjection to man."[31]

Mennonites, who hold a belief in pacifism, were considerably occupied with obtaining exemption from military service once conscription was enacted in the Second World War. Their position was unpopular in Canadian society, and they were targets of varying degrees of hostility across the country, including vandalism and arson of their churches, even when they negotiated "alternative" non-military labour in lieu of military service. Thousands of Mennonite men claimed conscientious objector (CO) status and performed such alternative service as roadbuilding, tree-planting, and firefighting. By 1943, much of the CO activity was transferred to the Canadian west coast, and some women whose husbands were in alternative service camps on Vancouver Island relocated to Victoria to see their menfolk more often. Far away from their home communities and churches, some women chose to remove their head coverings to be invisible in an urban setting where there was animosity towards the COs.[32]

It is curious that Mennonite church leaders in Ontario became so concerned about women's transgressive bodies at a time when considerable community focus was on negotiating Mennonite religious rights with the federal government. Yet the renewed focus on women's dress may have served to both deflect public attention from male COs and highlight Mennonite separation and nonconformity in ways perceived as less political. In effect, women's bodies were subject to internal politics to serve external political interests. Indeed, in 1943—the year that alternative service for COs was extended for the war's duration—the Mennonite Conference of Ontario, after "lengthy and spirited discussion," amended its constitution to state that it favoured "the wearing of a plain bonnet as

---

30. *Where We Stand: Peace and Social Concerns Statements by the Mennonites and Brethren in Christ in Canada, 1787-1982* (Winnipeg: Mennonite Central Committee Canada, 1986), microfilm page 003212-003213.
31. *Where We Stand,* microfilm page 003231-003233.
32. M. Epp, "Alternative Service and Alternative Gender Roles: ... ."

the approved headdress of our sisters and insist[ed] on a faithful compliance of the same as the continued practice of the church."[33] The increased attempt to enforce the bonnet is striking, given that there was no historic precedent or biblical rationale for it.

While the 1924 crisis at First Mennonite Church occurred after the First World War, a similar alignment of concerns may have existed in the Second. Women entering the workforce during the war resisted the fact that they were responsible for the bodily representation of their church's beliefs, even while there was not only public hostility towards men who were exempt from military service but also towards German-speaking groups generally. As Laura Morlock concludes, "Mennonite groups used the metaphor of appearance [...] to express conformity to their church, unity, boundary maintenance, and gender norms while simultaneously communicating nonconformity to the larger society." She proposes that Mennonites, as a minority group, "actively" sought to be seen as "different."[34]

A federal government ban on the immigration to Canada of Mennonites, Hutterites and Doukhobors in the years 1919-1922, even though not directed at Mennonites of Swiss-Pennsylvania German ancestry, may have further urged Mennonites to emphasize internal conformity and visibility vis-à-vis Canadian society. After the Second World War, the increasing entrance of Mennonite women—except for the most conservative farm-based—into the workforce in towns and cities, and the overall Mennonite urbanization trend, exacerbated resistance to dress distinctives.[35] While Mennonites and related groups are often called "peculiar people," many women chafed at being the most peculiar because of their anti-fashion clothing.

AGENCY AND RESISTANCE

Women's response to the dress regulations was mixed. Even if they were invisible in the settings where resolutions and regulations were decided, they did have opinions. Some women were vehement in defence

---

33. "Amendments to the Constitution and Discipline of the Mennonite Conference of Ontario," MCO II-2B 1, MAO.
34. L. Morlock, *op. cit.*, p. 76-77.
35. L. Arthur Bradley, *op. cit.*, p. 261.

of their special garb, likening the head covering to the crown of thorns worn by Jesus Christ, or viewing it as a veil and themselves as brides of Christ. Among other women, there was substantial resentment over the double standard, as revealed in the investigation at First Mennonite Church in the 1920s. This sentiment did not change. Reflecting on events decades earlier, in 1979 one woman stated succinctly, "[the men] *could wear the ordinary things and we had to wear the plain things.*"[36] That Mennonite women were thus identified more visibly than men was quite evident. This caused no small amount of bitterness, as another woman reflected:

> *I always thought there was a differentiation that wasn't quite fair. The men [...] could have the best kind of cloth in their suits and be very well-dressed. But the women were supposed to abide by a pattern, a very plain pattern of dress. And of course, a headdress that matched. A Mennonite woman was very easily recognized as a Mennonite.*[37]

Of course, as white women, only their dress styles made them distinct.

Men were able to interact more inconspicuously with non-Mennonites as a result. An extreme consequence of this was that, according to some recollections, men began dating non-Mennonite women and marrying out of the church, leaving behind the "plain" Mennonite females.[38] As one woman reflected in an interview in 1990, women were expected to carry the *"nonconformity banner"* for the entire church.[39] To use the words of Doris Jakobsh writing about Sikhs, women were the "cultural brokers" for their religious community.[40] Reinforcing dress codes during wartime and in other settings when Mennonites butted up against a secular, modern world also served the purpose of highlighting religious piety. A church leader in one Mennonite subgroup said this regarding the "sacred elements" in clothing customs: *"Our forebears decided to be a light to the world. If we dressed like the world, then*

---

36. Clara Bechtel Shantz, Interview 7113, Fairview Mennonite Home Oral History Project, Mennonite Archives of Ontario.
37. L. N. Snyder, Interview 7095, Fairview Mennonite Home Oral History Project, Mennonite Archives of Ontario.
38. Leah Hallman, Interview 7125, and Myra Snyder Shantz, Interview 7111, Fairview Mennonite Home Oral History Project, Mennonite Archives of Ontario.
39. Lorna Bergey, Interview by the author, March 14, 1990.
40. D. R. Jakobsh, *op. cit.*, p. 46.

what light would we be?"[41] Mennonite women, whose dress was most distinct, offered a bodily statement of resistance to state and society, while also presenting an example of religious piety of which the world should take note. As noted earlier, the wearer of plain dress was also reminded daily of her place of submission in the gender order of her community.

Certainly, women had agency regarding their bodies and what they wore. As noted above, some embraced the dress code, especially the biblically based head covering. A minority defied the dress regulations and lost their church membership as a result. Many women modified aspects of the dress code to signify rebellion, to be more fashionable, and to push at the boundaries created by the code. Beth E. Graybill, in her research on conservative Mennonite women in the United States, identifies many examples of what she describes as "cultural drift" towards modernization, whereby women adhere to the fundamental aspects of a dress code, yet exercise self-determination on a wide range of non-regulated clothing choices.[42] For example, when first introduced as a requirement of church membership, the head covering tied under the neck; gradually women wore the covering with the ties undone and hanging loose and eventually removed altogether. The rectangular or triangular piece of fabric on the bodice of the cape dress became smaller, and lace might be added at the neckline. The non-biblical bonnet underwent more drastic reinvention. One woman made her daughter a prescribed bonnet in pink rather than a sober black or dark blue. Women created headgear that maintained the basic shape of a bonnet but without the ties and the brim; as well, they devised a hat-bonnet that sat atop one's head like a hat but tied under the chin like a bonnet, and often had fancy ornamentation.[43] In these ways, women asserted autonomy over their bodies, although, as Laura Morlock wisely points out, individual autonomy is generally not a sought-after goal for women or men in community-oriented societies such as the Mennonites.[44]

Mennonite women at various times and places showed resistance to gender-based religious dress codes because of the patriarchal social control embedded in regulations. Linda Boynton Arthur, for example, emphasized "social control" as a primary purpose of dress codes for

---

41. Quoted in R. Loewen, *Horse-and-Buggy Genius:* ... , p. 96.
42. B. E. Graybill, "Dress and Sociology," p. 49.
43. M. Epp, "Carrying the Banner of Nonconformity: ... ".
44. L. Morlock, *op. cit.*, p. 86.

women.[45] Yet, for some Muslim women, adhering to religious dress requirements is a form of resistance towards dominant white culture. For Mennonite women, resistance past and present relates to chafing over male social control, and to their desire to "blend in"—something their whiteness allowed. As Alicia Batten points out, "both veiling and refusing to veil can be acts of resistance that are connected to different sorts of feminisms that in turn may be rooted in different conceptions of gender."[46] Here, we witness resistance emerging from different racialized positions.

DRESS CODES IN THE RECENT PAST

In modern Mennonite churches like First and Stirling in Kitchener, dress-related rules and customs gradually disappeared by the late twentieth century. Yet, the rules and responses that caused strife in these congregations in the 1920s continue to exist among a myriad of conservative Mennonite groups in the twenty-first century. At one end of the boundary-setting continuum, Old Order horse-and-buggy Mennonites maintain a dress code whereby both men and women are recognizable by their bodily display. In this context, there is a certain egalitarianism in distinctive dress. As one moves along the traditionalist-modern continuum, towards complete fashion assimilation, one finds groups that uphold plain dress for women—head covering and cape dress—but are less likely to have any rules for men. This would be true of the Mennonites represented in *Hollie's Dress*. Graybill describes dress codes in such groups as "anti-fashion"—a deliberate choice to resist the fashion trends of the cultural mainstream.[47]

Interestingly, among conservative groups, one transition over time saw the head covering worn sooner and more often in a woman's life. In the past, the head covering was typically adopted when a young woman was baptized into church membership in her late teens or early twenties or perhaps not until she married, and then only worn to church. Towards the end of the twentieth century, in some regions, the covering came to be worn all the time and at an earlier age.[48] This suggests that the social meaning of the dress code was as important as the religious import, particularly as pressures both internal and external challenged strict

---

45. L. B. Arthur, "'Clothing is a Window to the Soul': ... ".
46. A. J. Batten, *op. cit.*, p. 26.
47. B. E. Graybill, "Dress and Sociology," p. 44.
48. R. Loewen, *op. cit.*, p. 32 and 56.

gender hierarchies. Beyond the biblical and relational meaning of the head covering, it also functioned (and still does today) as a symbol "of community and belonging," according to Graybill.[49] As certain boundaries between conservative Anabaptist groups and state/society become increasingly difficult to maintain—farming technology, transportation, use of computer technology, for example—dress becomes a non-contested boundary that simultaneously reinforces sameness internally and difference externally. This trend was identified by Kimberly D. Schmidt in her study of conservative Mennonites in upper New York State in the 1970s and 1980s. She found that women, compelled to enter waged labour outside their homes to avert financial crisis for their family farm, sometimes stopped wearing the mandatory head covering. This, in turn, caused renewed directives from their church on dress requirements and female domestic roles.[50] Fear of encroachment of mainstream society—an external threat—reinforced the politics of conformity internally, even while economic necessity saw women interact with that society to a greater degree.

The examples I used earlier are primarily about Swiss Mennonites in Ontario in the first half of the twentieth century; here, a dress code was justified mainly with reference to church doctrine and biblical command. As for Swiss Mennonites, conservative Russian Mennonite groups often required, and some still do, that women wear a head covering. The look of the head covering varies widely across groups, as do rules about when and where it should be worn. While the head covering requirements are generally justified on religious grounds, in numerous conservative Mennonite subgroups, rules about dress have no clear rationale beyond reference to custom and tradition. For Old Colony Mennonites—of Russian Mennonite ancestry with churches in Canada and entire colonies in Mexico and Central and South America—women's dress must meet community "expectations" even when there is "no religious significance."[51] This might mean unwritten customs regarding the number and size of pleats in a dress, or acceptable colours and patterns for dresses. Researcher Anna-Lina Bombardier concluded, "what appears to be a rigid dress code controlled by the church is in reality a mix of rules and traditions that are partly enforced by the church and that partly evolved

---

49. B. E. Graybill, "Dress and Sociology," p. 46.
50. K. D. Schmidt, "'Sacred Farming' or 'Working Out': ... ".
51. R. Loewen, *op. cit.*, p. 150.

168 CORPS IN/VISIBLES – IN/VISIBLE BODIES

naturally, independently of the church, over time."[52] Within this group, like for the Swiss group, head coverings are mandatory, "signifying humility and obedience"[53]—meaning that reflects the order of human relationships as opposed to that between the human and the divine.

CONCLUSION

Mennonite identities that are not of Russian or Swiss ancestry emerged across North America and globally because of mission outreach over the past century. While women in historic ethnic streams of the Mennonite church could adopt dress codes that did not conflict directly with their cultural identity, Mennonite women of other cultures, especially non-European cultures, experienced a disjuncture between church-mandated dress codes and their own cultural identities. This was the case for Latina Mennonites in the United States: "While Latinas were some of the strongest adherents to Mennonite modes of fashion during the early years of the mission period, by the 1970s, women like Seferina De León started wearing traditional Mexican dresses to church and as a result helped usher in a new era in Latino cultural and religious revival."[54] This example shows how dress in a Mennonite religious context conveys racial meaning quite different than for early twentieth-century Swiss Mennonites in Ontario. The dress codes imposed on white Mennonite women's bodies held political meaning internal and external to the church community, but were not racialized. Religious dress worn by non-white and non-Christian women is very racialized in a North American context. For Latina Mennonites, compelled to adopt European-origin Mennonite dress codes—the head covering in particular—departing from those regulations was not only a rejection of the gendered social meaning underlying such codes, it may well have also been a rejection of the racialized symbols of their chosen denomination. Their choice to wear "Mexican dresses," was not adherence to a religious dictum, but a statement of cultural identity. While Mennonite dress codes were not challenged from the outside, by state or society, they were challenged in a politicized gesture directed at the church.

---

52. A. L. Bombardier, *op. cit.*, p. 2.
53. R. Loewen, *op. cit.*, p. 150.
54. F. Hinojosa, *Latino Mennonites:* ..., p. 165.

Given that Anabaptists separated themselves historically from involvement with the state, as do some subgroups today, they are sometimes viewed as apolitical. However, political behaviour arising from hierarchies of power, influence and decision-making to achieve group goals is certainly not absent. As this case study demonstrates, women's bodies were, and are, a site where political goals within religious communities are furthered, and where interaction with wider society is negotiated. The study of dress codes in Mennonite churches of the past and today among conservative groups, reveals political representation of women's bodies, both for internal and external purposes. Head coverings and other clothing requirements are a constant physical reminder to women of their place in the social order of family, household and church. They reinforce religiously understood gender roles internal to the community. Such dress codes also utilized women's bodies as a statement to the state and society that Mennonites were different and had rights regarding military service exemption and education, for example. While those external bodies may have objected to the separatist stance of Mennonites, they never challenged the plain dress of white Christian groups viewed simply as quaint and curious.

BIBLIOGRAPHY

Arthur, Linda B. (ed). *Religion, Dress and the Body*. Oxford, NY: Berg Publishers, 1999.

Arthur, Linda Boyton. "'Clothing Is a Window to the Soul': The Social Control of Women in a Holdeman Mennonite Community." *Journal of Mennonite Studies*, vol. 15, 1997, p. 11-30.

Batten, Alicia J. "Dress and Religious Studies." In Alicia J. Batten and Kelly Olson (eds.). *Dress in Mediterranean Antiquity: Greeks, Romans, Jews, Christians*. London: Bloomsbury, 2021, p. 19-26.

Bender, Harold S. *An Exegesis of I Cor. 11:1-16*. [Unpublished manuscript]. Mennonite Historical Library, Goshen, Indiana, 1922.

Bombardier, Anna-Lina. *Navigating Through Rules, Traditions, and Fashion: Old Colony Dress Code in Ontario*. [Unpublished PhD colloquium paper]. University of Waterloo, Ontario, 2012.

Bradley, Linda Arthur. "Anti-Fashion as a Social Boundary Marker Among Holdeman Mennonite Women." *Journal of Mennonite Studies*, vol. 36, 2018, p. 259-277.

Burkholder, Oscar. "The Devotional Covering." *Gospel Herald*. Scottdale, PA, April 17, 1930, p. 67-68.

_____. "The Ministry and Christian Living." *The Sword and Trumpet*, August 1945, p. 421.

Epp, Marlene. "Carrying the Banner of Nonconformity: Ontario Mennonite Women and the Dress Question." *The Conrad Grebel Review*, vol. 8, n° 3, Fall 1990, p. 237-257.

_____. "Alternative Service and Alternative Gender Roles: Conscientious Objectors in B.C. During World War II." *BC Studies*, n° 105-106, Spring/Summer 1995, p. 139-158.

_____. *Mennonite Women in Canada: A History*. Winnipeg: University of Manitoba Press, 2008.

_____. *Mennonites in Ontario: An Introduction*. Waterloo, ON: Mennonite Historical Society of Ontario, 2012.

Gingerich, Melvin. *Mennonite Attire Through Four Centuries*. Breinigsville, PA: Pennsylvania German Society, 1970.

Good, E. Reginald. *Frontier Community to Urban Congregation First Mennonite Church, Kitchener 1813-1988*. Kitchener, ON: First Mennonite Church, 1988.

Graybill, Beth E. "Dress and Sociology." In Alicia J. Batten and Kelly Olson (eds.). *Dress in Mediterranean Antiquity: Greeks, Romans, Jews, Christians*. London: Bloomsbury, 2021, p. 39-50.

_____. "'To Remind Us of Who We Are': Multiple Meanings of Conservative Dress." In Kimberly D. Schmidt, Diane Zimmerman Umble and Steven D. Reschly (eds.). *Strangers at Home: Amish and Mennonite Women in History*. Baltimore: Johns Hopkins University Press, 2002, p. 53-77.

Harder, Laureen. *Risk and Endurance: A History of Stirling Avenue Mennonite Church*. Kitchener, ON: Stirling Avenue Mennonite Church, 2003.

Hinojosa, Felipe. *Latino Mennonites: Civil Rights, Faith, and Evangelical Culture*. Baltimore: Johns Hopkins University Press, 2014.

Jakobsh, Doris R. "Seeking the Image of 'Unmarked' Sikh Women: Text, Sacred Stitches, Turban." *Gender & Religion*, vol. 5, n° 1, 2015, p. 35-51.

Juhnke, James C. *Vision, Doctrine, War: Mennonite Identity and Organization in America, 1890-1930*. Scottdale, PA: Herald Press, 1989.

Klassen, Pamela E. "What's Bre(a)d in the Bone: The Bodily Heritage of Mennonite Women," *Mennonite Quarterly Review*, vol. 68, no. 2, April 1994, p. 229-247.

Loewen, Royden. *Horse-and-Buggy Genius: Listening to Mennonites Contest the Modern World*. Winnipeg: University of Manitoba Press, 2016.

Morlock, Laura. *How it Seams: Religious Dress, Multiculturalism, and Identity Performance in Canadian Society, 1910-2017*. [Unpublished PhD thesis]. University of Waterloo, Ontario, 2018.

Rupel, Esther F. "The Dress of the Brethren (and Church of the Brethren)." *Brethren Life and Thought*, vol. 31, Summer 1986, p. 135-150.

Schlabach, Theron F. *Gospel Versus Gospel: Mission and the Mennonite Church, 1863-1944*. Scottdale, PA: Herald Press, 1980.

Schmidt, Eric Leigh. "'Church-going People are a Dress-loving People': Clothes, Communication, and Religious Culture in Early America." *Church History*, vol. 58, n° 1, March 1989, p. 36-51.

Schmidt, Kimberly D. "'Sacred Farming' or 'Working Out': The Negotiated Lives of Conservative Mennonite Farm Women." *Frontiers*, vol. 22, n° 1, 2001, p. 79-102.

CHAPITRE 7

Sexual Regulation and Liberation in Quebec: Gender Relationships as a Driving Force for Social Change

Géraldine Mossière

I n this chapter, I present ethnographic data collected among two different generations of Québécois to discuss the nexus between sexuality and morality, and social and family changes. By focusing on social and religious regulations of sexual norms and practices in terms of power structure, I explore sexuality as a subversive force to change normative references regarding gender identities and relationships, as well as family structure. To do so, drawing on James Laidlaw's[1] anthropology of morality and ethics as well as on Fassin's[2] concept of "sexual democracy," I present ethnographic data collected among three generations and discuss their views on sexual norms in light of social changes: first the baby-boomer generation and the sexual revolution and family transformation they embraced, second the critical view and political stance that some members of Generation X and the Millennials display by reverting to more conservative sexual norms and gender models or framing them in an intersectional struggle for social justice. I argue that each of these generational trends, as well as their interaction, significantly displays a facet of the moral landscape of Québécois society and the vagaries of its social transformation.

---

1. J. Laidlaw, "Ethics / morality."
2. É. Fassin, "La démocratie sexuelle et le conflit des civilisations."

In the historical review of anthropology and sexuality they published in 2004, Andrew and Harriet Lyons contend that anthropologists of the Victorian age such as Morgan, Bachofen and McLennan "conjured 'primitive promiscuity' as the zero point of morality from which Victorian society had thankfully evolved."[3] In turn, Margaret Mead and Bronislaw Malinowski presented the sexual lifestyle of people from the South Pacific and Melanesia at odds with the sexual morality that regulates modern societies. By broaching issues of morality, hierarchy and difference, Lyons argues that anthropological thoughts on sexuality have significantly contributed to building anthropology. It would certainly not be erroneous to add that this ongoing theme of sexuality in "other" societies also provided a mirror in which Western societies could contemplate their own supposed level of evolution. Ironically enough, the current arrival of newcomers from what is now called the "Global South" in these societies inverted this relationship, since migrants now consider Western sexual customs highly amoral, while the conservatism of their own sexual habits is seen as endangering Western sexual permissiveness.

Indeed, sexuality is the major point of tension in social relationships of current liberal societies where cultural diversity involves the coexistence of different regimes of morality and sexual regulations. In Quebec more specifically, debates on the social integration of religious minorities have mainly been triggered by the historically complex issue of gender equity and roles. Recently, the introduction of sexual education in elementary school raised lively opposition from conservative religious movements (mainly Christian and Muslim) that feared the impact of such teachings on gender and family moralities. In this chapter, I present ethnographic data collected among two different generations of Québécois to discuss the nexus between sexuality and morality, and social and family changes. By focusing on social and religious regulations of sexual norms and practices in terms of power structure, I explore sexuality as a subversive force to change normative references regarding gender identities and relationships, as well as family structure. To do so, I rely on James Laidlaw's[4] anthropology of morality and ethics, which, among other intellectual traditions, comprises the theory of virtue ethics, as well as Michel Foucault's perspective. Following postcolonial authors such as Asad,[5]

---

3.   A. E. Lyons and H. D. Lyons, *Irregular Connections:* ... , p. 73.
4.   J. Laidlaw, *op. cit.*
5.   T. Asad, *Genealogies of Religion:* ... .

Mahmood[6] and Hirschkind,[7] the former embraces the "virtues and vices that are central to the ability to thrive and flourish within a socially and historically located form of ethical life."[8] In this understanding, for example, religious practitioners' endeavour to develop specific values (e.g., modesty, humility and docility in Islam) as part of a global ethics that is required to thrive in a virtuous life. At the same time, they contest what they see as unethical in the society they come from. The second perspective is based on Michel Foucault's[9] genealogy of the desiring subject where the hermeneutics of desire that frames the modern subject contrasts with the ethics of existence that prevailed in classical Athens, where citizens were invited "not to discover who and what they were by uncovering their hidden desires—perhaps with the aid of therapists, priests or psychiatrists, as we are invited to do—but instead consciously to fashion themselves, and to do so, in particular, with regard to their fitness to exercise both freedom and power in relation to others."[10] According to Laidlaw, Foucault's work on ethnographical and comparative forms of ethical life involves a distinction between "forms of moral life dominated by rules and codes, and those organized around more optative projects of ethical self-fashioning."[11] The data I have collected among Québécois of different generations and religious sensibilities suggest that their views on sexual norms and regulation encompass both approaches to morality, thereby conveying various views on gender and family relationships, and opening spaces of discrepancy and transformation.

In Quebec, sexual norms and regulation have historically played a significant role in the processes of modernization and liberalization the province undertook in the 1970s in the wake of the so-called Quiet Revolution, and that is still ongoing. In relation to this context, I adopt a social and generational perspective to show how the nexus between sexuality and morality in the province has thoroughly evolved in the past decade to frame new types of family patterns, as well as moral and social ethos. The ethnographic data my team and I have collected among Québécois respondents of Catholic background born between 1945 and 1957 on the one hand, and young people converted or attracted to Islam born after

---

6.   S. Mahmood, *The Politics of Piety: ... .*
7.   C. Hirschkind, *The Ethical Soundscape: ... .*
8.   J. Laidlaw, *op. cit.*
9.   M. Foucault, *The History of Sexuality, Vol. 2-3 ...; Ethics: Subjectivity and Truth.*
10.   J. Laidlaw, *op. cit.*
11.   *Ibid.*

1975 allow me to grasp two specific trends of this process: first, the baby-boomer generation and the sexual revolution and family transformation they embraced, and second, the critical view and political stance that some members of Generation X and the Millennials[12] display by reverting to Islamic sexual norms and gender models, or framing them in an intersectional struggle for social justice. While claiming that these trends are representative of each generation would undoubtedly be inaccurate, I argue that each of them, as well as their interaction, significantly displays a facet of the moral landscape of Québécois society and the vagaries of its social transformation. In this chapter, I first delineate how literature frames both cohorts' sexual lifestyles and views on family and gender in the Québécois context and present the two fieldworks and the methodology my team and I relied on. Following Éric Fassin's definition of sexual norms as "conventional and provisional orders, that is the product of history and power relations, subject to change and open to negotiation,"[13] I explore how the narratives of both populations draw on religious and nonreligious moralities to produce and revisit sexual norms. In his illuminating work on sexual democracy, Fassin alludes to "the appropriation, in a postcolonial context, of freedom and equality, applied to gender and sexuality, as emblems of democratic modernity."[14] While baby-boomers' claims for the liberation of sexual norms is commonly depicted as the stepping stone for gender equity, I contend that converts to Islam interestingly turn the democratic argument of freedom around to support their moral choice of a conservative and highly regulated sexual frame.

---

12. Although dates may vary from demographer to demographer, the baby-boomer generation is usually considered to encompass people who were born in the post-war period (after 1945), at a time of high birth rate increases. They usually have experienced a period of high economic growth and prosperity. In 2000, Strauss and Howe's generational classification theory squared Westerners born between 1965 and 1980 with Generation X, the youngest of whom are children of baby-boomers. Millennials are the next generation (sometimes referred to as Generation Y). Born between 1981 and 2000, they are related to the baby-boomer generation through bonds of parenthood or grandparenthood. Although these labels are mostly used in popular culture or marketing research, they refer to a set of experiences and characteristics typical of each historical period and their cultural, social and political conditions of existence.

13. É. Fassin, *op. cit.*, p. 125-126.

14. *Ibid*, p. 126.

SOCIAL CHANGE IN QUEBEC AND THE DEREGULATION OF SEXUAL AND FAMILY MODELS

The collective myth of Québécois modernity usually relates the modernization of the province to the emancipation from the long-held domination of Catholic clergy over family, procreation and women's bodies. Widespread narratives willingly recall how priests used to step in home spaces only to *castigate* the women who "prevented the family," suspecting them of using contraceptive methods. The *aggiornamento* that the Catholic church undertook in the wake of Vatican II (1962-1965), coupled with a global context of counterculture that instigated the emancipation from normative settings, helped trigger the transformation of family patterns in Quebec, mainly on the basis of the deregulation of sexual norms. Many scholars have explored how the Christian conservative models of chastity until marriage, early weddings, monogamy, single partner for life, and large families gradually left room for more love and romance in marriage and intimacy, as well birth control and reproductive planning.[15] From the 1960s onwards, the rapid spread of the contraceptive pill developed in 1956 completed the process of the dissociation of sexuality and procreation, all the while empowering women to take control of their reproductive project. As youth get to learn sexuality before marriage, they become familiar with a variety of scenarios of sexual relationships and trajectories that comprise a succession of stable and unstable periods of conjugality in unpredictable ways, all this making sexual lifestyles more diversified. Cohabitation before or out of marriage, multiple conjugal relationships, unions based on love and sexual intimacy, and single parenthood all signal the gradual shift from the strict and conservative Catholic model—where sexuality is conditional to marriage—to a more liberal and subjective model where sexual relationships hinge on individuals' desires and expectations, interpersonal choices, and individual and social well-being. In Quebec, the recognition of women's freedom to control their own body and sexuality is the cornerstone of this shift, which introduces the notions of pleasure and reciprocity in relationships between men and women and broadens the sexual repertoire of both male and female.

---

15. C. Bonvalet and I. Olazabal, "Les baby-boomers: une génération spécifique?"; R. B. Dandurand, "Mutations familiales, révolution tranquille ... ."

While Québécois baby-boomers are the main actors in this deep social transformation, they are not the promoters of the change. Their parents had already paved the way for such upheaval of moralities by taking distance from religious activities and questioning priests' legitimacy to address family issues and, for women, by using various techniques to limit pregnancies (coitus interruptus and the planning method). Baby-boomers would then only leverage and operationalize their parents' criticisms and resistances. In some ways, this liberal discourse regarding sexuality and gender relationships impacted the education of their offspring, including the socialization process and the transmission of values. No artistic production exemplifies the impact of this sexual revolution on intergenerational relationships and Generation X's sexual and gendered behaviour better than the successful movie *Le déclin de l'empire américain*, followed by *Les invasions barbares*, both produced by Québécois Denys Arcand in 1986 and 2003. The first movie displays a broad array of sexual stances and behaviours through the discussion of eight intellectual secular baby-boomer friends led by Rémy around the issue of sex, the intertwining of their love affairs, the reluctance of some to have children, a succession of male partners, and the infidelities and carnal attraction leading some of them to divorce and separation. The second movie, which was shot fifteen years later, shows how the same characters evolved when all of them gather around the deathbed of protagonist Rémy. In this setting prone to reviewing their lives, the stance of Sébastien, Rémy's son, is of particular interest: as a successful well-grounded broker prone to rationality and efficiency and ready to get married, Sébastien has obviously rejected his father's way of life to the point that he even hesitates to visit him as he is dying. The scene when his fiancée explains how their union will be successful (unlike their parents') because it is not based on love attraction but on pragmatic motives exemplifies some of the legacies the baby-boomers' gendered and sexual lifestyle transmitted to the next generation, and one way the latter interpreted and reappropriated it.

Sébastien and his fiancée's attitude is not at odds with the discourse many young converts to Islam display regarding gender and sexual relationships. Literature makes consensus on the idea that converts to Islam build their gendered lifestyle in opposition to their parents, whom they describe as atheists and of easy virtue.[16] Based on the data I have collected

---

16. T. G. Jensen, "To Be 'Danish,' Becoming 'Muslim': … "; J. S. Jouili, *Pious Practice and Secular Constraints* … .

among this population, I argue that, in some ways, young new Muslims' narrative on gender and sexuality epitomizes a counter-discourse to baby-boomers', to which they oppose a critical view that for Generation X targets their parents' sexual liberation, and for Millennials draws on an intersectional approach aimed at social justice. Whereas they are based on different social and epistemological postures, both Generation X and Millennials advocate a form of sexual and gender regulation that promotes different moral ideals as well as alternative social projects.

TWO ETHNOGRAPHIC STUDIES, THREE GENERATIONS OF QUÉBÉCOIS

The ethnographic research my team and I conducted in Quebec from 2006 to 2020 allowed to gather narratives from three different generations of Québécois. First, data on baby boomers born between 1945 and 1957 were collected during ethnographic research[17] carried out from 2014 to 2018 with a focus on the population of francophone Québécois of French descent who settled in Quebec for at least two generations. The project aimed at documenting the religious trajectory or "meaning paths" that these individuals have built in the course of their biographical and social experience with the assumption that the latter has been shaped in the first place by strict religious socialization in their early childhood through social institutions (schools, churches), soon followed by the liberalization of family and moral structures in the province that occurred in the late 1960s and 1970s, and later on by the collective discussions the integration of the religious and cultural diversity into the local social fabric involves. With a methodology based on life narratives, each interviewee was met with twice, with a six-month delay, to better grasp the changes and transformations as well as the reconstruction of these narratives with their discrepancies, hesitations, doubts and contradictions. The 43 interviewees we met with were asked to recall and report their biographical path in relation to their religious experience and to the social and political events that the province was going through at each step.

---

17. The project "Religious trajectories and identity challenges among Franco-québécois born Catholic: An ethnography of meaning paths" was funded by the Fonds québécois de recherche sur la société et sur la culture (FQRSC) (2014-2018). It was carried out from 2014 to 2018 with the help of a research team: Ariane Bédard-Provencher, Guillaume Boucher, Charlotte Guerlotte, Véronique Jourdain, Isabelle Kostecki, Simon Massicotte, Annie-Claude Piché, Gilles Saucier, Maryse Trudel.

This includes questions dealing with education, family life, marriage, parenthood, health, divorces and break-ups, bereavements, etc., alongside Quebec's discussion on reasonable accommodation made to religious minorities' claims, or the Quebec Charter of Values proposed by the Quebec government in 2013.

Second, data on young converts to Islam were collected during ethnographic research that I have been carrying out among new Muslims in Quebec since 2006. The first phase of the project (2006-2010) focused on 38 new practising Muslim women, most of whom were married to men of Muslim background and centred their everyday life on family as well as on community life. Although the data were collected randomly, they revealed an age phenomenon, with most interviewees being under 30 (born between 1970 and 1987), and therefore belonging to Generation X. The second phase of the research (2014-2020)[18] focused on youths who had embraced Islam, who were attracted to the religion or who borrowed certain Muslim practices, beliefs or ways of being. The research aimed to grasp the role of Islam in the identification process, sociability practices and social networks of this population of Millennials (born after 1987). In both phases of research, my team and I conducted semi-structured interviews with new Muslims with broad questions on their path toward and within Islam, their understanding of Islam and the way Islam impacts their everyday and intimate life, life choices, social and gender relationships, and political and social awareness and commitments. Observations were also made in their everyday religious and social activities (such as lessons at the mosque, social gatherings, informal study circles (*halaka*[19]) and workshops). This in-depth fieldwork allowed us to follow the pathway of some new Muslims over the course of more than 10 years, and to observe the evolution of their family and gendered trajectory.

---

18. The project was funded by the SSHRC (2016-2020). The team of research assistants included Isabelle Kostecki, Marie Fally, Catherine de Guise, Ariane Bédard-Provencher, Simon Massicotte, Samuel Victor, Hortense Leclercq-Olhagaray, Sophie Laniel and Marie-Josée Guibault.
19. Circles of Qu'ranic teachings.

BABY-BOOMERS' SEXUAL LIBERATION AND THE RESISTANCE TO CATHOLIC NORMS AND TO THE CLERGY'S AUTHORITY

The upheaval of family patterns and gendered relationships that occurred in the 1970s resulted from a combination of factors that converged to facilitate youth's liberation and freedom of expression in many forms: the hippie movement and the counterculture, the new musical fashion (with the advent of the Beatles), new psychological developments, etc. They all concurred to relieve the guilt and free up the domain of sexuality as well as to grant new priority to desire and pleasure. Yves (born in 1966) describes this period: *"It was at this time that my sexuality awakened. I asked myself: 'Why is it not right to have fun with a girl? Why does the Church say it's not right? Me, I like it. And I don't think I'm doing anything wrong to her... .' It was more of a New Age thing going on at that time."* This emancipation revolved mainly around the transformation of women's role and status, as Jacques (born in 1949) describes it: *"My aunt had travelled around the world, she was like a precursor in terms of autonomy, because she was not married, she was very rich, she did real estate, speculation, and she brought us a lot of awareness of the world. She was a bit of an idol for us, she was exceptional, ahead of her time."*

This shift in traditional gender roles and status gradually impacted Québécois family and gendered patterns, resulting in high divorce rates, which went from 8.8 % in 1969 to 49.9 % in 2008.[20] While these trends are not unique to Quebec, the scale they reached in the province made Quebec a specific and original case in terms of transformation of family and gendered models in comparison with the rest of Canada (ROC). In 2016, nearly 40 % of couples lived together in a non-marital relationship (21 % in the ROC); 42.7 % of families with children lived together in a non-marital relationship (18.5 % in the ROC), and 29.5 % of families with children were single-parent families (27.7 % in the ROC).[21] Combined with the instability of family and gendered relationships, this new sense of individual freedom triggered the diversification of sexual and marital paths as much as it impacted parenthood and family models transmitted to the next generation.

---

20. Institut de la statistique du Québec, *Nombre de divorces et indice synthétique de divortialité*, 2011.
21. Statistique Canada, *État matrimonial et situation sexe opposé/même sexe ... .*

Most of our interviewees depict this desire for the deregulation of sexual practices in relation to the Catholic Church's bodily norms, as Pierre (born in 1947) explains:

> It happened in relation to our rejection of religion. Because if we had remained like the Irish who still refused the divorce, the referendum, well, here, it happened differently. Maybe there are pluses and minuses too. It must be said that the clergy was very important in Quebec, the French language, they are the ones who kept it, but unfortunately they also kept this idea of "must suffer to be well in the life." But me the judéo-chrétien thing, I did not even think about it, me and the whipping... [allusion to the Catholic practice of confession].

More than a reaction to the Catholic clergy's authoritative moral frame, sexual activities were also deemed to be hidden acts of resistance: "We pretend we're going to mass, we don't say we sleep with our blondes, we can't bring them home, we do it in secret" (Jacques). Despite their parents' dismay, our interviewees report that sexual activities before or out of marriage became acceptable through the highly mediatized influence of women like Jeannette Bertrand, who spoke freely about sexuality on television. Whereas other coercive moral norms like the prohibition of homosexuality were transgressed, the real issue was the deregulation of procreation through the emancipation of the body of women and the right to abortion. This struggle for the rights of women is also described as a struggle against the Catholic Church's detrimental stance on sexuality, namely the regulation of clergy and nuns' own sexuality, the prohibition of priests' marriage, sexual abuse and pedophilia, as well as the hypocrisy underlying what some call the "sexualization of children," as Martine (born in 1954) explains:

> I thought priests were perverts. I was in elementary school. I can't tell you if I was 6, 7, 8 years old, but in any case, I went to confession. And the priest asked me: "Have you done any sin of impurity?" I didn't even know what the word impurity meant! You know, I must not have been old! Then I learned it by heart: impurity, impurity, impurity... .

Narratives usually relate these sexual disorders to the prohibition of marriage for priests, but some interviewees deplore the authoritative power of religions more broadly. For Jacques, for example, the hippie movement produced its own sexual abuses, with some male gurus monopolizing their female adepts' sexuality.

Narratives exemplify how, in Quebec, the Catholic Church exerted moral coercion as well as the governance of bodies and sexuality through the control of emotions including shame and guilt. For example, children born out of wedlock or divorce were a source of shame, homosexuality was experienced as loneliness, and sexual activities were channeled through the fear of sin. Martine articulates how her desire for freedom was counterbalanced by the fear of sin: *"When my boyfriend put his hand on my breast, I loved it! But I was always a little worried: 'Is it sinful?' I thought: 'No, it's not sinful, it's not sinful. It's normal.' Our body, they have closed us so much, and this and that. These principles reach you in your sexuality, just like 'you will desire only in marriage,' it was the ten commandments."*

For baby-boomers, morality has been linked from their very childhood to the ideas of sin and punishment, thereby limiting possibilities for sexual blossoming. In this context, the narratives we collected among baby-boomers illustrate the collective myth that builds the Québécois sexual liberation and transformation of gendered relationships that occurred in the 1970s as a collective transgression against the Catholic Church. This discourse of rejection of Catholicism was, however, nuanced by some interviewees, like one homosexual man, who found in the post-Vatican II Church a favourable space to combine in harmony his sexual heteronormative activities and his commitment to his Catholic faith and Church. Yet, for most of the baby-boomers we met, the sexual emancipation and liberalization of gendered and family norms are at odds with the category of religion they like to extend to minority religions that have become visible in the province. For our interviewees, and probably more than in any other country where they face discrimination, Muslim veiled women epitomize the power of religion to coerce women's bodies and sexuality and to regulate gendered relationships in constraining ways:

> When I go to Muslim festivals sometimes at Jarry Park and I see all the women sitting separately and the men are all on their side too; the men are dressed in Bermuda shorts and are dressed very light and very chic. And then, the women are dressed with a potato pouch on their back, in beige and they are not very, very smiling and they are separated from men and I feel there is a lack of communication between Muslim men and women. And we would not want to go back to that in Quebec, to this influence of religion [...] because we have already experienced that in Quebec, the influence of religion on men and women. In the 60s in Quebec, if I remember well, there were many, many black dresses in Quebec: many women who were dressed in black and many men who were dressed in black, cassocks.... So, I find that somewhere, you see Muslim women, you know, they are pure, it's the image of purity that they reflect to us while "we" are impure (Jeanne, born in 1949).

182

More than the issue of language or religion, the social boundaries between us and them have lately been framed around issues of sexuality and around the moral system that social agents build on sexual norms, making the notion of purity the cornerstone of this system.

YOUNG CONVERTS TO ISLAM: HOW TO MAKE GENDER RELATIONSHIPS INNOCUOUS

The religious and cultural diversification that changed the Québécois social fabric in recent decades, as well as the increased use of social media, facilitated intercultural contacts in many public institutions like schools. Most of the young people we met came to Islam after meeting a person of Muslim background, either a neighbour, a colleague, a friend or a partner. Having been raised by baby-boomers, our Generation X interviewees display a wide array of experiences of religious socialization, with some of them being educated in militant atheism, and others having more religious knowledge, and sometimes Catholic or another faith. As for the Millennials, their religious socialization is rarer, leaving many of them in a state of indifference or curiosity deprived of stereotypes or preconceived ideas on religion. Interestingly, most interviewees in both cohorts were raised by a single parent or in a blended family. What is more, most aim at channelling what they see as "natural" seduction relationships and sensual attraction between men and women either by abiding by a strict separation between the sexes, or simply by adopting a neutral attitude towards the other sex, as Diane (born in 1990) reports: *"Tools matter. The veil is a tool for me to not use my sexuality to my advantage because I know I'm beautiful. Like, I know I can use that sometimes to get what I want. When you have a veil, sexuality is out of the question."* Élodie (born in 1989), who did not wear the veil at the time of the interview, explains:

> I am not a seductive person at all. I will talk to a man as I will talk to a woman. That's why I have so many male friends. My relationships with men are basically very fraternal. For example, my Muslim friends here all consider me as their big sister and I consider them as my little brothers, so that's why I don't have any troubles. There are others with whom I know there will be a seductive relationship, so I distance myself, I know that. There are some whom I kiss and some whom I don't. The ones I do kiss, it's not a problem, it's because there's really nothing, nothing, nothing that could happen.

Young converts to Islam do not conflate sexual activity with freedom and pleasure, but with mutual commitment between partners: *"I don't want to do anything before marriage, at least not until I have found the right person, spiritual, carnal and emotional love"* (Amélie, born in 1990). To find the right person, many of them spend time on dating sites, especially new Muslims who lack the Muslim networks required to be in contact with people of the other sex. New technologies are particularly helpful to allow young people to know each other, while avoiding sharing spaces of intimacy that they see as risky to save chastity until marriage. Knowing each other and sharing the same values are presented as the main selection criteria, and often lead them quite fast to commit to marriage. Some young women explained that they did not feel physically attracted to their husband but decided to commit themselves out of a shared love for God, common values and guidance to do so after prayer for consultation. Yet this discourse is framed differently by Generation X and the Millennials.

GENERATION X CONVERTS TO ISLAM: REACTING TO THE BABY-BOOMERS' SEXUAL REVOLUTION

Many Generation Xs are married to partners of Muslim background who share their views on Islam and gender relationships. They present their gendered ideal in contrast to the matrimonial practices and gender relations conveyed by their parents, who *"typically first test themselves for five years and then only decide if he or she is the man or woman of their life. Whereas in Islam it's the other way around, if you meet someone it's because you have an intention to get married, so you get married quickly and then you build your love afterwards, that is to say, with marriage, you get to know each other"* (Juliette, born in 1986). They explicitly compare this pragmatic mode of matching with a partner with the approach based on sexual desire, sensual attraction and carnal pleasure that drives their parents' gendered practice. For them, getting married fast as well as on pragmatic grounds grants them more time to build a strong and long-lasting relationship without subterfuges: *"None of us has any interest in giving a false image of ourselves or pretending to ... So I don't need to get stressed in the morning if he sees me without makeup. 'Well yes! I'm like that when I don't have makeup on!'"* (Safia, born in 1977).

The narratives collected among this generation display a severe critical view on the liberalization of morality, especially sexual norms, on the weakness of couples and the resulting instability of the family unit, as well as on the impact of modern living conditions on family life, especially the additional burden carried by women because of their

feminist struggles, for example, the impact of the woman's double working day.

> When you are not Muslim, there are things that you accept because that's the way society is, even if you don't want to be like that sometimes. Let's say extramarital affairs, I used to accept them, but not because I was tempted, but because now you can do anything, and it's not serious, and if you think it's serious, you're like out of the picture. You listen to TV and in soap operas, there's someone who cheated and it's never dramatic, it's trivialized and when you do it, you're cool (Audrey, born in 1977).

The interviewees easily extend the priority given to sensual pleasure to the quest for material well-being they relate to Western lifestyle and to which they oppose the social and moral duties of each partner in Islam:

> When I was with a Québécois, both of us worked, and we had to pay for the house, the cars, buy a lot of things. The children were always at the daycare, so we didn't really enjoy family life, nor the time we had together. For Muslims, the notion of duty is important, the man has an obligation to go to work, to provide for the family, to take care of his wife and children, there is much more respect in the couple relationship. There was more indifference with my previous Québécois partner (Mélissa, born in 1983).

This "ideology of domesticity"[22] is meant to regulate social ties, roles, status and codes of conduct, which form the foundation of a collective harmony that draws on the references assigned to Islam. The narratives we have collected assert that family bonds are the founding principle of the social solidarity prescribed by the divine Islamic order, and most converts emphasize how Quebec society has deviated from it:

> Sometimes I think it would be fun if society got back to some principles. Of course there are extremes. Before religion was like Islam, it was very strict and no sex before marriage, there was the religious extreme, in the old days, in my grandparents' time. And in the 70s, when they made our bra fly and when they went out of the house and nobody was taking care of herself, nobody was cleaning, nobody was taking care of the children, it's another extreme. But at some point it's going to come back to a middle ground, we hope so, God willing. But I think the other extreme has arrived: everybody is doing anything, rights, freedoms and all that, but duties, nobody thinks about them any longer. I hope people will realize that it's not a good thing to dress up to provoke men, and sleep with anybody, and do whatever you want all the time. I look at that and I think "yeah, I used to be like that," and I think "my God, now I know a different way of thinking!" We realize certain things

---

22. M. B. McGuire, *Lived Religion:* ... , p. 168.

and I tell to myself that it would be fun if society also realized certain things.... Before, there was the fear of God, not the fear of man, not the fear of going to prison, it was the fear of going to hell, so people tried to have certain values.... We see it every day, there are murders, rapes, no one has values any more. Before there was the Catholic religion, or also the father's influence. But there is no one any more, no discipline, no one wants children because it supposedly takes away the freedom of the woman (Natasha, born in 1971).

GENERATION X AND THE CLAIM FOR MORALITY

Young new Muslims from Generation X abide by strict conservative views that favour sexual complementarity over strict equality between men and women, and advocate a two-parents' home model based on marriage. This model draws on the value of modesty, which they also display through their clothing and social practices. They like to naturalize this lifestyle by emphasizing its continuity with their grandparents' generation, that is, the one that prevailed before the Quiet Revolution, not without some nostalgia regarding what some call *"l'ancien temps"* (the old days): *"Often, when we have people over, the women gossip in the kitchen and the men are in the living room. I remember Christmas parties when I was young, it was like that: the men in the living room, and the women in the kitchen, it seems natural in some ways"* (Natasha).

To the generation of baby-boomers who launched and established the fast and somehow drastic modernization of Quebec society, these new Muslims answer with a desire for continuity with previous generations, thereby substituting traditional Catholic principles now associated with local memory with Islamic prescriptions that make this traditional pattern sacred. In this view, Islam offers a normative framework that supposedly balances and offsets the disorders they perceive in Québécois families and society.

YOUNG NEW MUSLIMS AMONG MILLENNIALS: ISLAM AS A REMEDY TO MEND INTERSECTIONAL INJUSTICES

By and large, young new Muslims who were born after 1987 share Generation X's views on sexuality, although they seem less concerned about the baby-boomer generation's lifestyle. For some of them who do not feel comfortable or safe with intersex intimacy, Islam justifies the distance they wish to establish with the sexual other. Yet, many question

186 CORPS IN/VISIBLES – IN/VISIBLE BODIES

the normativity of Islamic sexual practices, and emphasize the intention rather than the orthodoxy of principles such as separate sociability between the sexes (including prohibitions on kissing or shaking hands to greet each other), as well as chastity before marriage. Some of them respect the rules by subtly negotiating the boundaries of the *halal* domain that these rules delineate. They mention they have been socialized and still live their identity in a non-Muslim context, as Lucy (born in 1992) explains:

> *You need to be tolerant, not extremist. I will not walk my head down when I see a man. Surely we're in a society where, how can I say, people are all different. Some women wear shorts, you know how shorts are always trendy, and women wearing in camisole, who are almost naked, surely men are naturally going to look. Me, I look! So of course a man will also look, but what Islam will change, for example for a man, it is that he does not have a second look. It's true that there's the natural look, see, men are attracted to women, but what Islam is going to change is that you're not going to stare at the person. For the kiss, my boyfriend's Colombian friend, basically I never kiss him, because he's a good friend to my boyfriend, we always give each other the hand, like we give each other a high five. Regarding male-female relationships, I think when two Muslims talk to each other, a man and a woman, it's really all in the intentions. I will not remove male friends from my life because I converted, and it's like,* haram *illegal to talk to men. If I have good intentions towards those people and that guy doesn't have bad intentions with me, I don't see the point of removing him from my friends' group.*

While this accommodating stance that heeds the minority status of Islam in Western societies and social structure is widespread among our interviewees, we also met young people who abide more strictly by Islamic tenets regarding gender practices and who articulate sexuality with the semantics of danger:

> *If it's out of wedlock, if it's out of the family ... it's shaytan! I think that's where the adultery is starting. You know, always comparing your relationship, actually comparing your life partner with another one, it's never going to work out. Like telling yourself, the other one is more understanding, etc. I think that's one of the causes of divorce. So you have to get away from that as much as possible* (Hélène, born in 1991).

Apart from this literal reading of Islamic scriptures, many young people reinterpret Muslim principles through a feminist reading that follows Amina Wadud's[23] critical view on patriarchal influence on Islam. For example, many young people we interviewed have no interest in

---

23. A. Wadud, *Inside the Gender Jihad:* ... .

getting married and building a family life, preferring to pursue their education. Nour's narrative is very illuminating in this regard: born in 1992 in Syria, she arrived in Quebec at a very young age. She was therefore socialized in the West with a mother slightly practising in the private sphere and a father very active in trade unions, her parents did not transmit Islam to them, only how to pray. Today an active feminist militant, Nour decided to revert to Islam a few years ago when she started to follow some practices like Ramadan and prayers in a very erratic way. At the time of the interview, the only religious practice she still abided by was veiling, saying the latter provided her as much a way of feeling unique in the Montreal pluri-ethnic context, as a strategy to resist the normative figure of the emancipated woman that prevails in Quebec:

It's very political, right? I need to piss off the others. You're not happy? I'll keep my veil anyway. Wanna see my hair? I won't show it to you. You know, I don't care if I show my hair or not, but ... having this feeling that I'm free to do whatever I want with my body or not, it gives me a lot of confidence, a lot.

Nour went out for one year with a Black non-Muslim man. The couple had to hide from her parents before they eventually broke up. This experience led to her to articulate a sharp view on the rule of virginity until marriage:

What bothers me about virginity is that ... I'm sorry, it's like ... you know the man can do whatever he wants and then when he gets married, he wants his little virgin. I find it full kind of sexist and all the patriarchy that comes with it ... it's disgusting. For me, it is not something important, I mean who cares? You mean I am not gonna get a life until I find myself a husband? Anyway, I don't see myself married, I don't want to get married, I don't see myself with children... I don't know.

This discourse that presents some Islamic rules regarding gender as a patriarchal form of oppression of women is common among many new Muslim Millennials. Yet it would be misleading to compare it with the baby-boomers' feminist posture centred on gender equity and women's rights to question their adhesion to Islam. Indeed, Millennials who embrace Islam adopt more than a religious tradition. They actually appropriate a symbolic and political language and tool to resist sexism as well as social and political injustices. Saying she will devote her life to fight against injustices, including in her country of origin, Nour continues:

I hope there is a God, I hope that there is someone for all those people who have suffered injustice, all those wars, all those people who have lived through war for years. I pray that there is someone because I would find it really unfair that we die and that there is not someone who gives us this justice.

Our interviewees interpret Islamic tenets as resources to resist injustice from multiple sources, not the least of which are sexual violence and recognition of sexual identities. Sandra (born in 1997) is a trans woman who recently embraced Islam, and she is also an intersectional feminist activist. Interestingly, she co-constructed her transgender identity and Muslim identity as a common experience of asserting herself as a woman and as a Muslim at the same time. Despite all the prejudices that circulate about Islam and gender equality, Sandra appropriates Islamic tenets to build her own quest for gender identity, finding in some interpretations of Islam the resources to legitimize her transition. Following the teachings of the liberal and modernist Islamic scholar Fazlur Rahman Malik,[24] she takes heed of the story of Lot and reads in the Bible, but also in the Qur'an, not so much a condemnation of homosexuality as a condemnation of sexual violence. She also refers to the *Hadiths*, therefore to the word of Mohammed, in which she sees a lot of tolerance regarding transgender persons. The openness she perceived in Islam paved the way for her conversion alongside her transition to the female sex: "*I realized that I never considered myself as a man, so I wanted to understand and accept. It took me a while but when I started to understand and try to accept myself, I did a lot of reading. At the same time, I read the Qu'ran, because I thought that, if I'm going to think about my gender identity, I might as well think about religion.*" The case of Sandra is quite unique in one way because we also found former converts to Islam who left that religion precisely for its lack of social inclusivity, namely the prohibition of homosexuality and the social condemnation of homosexuals. Yet, in the case of Sandra, her socialization network centres around the intersectional causes she fights for in such a way that her Muslim circle is also sensitive to gender oppression issues.

By and large, the young converts we met overall express a certain discomfort with Western modernity, including hypersexualization, individualism and materialism. The way they build their identity as converts is part of their wish to dissociate from these trends, as Benoit (born in 1988) reports: "*Now I know society is hypersexualized, a lot of sexuality. What is more, what is considered forbidden in the religion like fornication, alcohol, drugs, all that, it is somehow what is widespread in the society, it is weird! Now I see this as really a motive of suffering.*"

---

24.   F. Rahman, *Islam and Modernity*: ... .

This new discourse on morality is part of a generational political conscience that Millennials embody in their way of appropriating Islam in combination with their Western lifestyle and background. Although they see this consciousness as a global and universal phenomenon, they also articulate it through local references for social relationships, all the while emphasizing the aporias of the system. In Quebec, the vagaries of history have made sexuality and gendered issues the cornerstone of the integration of the social fabric. It is therefore not surprising that young Québécois adopt Islam, a highly controversial religion in terms of gender status and roles, to embody their way of being a Western modern in an alternative and creative way.

CONCLUSION

In this chapter, I have compared the governmentality of the body and its logic of sexual regulation and deregulation among three different cohorts of Québécois (baby-boomers, Generation X and Millennials) as a driving force for social change regarding family models, gender roles and status, and moralities. Drawing on ethnographic data collected among Québécois baby-boomers of Catholic background and Generation X and Millennial converts to Islam, I have demonstrated how different religious politics of sexuality can shape intergenerational dynamics around a variety of family and moral views that may also be polarized. While the baby-boomers' sexual revolution triggered the liberalization and modernization of Quebec, youth reverting to Islam embody a new generational counter-discourse that uses Islam to moralize gender relationships and family models as well as to deconstruct the oppression of sexual minorities. When young new Generation X Muslims take a critical stance on their parents' sexual lifestyle, they also embrace a conservative interpretation of marriage and sexuality that is part of a more global moralistic revival. In fact, the new Muslims we met do not so much wish to break with the previous generation as to transform and improve society. Especially for Millennials, embracing Islam displays a political consciousness that draws on the idea of global solidarity and promotes an alternative social and political model. Also, it conveys an ideal that moulds in a deep egalitarian and universalist interpretation of Islam the symbolic resources to express itself. In Quebec, the desire of young people to differentiate themselves from the baby-boomer generation is rooted in political positions that, beyond the traditional debates that oppose individualistic liberalism and identity-based nationalism, claim and propose the tools of an alternative path based on a management of pluralism that is not only religious and cultural but also ideological. In this regard, they invert the coercive force of "sexual democracy" and use sexual freedom as a tool to integrate cultural, ethnic, religious and sexual minorities. This focus held on the recognition of a common experience of diversity and otherness encourages social solidarity and ultimately unfolds in the fields of humanitarian, ecological and social activism, and make them blossom on the virtual field.

BIBLIOGRAPHY

Asad, Talal. *Genealogies of Religion: Discipline and Reasons of Power in Christianity and Islam*. Baltimore: Johns Hopkins University Press, 1993.

Bonvalet, Catherine, and Ignace Olazabal. "Les baby-boomers: une génération spécifique?" In Catherine Bonvalet, Ignace Olazabal and Michel Oris (eds.). *Les baby-boomers, une histoire de familles. Une comparaison Québec-France*. Québec: Presses de l'Université du Québec, 2015, p. 261-281.

Bozon, Michel. "Sexualité, histoire de la." *Encyclopædia Universalis*. http://www.universalis-edu.com/encyclopedie/histoire-de-la-sexualite [accessed March 17, 2021].

Dandurand, Renée B. "Mutations familiales, révolution tranquille et autres 'révolutions.'" In Catherine Bonvalet, Ignace Olazabal and Michel Oris (eds.). *Les baby-boomers, une histoire de familles. Une comparaison Québec-France*. Québec: Presses de l'Université du Québec, 2015, p. 17-50.

Fassin, Éric. "La démocratie sexuelle et le conflit des civilisations." *Multitudes*, vol. 3, n° 26, 2006, p. 123-131.

Foucault, Michel. *The History of Sexuality, Vol. 2: The Use of Pleasure*. London: Viking, 1986 [1984].

_____. *The History of Sexuality, Vol. 3: The Care of the Self*. London: Viking, 1988 [1984].

_____. *Ethics: Subjectivity and Truth*. Paul Rabinow (ed.). New York: New Press, 1998.

Hirschkind, Charles. *The Ethical Soundscape: Cassette Sermons and Islamic Counterpublics*. New York: Columbia University Press, 2006.

Institut de la statistique du Québec. *Nombre de divorces et indice synthétique de divortialité*, Québec,2011.https://statistique.quebec.ca/fr/produit/tableau/nombre-de-divorces-et-indice-synthetique-de-divortialite-quebec-1969-2008 [accessed on July 23, 2021].

Jensen, Tina Gudrun. "To Be 'Danish,' Becoming 'Muslim': Contestations of National Identity?" *Journal of Ethnic and Migration Studies*, vol. 34, n° 3, 2008, p. 389-409.

Jouili, Jeanette S. *Pious Practice and Secular Constraints. Women in the Islamic Revival in Europe*. Stanford: Stanford University Press, 2015.

Laidlaw, James "Ethics / morality." In *The Cambridge Encyclopedia of Anthropology*. May 19, 2017. http://doi.org/10.29164/17ethics [accessed on March 23, 2021].

Lyons, Andrew E., and Harriet D. Lyons. *Irregular Connections: A History of Anthropology and Sexuality*. Lincoln, NE: University of Nebraska Press, 2004.

Mahmood, Saba. *The Politics of Piety: The Islamic Revival and the Feminist Subject*. Princeton: Princeton University Press, 2005.

McGuire, Meredith B. *Lived Religion: Faith and Practice in Everyday Life*. New York: Oxford University Press, 2008.

Rahman, Fazlur. *Islam and Modernity: Transformation of an Intellectual Tradition*. Chicago: University of Chicago Press, 1982.

Statistique Canada. *État matrimonial et situation sexe opposé/même sexe selon le sexe pour les personnes âgées de 15 ans et plus vivant dans les ménages privés pour les deux sexes, total, présence et âge des enfants*, Canada, provinces et territoires, 2016. Ottawa, 2017, https://www12.statcan.gc.ca/census-recensement/2016/dp-pd/hlt-fst/fam/Tableau.cfm?Lang=F&T=11&Geo=00 [accessed on July 23, 2021].

Strauss, William, and Neil Howe. *Millennials Rising: The Next Great Generation*. New York: Vintage, 2000.

Wadud, Amina. *Inside the Gender Jihad: Women's Reform in Islam*. Oxford: Oneworld, 2006.

POSTFACE

Lorsque les corps féminins, la sexualité et la visibilité du religieux défient le sentiment commun

Solange Lefebvre

> Qu'était-ce ces (gens) qui s'interdisaient les gestes de piété élémentaires, quasi machinaux, mais par lesquels on se reconnaissait solidaire d'un long passé, salut discret d'une idole, un peu d'encens sur un foyer sacré, une couronne de feuillage, un pan de la toge ramené sur le visage[1]?

Ce livre expose les lectrices et les lecteurs à des débats provocateurs sur le corps et la sexualité des femmes. Faut-il s'étonner que les corps, dans la multiplicité de leurs désirs, de leurs expériences, de leur apparence, fassent l'objet de discussions publiques et communautaires si intenses au sein des sociétés modernes avancées? Les autrices et l'auteur confirment ce fait, à travers l'analyse de plusieurs discours et pratiques, dont on a l'impression que les propos, les mots, les signes en viennent à être affectés par une polysémie radicale. Ce qui se retrouve revendiqué comme un geste de liberté par les unes est qualifié d'asservissement par les autres. Ce qui renvoie pour les unes à une décision jaillissant d'une autonomie, d'une agentivité ou d'une autodétermination se voit qualifié de fausse conscience par les autres. Qui plus est, ce livre

---

1. Au sujet de la Rome antique, Bayet rapporte ainsi le trouble ressenti devant l'essor des petites communautés chrétiennes, qui défient le «sentiment commun». Voir J. Bayet, *La religion romaine*, p. 268.

expose la politisation de ces débats, à l'échelle locale, nationale et internationale, sans compter la réduction, dans la sphère publique, du religieux aux questions sexuelles, largement centrées, en fin de compte, sur les femmes.

Lorsqu'en effet le religieux ou la religion se greffent à ce corps féminin et à la manière dont il se désigne, ou se trouve représenté dans l'espace public, l'attention en est décuplée, voire centuplée lorsque la religion entrecroise le fait minoritaire, l'ethnicité ou la couleur de la peau. Les thèmes abordés dans cet ouvrage présentent d'ailleurs, pour la plupart, la particularité d'avoir fait l'objet d'une attention médiatique autour de l'enjeu des rapports entre majorités et minorités. Ainsi, les médias se sont focalisés sur l'émancipation, vue positivement, de *baby-boomers* à l'égard du religieux au Québec et les récentes conversions musulmanes de jeunes femmes appréhendées au contraire avec suspicion (Mossière), ainsi que sur les réformes légales autour de l'avortement en Irlande à la suite de la mort scandaleuse d'une femme hindoue s'étant vu refuser l'avortement qui lui aurait sauvé la vie (Rousseau). Les chapitres de l'ouvrage ont aussi traité de ces sujets : les usages vestimentaires au sein de communautés anabaptistes (Epp), suscitant la curiosité de documentaristes et des débats politiques ; les expériences complexes d'exclusion et d'inclusion des *hijras* en Inde, entraînant un changement constitutionnel (Boisvert) et les tensions entre des lobbys de représentants religieux et l'idéologie séculière de l'Organisation des Nations Unies (Barras). Les femmes musulmanes portant un foulard au Québec, en France et en Belgique (El Khoury) ou une musulmane désirant porter le niqab à sa cérémonie de citoyenneté canadienne (Alibhai) ont aussi suscité l'intérêt des médias.

Une étude de Pew Forum concluait, à partir d'une analyse menée sur les contenus médiatiques, qu'il est surtout question de religion à l'occasion d'événements notables et de controverses[2]. Selon d'autres études, on estime que les forces du marché déterminent en grande partie ce qui fait la nouvelle, alors que l'intérêt du public pour le conflit, le drame, la controverse et le scandale orienterait pour sa part fortement les lignes éditoriales vers ce type de reportages[3]. Le religieux attirerait les regards de la presse, surtout lorsque des conflits émergent entre diverses factions,

---

2. L'étude peut être consultée ici : http://www.pewforum.org/2012/02/23/religion-in-the-news-islam-and-politics-dominate-religion-coverage-in-2011.

3. O. Gower et J. Mitchell, « Introduction » ; T. Taira, E. Poole et K. Knott, « Religion in the British media today ».

ou encore quand les normes d'un groupe particulier en viennent à s'opposer de manière visible à celles de la société au sens large. Maintes significations se trouvent associées à des corps de femmes, exhibés sous toutes les formes dans le monde des images médiatiques. Mais la couverture médiatique n'est pas la seule responsable de cet attrait inquisiteur.

Dans le monde social, la femme se retrouve souvent au centre, observée avec la plus grande attention. On débat farouchement du sens de sa virginité, de sa sexualité, de son célibat, de ses vêtements, de son mariage et de son divorce, de sa maternité, de ses grossesses, de son avortement, de sa stérilité, des effets de son âge, de ses croyances aussi, dans la mesure où celles-ci ont une incidence sur ces divers aspects de sa vie. Le corps féminin comporte une forte charge symbolique et éthique, dont s'emparent les unes et les autres, dans des discours de diverses natures, souvent politiques, tournés tantôt vers l'émancipation, tantôt vers la moralisation. Les mêmes objets revêtent des sens diamétralement opposés selon les matrices idéologiques ou identitaires dans lesquelles ils se retrouvent appréhendés, selon qu'on les envisage du dehors ou du dedans, en fonction de la binarité entre eux et nous. Dans le cas très singulier des *hijras* en Inde, ce «troisième genre» reconnu constitutionnellement, il est question de corps dont l'identité échappe au binôme homme-femme, tout en s'appropriant, de manière symbolique, les étapes de la vie sexuelle féminine.

Il arrive souvent que des femmes discutent du corps des femmes, et agissent sur lui. Ainsi le chapitre de Rousseau attire-t-il l'attention sur la sage-femme ayant prononcé les paroles controversées juste avant la mort de la mère hindoue en difficulté et justifiant le refus d'interrompre sa grossesse. Ces propos ne sont pas sans rappeler le triste épisode de la mort d'une mère autochtone, survenue dans un hôpital au Québec, alors que des travailleuses de la santé l'abreuvaient d'insultes racistes[4]. Des hommes, mais aussi des femmes s'en prennent aux femmes portant le niqab, le foulard ou assumant des modes de vie communautaires plus traditionnels. Les clivages traversent aussi les communautés minoritaires, comme le montre le chapitre portant sur les anabaptistes, puisque certaines femmes y adoptent le vêtement pudique qui les distingue, alors que d'autres s'y refusent. Les *hijras* indiennes suscitent le rejet de leurs familles d'origine en excluant la voie du mariage et de la procréation.

---

4. Voir l'article suivant: Radio-Canada, «Une femme autochtone meurt à l'hôpital de Joliette […]».

Un féminisme pluralisé s'avère évidemment mis en scène à travers ces débats. Prenons par exemple la typologie forgée par Dot-Pouillard autour du débat sur le foulard en France[5]. Il identifiait l'émergence d'un féminisme nouveau, républicain, fondant sa critique du foulard sur un paradigme assimilationniste; d'un courant féministe de type historique, tout à la fois opposé au port du foulard et au recours à des lois pour l'interdire; d'un courant de type métis ou hybride, s'inscrivant dans les approches postcoloniales ou décoloniales, souhaitant bâtir des ponts entre les divers féminismes dans le monde[6]. On pourrait, après la lecture de ce livre, ajouter la catégorie du post-féminisme défendant l'agentivité des femmes comme étant au centre des pratiques, fussent-elles patriarcales ou inégalitaires, qu'elles soient plus ou moins bien perçues par les majorités, plus ou moins consensuelles au sein même des groupes. Les débats en philosophie politique, à propos des communautés dites «illibérales», telles que celles des anabaptistes, des juifs et des mormons ultraorthodoxes ou fondamentalistes, pourraient s'y rapporter[7]. Dans ces discussions, on s'interroge sur la portée du droit de certains groupes à contredire, par leur mode de vie, les valeurs libérales de liberté et d'autonomie, notamment. Dans son étude fouillée des pratiques polygames mormones dans la culture populaire télévisée, Vanasse-Pelletier les rapporte à ce courant complexe et hétérogène du post-féminisme[8], qui prend appui sur les luttes féministes antérieures afin d'affirmer le droit des femmes, d'adopter les modes de vie de leur choix, même si elles endossent, aux yeux des féministes, des modes de vie patriarcaux ou inégalitaires répréhensibles. En quelque sorte, on pourrait tout à fait adopter, au nom de cette autonomie chèrement acquise, des positions résolument antiféministes.

C'est donc la sexualité et le corps des femmes qui font débat, mais aussi la visibilité du religieux qui s'y amalgame, parfois doublé de son lien étroit avec l'ethnicité (hindouisme, sikhisme). Les premières communautés chrétiennes faisaient le même effet dans la Rome antique, d'où la citation en exergue de cette postface. La controverse enfle lorsque les thèmes ici à

---

5. Nicolas Dot-Pouillard, «Les recompositions du mouvement féministe [...]».
6. Voir la façon dont S. Lefebvre et L. G. Beaman utilisent cette typologie pour analyser le cas du Québec, dans «Protéger les relations entre les sexes. [...]».
7. K. J. Leyva, *Théories politiques de la diversité* [...].
8. M. Vanasse-Pelletier, *Analyse des stratégies* [...], en particulier le chapitre 8. Elle se réfère notamment à J. Butler, «For white girls only? [...]»; et aussi S. Genz, et B. A. Brabon, *Postfeminism: Cultural Texts and Theories*.

l'étude se greffent sur la question minoritaire, lorsqu'elle défie le sentiment commun. Au fond, le débat sur la neutralité de l'espace public ne coïncide-t-il pas souvent avec celui-ci? Des experts ont observé depuis plusieurs décennies l'écart entre la rationalité juridique définissant assez sobrement la neutralité de l'État et les diverses manières dont les gens s'approprient les conceptions de la neutralité et en discutent amplement, au nom d'une compréhension immédiate de la vie en commun. C'est ce même sentiment commun qui est discuté au niveau de l'Organisation des Nations Unies par Barras, alors qu'hommes et femmes catholiques y militant pour diverses causes cherchent à se rendre invisibles en ne portant pas leurs vêtements religieux et évitent les sujets qui font fâcher les autres, comme la sexualité. Ils s'occupent plutôt de justice sociale et de causes environnementales. Le peu d'attention dont ils font l'objet renvoie-t-il au fait que, pour nos sociétés, il va de soi que le « religieusement correct » se préoccupe de la charité et de la justice socio-environnementale? Nombre de groupes religieux ayant souhaité atteindre un certain degré d'acceptabilité sociale ont emprunté cette voie, à l'époque moderne, pour des raisons de conviction, aussi bien que pour des raisons stratégiques et financières. Ils ont souvent adopté cette position en atténuant leur visibilité.

Toute société détient un ordre sociosymbolique, souvent implicite, qui se trouve remis en question par des pratiques minoritaires. En analysant les débats publics et médiatiques qui se sont tenus autour de commissions ayant réfléchi à la diversité raciale et religieuse depuis les années 2000, mes recherches ont démontré qu'en dépit du spectre très large des questions que ces commissions ont abordées, l'attention médiatique et publique s'est toujours centrée de façon obsessive sur les enjeux symboliques, notamment sur le foulard[9]. À l'horizon des controverses, le fait minoritaire se trouve présent et ses expressions s'avèrent subordonnées aux traits de l'identité nationale imaginée. C'est ainsi que le consensus éthique, symbolique et social implicite sur lequel se fonde une communauté se voit régulièrement secoué et forcé à remettre en question ses logiques, parfois au prix de transformations inévitables.

---

9.   Voir Solange Lefebvre et Guillaume St-Laurent (dir.), *Dix ans plus tard* […]; Solange Lefebvre et Patrice Brodeur (dir.), *Public Commissions on Cultural and Religious Diversity* […].

BIBLIOGRAPHIE

Bayet, Jean, *La religion romaine*, Paris, Payot, [1957] 1999.

Butler, Judith, «For white girls only? Postfeminism and the politics of inclusion», *Feminist Formations*, vol. 25, n° 1, 2013, p. 35-58.

Dot-Pouillard, Nicolas, «Les recompositions du mouvement féministe français au regard du Hijab. Le voile comme signe et révélateur des impensés d'un espace public déchiré entre identité républicaine et héritage colonial», *SociologieS*, 2007, consulté le 18 mars 2022, http://sociologies.revues.org/document246.html.

Genz, Stéphanie et Benjamin A. Brabon, *Postfeminism: Cultural Texts and Theories*, Edinburgh, Edinburgh University Press, 2009.

Gower, Owen et Joylon Mitchell, «Introduction», dans Owen Gower et Joylon Mitchell (dir.), *Religion and the News*, Aldershot, UK, Ashgate Publishing, 2012, p. 1-3.

Lefebvre, Solange et Lori G. Beaman, «Protéger les relations entre les sexes. La commission Bouchard-Taylor et l'égalité hommes-femmes», *Revue canadienne de recherche sociale*, vol. 2, n° 1, 2012, p. 84-94.

Lefebvre, Solange et Patrice Brodeur (dir.), *Public Commissions on Cultural and Religious Diversity: Analysis, Reception and Challenges*, Londres, Routledge, 2017.

Lefebvre, Solange et Guillaume St-Laurent (dir.), *Dix ans plus tard: la commission Bouchard-Taylor, succès ou échec?*, Montréal, Québec Amérique, 2018.

Leyva, Karel J., *Théories politiques de la diversité. Libéralisme, républicanisme, multicultura-lisme*, New York, Peter Lang, 2022.

Pew Research Center, «Religion in the news. Islam and politics dominate religion coverage in 2011», *The Pew Forum on Religion and Public Life*, 2012, consulté le 20 janvier 2022, http://www.pewforum.org/2012/02/23/religion-in-the-news-islam-and-politics-dominate-religion-coverage-in-2011.

Radio-Canada, «Une femme autochtone meurt à l'hôpital de Joliette dans des circons-tances troubles», *ici.radio-canada.ca*, 28 septembre 2020, consulté le 9 décembre 2022, https://ici.radio-canada.ca/espaces-autochtones/1737180/femme-atikamekw-hopital-joliette-video-facebook.

Taira, Teemu, Elizabeth Poole et Kim Knott, «Religion in the British media today», dans Owen Gower et Joylon Mitchell (dir.), *Religion and the News*, [first publishing,] Londres, Routledge, 2013, p. 30-43.

Vanasse-Pelletier, Mathilde, *Analyse des stratégies de légitimation publiques des groupes mormons monogames et polygames en Amérique du Nord*, Thèse de doctorat (Ph. D.), Sciences des religions, Université de Montréal, 2019, consulté le 18 mars 2022, http://hdl.handle.net/1866/22648.

Notices biographiques

Zaheeda P. Alibhai est professeure à temps partiel et candidate au doctorat en sciences des religions avec une spécialisation en études canadiennes à l'Université d'Ottawa. Dans ses recherches, elle analyse les croisements complexes entre la religion, le droit, la politique, les médias, les droits de la personne, la science et l'éthique à travers l'étude de la question identitaire, du multiculturalisme et du pluralisme dans les contextes canadien et international. Elle est lauréate du prix Leading Women Building Communities du ministère canadien de la Condition féminine (2017). Elle a aussi collaboré à la rédaction de plusieurs publications traitant de l'intersection entre la religion, les politiques publiques et le pluralisme. Ses activités de recherche sont financées par le Conseil de recherches en sciences humaines du Canada (CRSH).

Amélie Barras est professeure associée au Département des sciences sociales à l'Université York (Toronto). Ses recherches se situent à l'intersection du droit, de la religion et de la politique. Son premier ouvrage compare les modèles de laïcité en France et Turquie, et leur effet sur les femmes portant le voile (*Refashioning Secularisms in France and Turkey: The Case of the Headscarf Ban*, Routledge, 2014). Elle a écrit aussi sur les relations entre la notion d'accommodement raisonnable et l'islam au Canada. Un de ses livres sur le sujet, écrit avec Jennifer Selby (Memorial University) et Lori Beaman (Université d'Ottawa), s'intitule *Beyond Accommodation. Everyday Narratives of Muslim Canadians* (UBC Press, 2018). Ses recherches récentes portent, entre autres, sur le travail d'organisations non gouvernementales religieuses au Conseil des droits de l'homme à l'ONU.

Mathieu Boisvert est professeur à l'Université du Québec à Montréal depuis 1992. Il détient un baccalauréat en Religious Studies de l'Université McGill (1981-1984), un diplôme en pali du Siddhartha College de l'Université de Bombay (1984-1985), une maîtrise en études sud-asiatiques de l'Université de Toronto (1985-1987), puis un doctorat en pali et sanskrit de l'Université McGill (1987-1991). Depuis 2012, Boisvert étudie les communautés *hijras* (transgenres) sud-asiatiques. Il a publié en 2018, aux Presses de l'Université de Montréal, *Les Hijras: portrait socioreligieux d'une communauté transgenre sud-asiatique*. Il est également l'auteur de *Comprendre l'Inde* (Ulysse, 2013) et l'un des co-directeurs de *L'Inde et ses Avatars: pluralités d'une puissance émergente* (Presses de l'Université de Montréal, 2014).

Emilie El Khoury détient un doctorat en anthropologie de l'Université Laval, Québec. Sa thèse a pour objectif de donner la parole à des femmes musulmanes établies dans différents pays (Liban, Belgique et Canada), en prenant en considération leur vécu et leurs perceptions par rapport aux phénomènes de radicalisation et, tout particulièrement, au cas de Daesh. El Khoury s'intéresse à tout ce qui touche aux religions, à la violence et au terrorisme d'un point de vue anthropologique. Elle est chargée de cours à l'Université Laval, à l'Université de Lethbridge et à l'Université de l'Alberta pour les départements d'anthropologie des trois universités. Elle est Senior Fellow au Canadian Institute for Far-Right Studies (CIFRS – https://www.cifrs.org/).

Marlene Epp est professeure émérite d'histoire et d'études sur la paix et les conflits et ancienne doyenne du Conrad Grebel University College, à l'Université de Waterloo, en Ontario. Son enseignement et ses recherches se concentrent sur l'histoire des immigrants et des réfugiés, les études des mennonites, le genre, l'histoire des aliments et l'histoire de la paix et de la non-violence. Elle est rédactrice dans la série de brochures *Immigration and Ethnicity in Canada / L'immigration et l'ethnicité au Canada* de la Société historique du Canada (SHC) depuis 2009. Epp est auteure et co-auteure de nombreuses publications, dont plusieurs livres et articles de journaux tels que: *Women without Men: Mennonite Refugees of the Second World War* (University of Toronto Press, 2000); *Mennonite Women in Canada: A History* (University of Manitoba Press, 2008); *Edible Histories, Cultural Politics: Towards a Canadian Food History*, codirigé avec Franca Lacovetta et Valerie Korinek (University of Toronto Press, 2012) et *Sisters or Strangers? Immigrant, Ethnic, and Racialized Women in Canadian History*, codirigé avec Franca Lacovetta (University of Toronto Press, 2016). Elle est aussi l'auteure d'un chapitre de livre intitulé « Responding to "war's havoc": The relief work of Mennonite women » dans le livre *Making the Best of it: Women and Girls of Canada and Newfoundland during the Second World War* (Sarah Glassford et Amy Shaw [dir.], UBC Press, 2020).

Catherine Larouche est professeure adjointe au Département d'anthropologie de l'Université Laval. Ancrés dans l'anthropologie du religieux, l'anthropologie politique et l'anthropologie du développement, ses intérêts de recherche portent sur les acteurs non-gouvernementaux impliqués dans l'aide au développement, l'organisation des services sociaux en Asie du Sud et les rapports interreligieux. Elle s'intéresse également à l'islam en Asie du Sud et à ses transformations. Ses travaux portent notamment sur le rôle joué par les organisations humanitaires islamiques dans la dispensation de services sociaux en Inde et sur les rapports entre minorité et majorité religieuses dans le contexte séculier indien. Ses projets abordent également les rapports entre genre et religion, notamment à travers l'analyse des formes de développement économique préconisées par différentes organisations de femmes musulmanes en Inde. Ses recherches ont notamment été publiées dans *Ethnography, Journal of Refugee Studies* et *Anthropologie et Sociétés*.

Solange Lefebvre, membre de la Société royale du Canada, est professeure titulaire à l'Institut d'études religieuses de la Faculté des arts et des sciences, où elle est titulaire de la Chaire en gestion de la diversité culturelle et religieuse, à l'Université de Montréal. Elle y dirige le Centre d'études des religions et des spiritualités (CIRRES). Ses sujets de recherche portent sur les religions contemporaines et leurs rapports complexes à la sphère publique, les jeunes et les religions, la théologie empirique et pratique, le droit et la religion. Formée en théologie, en sciences des religions et en anthropologie sociale, elle se penche sur plusieurs types de controverses contemporaines, notamment à l'intérieur de mandats gouvernementaux (radicalisation et médias; besoin spirituel des personnes détenues dans les établissements provinciaux). Ses plus récentes publications portent sur les municipalités et les religions, la pandémie et la radicalisation. Les derniers ouvrages collectifs qu'elle a codirigés portent sur la dynamique des commissions gouvernementales ayant discuté de la gestion de la diversité dans plusieurs contextes nationaux.

Géraldine Mossière est anthropologue et professeure agrégée à l'Institut d'études religieuses (IÉR) de l'Université de Montréal. Elle s'intéresse aux comportements religieux contemporains et à la diversité religieuse dans les sociétés sécularisées. Ses recherches sur les conversions religieuses, débutées en 2006, portent sur diverses dimensions des changements de religion: genre, unions mixtes, transmission identitaire, socialisation, sociabilité, subjectivités croyantes. En 2013, elle a publié *Converties à* *l'islam. Parcours de femmes en France et au Québec* aux Presses de l'Université de Montréal. À la chaire en études transrégionales, qu'elle a occupée à l'Institut d'études avancées (IMERA, Marseille-France) de 2019 à 2020, elle a travaillé sur les circulations transrégionales liées à la conversion. Elle termine actuellement un projet CRSH Savoir (2016-2020) sur les jeunes qui entrent dans l'islam. Ces travaux l'ont amenée à orienter ses recherches vers les questions liées à la spiritualité et à la guérison dans les sociétés contemporaines.

Florence Pasche Guignard est professeure adjointe à la Faculté de théologie et de sciences religieuses à l'Université Laval, à Québec. Ses sujets de recherche se situent à l'intersection des religions et des spiritualités avec l'histoire des femmes, le genre, la corporalité, le rituel, les médias et la culture matérielle. Inscrivant ses travaux au carrefour des sciences religieuses avec d'autres sciences humaines et sociales, elle a travaillé notamment sur les ritualisations traditionnelles et émergentes autour de la grossesse et de l'accouchement, ou encore sur les dimensions spirituelles des méthodes de gestion de la fertilité et leur modernisation par le numérique. Ses publications les plus récentes portent sur divers aspects de la maternité en contextes religieux. Ses domaines de spécialisation comprennent aussi les traditions religieuses de l'Asie du Sud.

Audrey Rousseau est sociologue et professeure adjointe au Département des sciences sociales de l'Université du Québec en Outaouais (UQO). Elle se spécialise dans les études de mémoire, les questions relatives aux peuples autochtones, ainsi que les structures d'inégalités au fondement de l'oppression vécue par les femmes. S'interrogeant sur la production, la circulation et l'interprétation des discours sur le passé, ses recherches l'ont menée à explorer deux terrains : le Québec et la République d'Irlande. Pour le premier, mentionnons l'étude collaborative (en cours) visant l'analyse des violences coloniales, raciales et de genre subies par les femmes et les filles des Premières Nations au Québec (et les moyens culturellement sécurisants de les prévenir), alors que pour le second, il s'agit d'analyser les mécanismes de réparation visant à répondre de l'enfermement et du travail forcé de milliers de femmes dans des institutions religieuses en Irlande (XVIIIe au XXe siècle).